La justice est la première vertu des institutions sociales comme la vérité est celle des systèmes de pensée.

(John Rawls)

© Paul Jael, 2024
Édition : BoD · Books on Demand GmbH,
In de Tarpen 42, 22848 Norderstedt (Allemagne)
Impression : Libri Plureos GmbH, Friedensallee 273,
22763 Hamburg (Allemagne)
ISBN : 978-2-3225-4194-2
Dépôt légal : Octobre 2024

1

Un fiasco

Depuis plus d'un siècle, des partis de gauche[1] luttent en Europe pour une société moins inégalitaire. C'est ce qu'ils prétendent. Ne les contredisons pas sur cette intention affichée. Mais posons la question : avec quel succès ?

Les premiers partis ouvriers sont nés à la fin du XIXe siècle, souvent en filiation avec les syndicats. Selon l'économiste Thomas Piketty, le tournant du dix-neuvième au vingtième siècle est l'âge d'or de la grande bourgeoisie[2]. Le degré

---

[1] Dans cet ouvrage consacré à la lutte contre l'inégalité, il sera beaucoup question de "la gauche". La question "qui est à gauche ?" se prête particulièrement bien aux ratiocinations et ergoteries. Pour éviter d'y prendre part, je choisis la définition la plus simple : sont à gauche, ceux qui prétendre l'être. Sous ce vocable, j'inclus tout l'éventail des diverses gauches en ce compris l'extrême gauche. Pour désigner la gauche modérée, j'utilise le terme « social-démocratie ».

[2] Cf. Le capital au vingt et unième siècle. Editions du Seuil 2013. Il s'agit d'un ouvrage indispensable pour qui s'intéresse à l'inégalité socio-économique. Il explique les principaux concepts statistiques, économiques et sociologiques qui permettent d'appréhender le phénomène. L'ouvrage contient un trésor de données statistiques. Il expose l'évolution de l'inégalité au cours des deux derniers siècles dans la plupart des grands pays industrialisés.

d'inégalité des revenus y atteint son sommet historique. Comme l'explique cet auteur, les deux guerres mondiales et la grande crise des années trente modifieront la donne. La bourgeoisie souffre le plus de ces événements : l'inégalité des revenus[1] et la part du capital dans le revenu national diminuent toutes deux. Parallèlement, la société se réforme à l'avantage des travailleurs salariés : suffrage universel, construction progressive d'un droit du travail protecteur et mise en place d'une sécurité sociale. Cette période, la plus favorable aux salariés dans l'histoire, court plus ou moins jusqu'à la décennie 1970.

Une part du mérite dans l'amélioration du sort des travailleurs salariés pendant cette période revient certainement aux syndicats et aux partis de gauche, mais l'analyse de Piketty semble indiquer que, parallèlement, les guerres mondiales et la grande crise auraient eu un effet mécanique sur le niveau d'inégalité en malmenant le capital[2].

Depuis une quarantaine d'années, l'inégalité est repartie à la hausse et elle s'accompagne de la remise en cause d'acquis de la période précédente. La courbe de l'inégalité au XXe siècle a la forme en U[3]. En ce début de XXIe siècle, elle retrouve un niveau élevé.

Une étude récente[4] analyse l'évolution de la répartition du revenu en Europe de 1980 à 2017. Qu'en ressort-il ? Le revenu

---

[1] L'inégalité des patrimoines diminue aussi mais là, la classe ouvrière n'en bénéficie pas ou peu ; on assiste à l'émergence d'une classe moyenne patrimoniale.

[2] La grande bourgeoisie, surtout anglaise et française, a également perdu des avoirs du fait de la décolonisation. Et l'inflation a ruiné les détenteurs de titres de la dette publique.

[3] "Courbe en U" est une expression courante en économie. Elle fait référence à une variable qui diminue puis augmente d'une façon telle que sa courbe graphique a la forme de la lettre U, en plus aplatie.

[4] T. Blanchet, L. Chancel, A. Gethin. « How Unequal is Europe? Evidence from Distributional National Accounts, 1980-2017 », *Hal*, 2020, p. 37. - *Open science*, 02877000.
https://hal-pjse.archives-ouvertes.fr/hal-02877000.

moyen des Européens a évidemment augmenté pendant cette période assez longue. Mais la croissance a été inégalement répartie. Les 50% du bas de l'échelle des revenus ont capté 15% de la croissance du revenu avant impôt, soit moins que le 1% du haut qui en a capté 17%. On est donc face à une montée de l'inégalité sociale sur le long terme.

Alors, pour les organisations de gauche : succès ou pas ? Sur l'ensemble de la période, le résultat est en demi-teinte. Si l'on s'en tient au dernier demi-siècle, il paraît franchement mauvais. Puisque cette période nous concerne le plus, le constat est celui d'un échec. A l'inégalité croissante, l'histoire contemporaine associe un paradoxe politique qui rabaisse encore la performance de la gauche : comme la classe qu'elle est censée défendre subit des attaques plus sérieuses, on s'attendrait à plus entendre la gauche mais au contraire elle est devenue moins audible.

Voici une illustration frappante de son impuissance : au cours de la décennie 1990, plusieurs sommets européens se sont tenus, où onze chefs de gouvernements sur quinze étaient sociaux-démocrates. Une telle prépondérance laisserait présager un avenir radieux pour la classe dominée. Or, c'est exactement le contraire qui s'est produit. Que beaucoup présidaient des gouvernements de coalition est, certes, une explication mais elle ne contredit pas le diagnostic d'une grande impuissance ni ne dément le contraste saisissant entre l'influence réelle et ses apparences, qui donne à réfléchir.

La situation présente tient à un retournement qui s'est produit il y a quelques décennies en faveur de la classe possédante et dont la gauche fut la spectatrice impuissante. Il correspond à ce qu'on a appelé tantôt la révolution conservatrice, tantôt la contre-révolution conservatrice. L'arrivée au pouvoir de Margareth Thatcher en Grande-Bretagne et de Ronald Reagan aux Etats-Unis déclenchèrent l'onde de choc néolibérale qui gagna tout le monde occidental. Si elle a entretemps perdu son caractère de vague montante, elle n'en reste pas moins toujours à l'œuvre. Le revirement a touché les trois étages de la société :

- L'économie : la dérégulation et le libre-échange l'ont libéralisée. Le rapport de force entre les classes sociales a évolué en faveur du capital.

- La politique : non seulement les partis de gauche ont vu leur poids électoral fléchir, mais leur programme n'a cessé de battre en retraite. Le réformisme est oublié ; il ne s'agit plus que d'arrêter voire simplement de freiner le rouleau compresseur du tout au marché[1].

- La culture et l'idéologie : alors que le marxisme passait au rang d'archaïsme, des doctrines inclinant au libéralisme conquéraient la pensée sociale, notamment le *libertarisme* en philosophie et l'école de *nouveaux classiques* en économie politique[2].

Les phénomènes historiques importants ont rarement une cause unique. Elles sont ici multiples. Sans prétendre à l'exhaustivité, citons :

Premièrement, l'essoufflement de la croissance économique. La reconstruction d'après-guerre avait entraîné trente années de croissance dont les taux élevés constituent une singularité dans l'histoire. Mais elle a fini par s'épuiser à partir du milieu des années soixante-dix, avec l'irruption de la première récession sérieuse de l'après-guerre, alors que l'inflation battait son plein. D'après Piketty, il s'agirait simplement du retour à des taux de croissance normaux. Mais depuis lors, le chômage tend à devenir endémique ; même lorsqu'il est circonscrit, il marque la classe salariée des stigmates de l'austérité. Le chômage met les syndicats en position de faiblesse, de même que les finances publiques très impliquées dans le progrès social. L'incapacité à maintenir la croissance élevée et le plein emploi représentent pour le capitalisme une carence qui aurait

---

[1] Cette modestie caractérise non seulement la social-démocratie mais aussi la gauche que par habitude on appelle encore « radicale », parce que, de la radicalité, elle a conservé la rhétorique.

[2] Le *keynésianisme*, partisan de l'intervention de l'Etat dans l'économie, autrefois dominant, dut céder la prépondérance aux théories adverses plus favorables au marché.

pu l'affaiblir, mais l'effet inverse l'a emporté : la menace du chômage a maté la classe salariée.

Deuxièmement, la hausse des coûts de production dans les pays riches et la baisse des coûts de transport. Elles ont motivé leurs élites économiques à délocaliser la production vers les pays à bas salaires. Cette évolution fut confortée par la vague des accords internationaux de libre-échange, dans la foulée desquels furent également libéralisés les mouvements internationaux du capital financier. Les leviers de la politique économique s'en trouvèrent affaiblis et l'évasion fiscale facilitée.

Troisièmement, déjà à l'époque des "trente glorieuses"[1], les déficiences de la gauche. Le *Welfare State* était un géant aux pieds d'argile ; la force du discours et des acteurs politiques qui le soutenaient était en partie illusoire. La gauche était sortie renforcée de la deuxième guerre mondiale mais ce tonus était dû à des contingences historiques plutôt que fondé sur une raison intrinsèque. La social-démocratie ne voyait pas plus loin que le pragmatisme, les communistes étaient inféodés à Moscou et l'extrême gauche s'enthousiasmait pour la révolution culturelle de Mao. Les événements de 1968 ont créé l'illusion d'une déferlante quasi-révolutionnaire mais les slogans marxistes et anarchistes exprimaient surtout le mal-être de la jeunesse assujettie à un conformisme étouffant.

Quatrièmement, les succès des trente glorieuses ont mené la social-démocratie à croire la tâche accomplie. Il n'en fallait pas plus pour qu'elle s'endorme sur ses lauriers. Mais dans l'histoire, victoire et défaite ne signifient pas grand-chose sur le long terme. Il n'y a pas de cours irréversible. De génération en génération, les acquis ne se transmettent que partiellement. Le " qui n'avance pas recule " est de rigueur. L'évolution du monde ne s'arrête pas ; elle dérobe l'assise des constructions du passé. Qui était clairvoyant aurait prévu la volonté de détricotage.

---

[1] Les trente années qui suivirent la fin de la deuxième guerre mondiale.

Une évolution économique spontanée et du volontarisme politique se sont donc conjugués pour " néolibéraliser " la société. Il est difficile de départager leurs influences respectives.

Revenons à la décadence électorale récente de la gauche européenne. Le constat est encore plus pénible si l'on remarque que depuis le début du siècle présent, un des principaux bénéficiaires en est l'extrême droite[1]. En fait, dans beaucoup de pays, une part importante de l'électorat ouvrier migre de la gauche vers l'extrême droite. L'extrême droite accomplit cette performance alors qu'historiquement, aucun gouvernement auquel elle a participé n'a jamais appliqué une politique favorable à la classe ouvrière. Il y a toujours eu échange de bons procédés entre ces gouvernements et la classe capitaliste[2]. C'était le cas notamment du nazisme, en dépit de ce que sa propagande des débuts laisse supposer. Rien dans le programme social de l'extrême droite ne devrait attirer les défavorisés du capitalisme, programme sur lequel sa communication reste curieusement discrète ou vague. Le transfert électoral s'explique par la déconnexion de la social-démocratie embourgeoisée d'avec l'électorat ouvrier. Si tant de gens ordinaires sont réceptifs à la rhétorique anti-migrants de l'extrême droite, c'est parce qu'ils se sentent délaissés (à juste titre), ce qui leur donne l'impression que les nouveaux arrivants

---

[1] L'extrême droite n'est pas simplement la droite qui est plus à droite que la droite libérale. Entre ces deux droites, les valeurs ne coïncident pas complètement. La première est hostile à l'Etat, sacralise la liberté individuelle et défend le libre-échange. Au contraire, la seconde est attachée à l'Etat, à la nation et à ses frontières. L'Etat fort rassure sa pensée liberticide. Ce fond liberticide étouffe ses partisans eux-mêmes. Ils cherchent compensation dans une liberté du type adolescent attardé, celle qui fait détester les règles comme celles qui protègent contre la contagion par un virus ou comme la régulation écologique. Sur ce dernier plan, l'extrême droite rejoint la droite classique mais comme suite à d'autres motivations.

[2] Ce qui ne signifie pas que la classe ouvrière était nécessairement logée à pire enseigne que sous le règne de la droite classique.

sont mieux traités qu'eux. Régulièrement dans pas mal de pays, la social-démocratie forme une coalition gouvernementale avec les conservateurs. Dans ces conditions, le grand atout de l'extrême droite, c'est le formidable cadeau que lui fait la social-démocratie : être la principale force d'opposition, Sauf dans les très rares cas où l'extrême gauche est suffisamment influente, plus aucune force ne s'oppose politiquement à la domination du capital. Le principal parti de gauche a déserté le combat. Il ne reste qu'une opposition qui, quoi qu'elle en dise, n'en est pas une. L'extrême droite n'a de cesse de vitupérer contre " le système ", mais son discours reste délibérément vague quant à la substance et au contour de ce qui est honni. Et pour cause : elle ne rejette pas les bases du système socio-économique. Elle désigne comme coupables quelques politiciens et des partis politiques qui en réalité ne maîtrisent pas grand-chose. Quant aux dirigeants des partis d'extrême droite, rarement dans le besoin, leur carnet d'adresses est souvent garni de noms appartenant à la classe dominante. En toute discrétion.

La gauche se montre impuissante et subit une érosion électorale alors qu'elle défend une classe majoritaire. Un tel paradoxe mérite une explication à la hauteur du constat. C'est l'objet des pages qui suivent, mais avant ça, voyons deux causes régulièrement mises en avant par les théoriciens de la gauche et qui servent d'excuse à leur piètre performance.

Premièrement, rappelons-nous la sentence de Marx selon laquelle *les idées dominantes sont les idées de la classe dominante*, dont voici l'énoncé complet :

> Les pensées de la classe dominante sont aussi, à toutes les époques, les pensées dominantes, autrement dit la classe qui est la puissance matérielle dominante de la société est aussi la puissance dominante spirituelle. La classe qui dispose des moyens de la production matérielle dispose, du même coup, des moyens de la production intellectuelle, si bien que, l'un dans l'autre,

les pensées de ceux à qui sont refusés les moyens de production intellectuelle sont soumises du même coup à cette classe dominante. Les pensées dominantes ne sont pas autre chose que l'expression idéale des rapports matériels dominants, elles sont ces rapports matériels dominants saisis sous forme d'idées, donc l'expression des rapports qui font d'une classe la classe dominante ; autrement dit, ce sont les idées de sa domination[1].

La morale, la religion, la philosophie, la science, la culture en général sont empreintes de l'*idéologie* bourgeoise qui vise à convaincre la classe dominée que la société fonctionne sur une base équitable et équilibrée. De tous temps, les classes dominantes ont voulu démontrer que l'intérêt général coïncide avec leur intérêt propre. Sa puissance économique fournit au capital les canaux par lesquels son idéologie est diffusée. Les grands médias lui appartiennent. Le financement des campagnes électorales est plus aisé pour les candidats amis de la classe fortunée[2]. Marx n'est évidemment pas le seul à avoir exprimé cette idée qui sera analysée plus en détail au chapitre prochain.

Deuxièmement, les partis de droite ont dans leur manche la carte qui leur sert souvent d'atout : le chauvinisme nationaliste, dont il existe une multitude de formes : antisémitisme, inimité entre peuples voisins, hostilité aux migrants... Y a-t-il un meilleur moyen de détourner les classes défavorisées des tentations revendicatrices ? Toute l'énergie captée par l'animosité contre « l'autre » vient en déduction de l'intérêt que les peuples peuvent vouer aux oppositions sociales internes à la communauté nationale. L'histoire de ce type de manipulation est longue et riche ; probablement aucune civilisation n'y a échappé. Toute classe dominante peut avoir besoin à un moment donné d'un bouc émissaire. En

---

[1] K. Marx, Karl, F. Engels. *L'idéologie allemande*, Paris, Les Editions sociales, 1968, p. 75.
[2] En ces matières, la situation varie beaucoup d'un pays à l'autre. Le financement des campagnes électorales est réglementé dans pas mal de pays.

comparaison avec d'autres époques, l'histoire contemporaine de l'Europe occidentale est heureusement pauvre en guerres. Mais la guerre des Malouines (1982) illustre parfaitement notre propos. Alors que le gouvernement de Margareth Thatcher était au plus bas dans les sondages en 1981, le déchaînement nationaliste suscité par cette guerre et la victoire britannique offre au parti conservateur un triomphe électoral en 1983. Ce n'est pas tant l'attitude du gouvernement Thatcher qui est blâmable que celle de ses supports et tout particulièrement de la presse tabloïd qui a raffolé de cette guerre. Le parti conservateur n'a eu qu'à cueillir les fruits.

Ces deux facteurs, bien réels, ont certainement favorisé le maintien du système de domination existant, mais même l'addition de leurs effets ne suffit pas à expliquer l'ampleur du fiasco.

Une explication alternative s'impose. Ce qui nous amène à un thème central de cet ouvrage : l'impuissance de la gauche s'explique surtout par les égarements de beaucoup de ses acteurs.

Commençons avec l'idéologie. Impossible de taire l'influence du marxisme lorsqu'on brosse le tableau de l'histoire politique du vingtième siècle. La vision du monde prévalant à gauche porte profondément l'empreinte de la pensée de Marx. Celle-ci comportait quelques avancées salutaires mais aussi pas mal d'erreurs et de lacunes qui la rendent inapte à servir de socle intellectuel à la construction d'une société plus juste. C'était déjà vrai au vingtième siècle, ce l'est encore plus au vingt et unième.

Au-delà de l'œuvre de Marx elle-même, si l'on considère ses pseudopodes intellectuels et politiques, on peut affirmer que le marxisme a fait perdre un siècle à la gauche. Un siècle où l'on se posait des questions inutiles. Un siècle de dogmatisme : la parole était aux exégètes. Pour déterminer objectifs et stratégies, on cherchait à savoir ce que Marx pensait de tel cas précis ou comment il fallait l'interpréter, plutôt que de considérer la problématique en elle-même. Ce dogmatisme était, au demeurant, de façade, car le but était toujours de faire dire à Marx ce que dictait l'intérêt particulier des dirigeants. Et que dire de ce spectacle où grand-prêtres et sectateurs vouent un culte plein de conservatisme à la doctrine et à son auteur. Un culte dont les fidèles étaient d'ailleurs loin de la communion, car le dogmatisme ne va pas sans de sempiternelles querelles de chapelles.

L'opposition entre le marxisme et ses adversaires a soumis la société à une fracture idéologique profonde, dont les adversaires partagent équitablement la responsabilité. Après le charivari du vingtième siècle, le vingt et unième fera-t-il preuve de plus de maturité, se montrera-t-il capable de traiter Marx pour ce qu'il est : un penseur, avec ses forces et ses faiblesses, dont on n'a pas voulu voir qu'il était un penseur comme les autres ? L'appendice du présent essai en tente une critique à charge et à décharge.

Les conduites fautives des partis de gauche ont encore plus contribué à la perte de leur crédibilité que les carences de l'idéologie. Illustrons-le avec deux exemples, sans doute les dérives qui ont le plus marqué les esprits ; la première est le fait des partis communistes et de certains partis d'extrême gauche, la seconde concerne la social-démocratie.

On ne peut passer sous silence l'amitié des communistes occidentaux avec les régimes qui tyrannisèrent les peuples de l'Union Soviétique et de sa zone satellite. L'admiration des maoïstes pour la révolution culturelle chinoise est du même acabit. Les communistes dénonçaient, souvent à bon droit, des défauts de la société capitaliste dans laquelle ils vivaient mais fermaient les yeux sur les perversions plus graves du système instauré par les partis amis. Comme les régimes de l'Est étaient non seulement tyranniques mais aussi ubuesques en ce sens qu'ils semblaient fonctionner suivant des règles absurdes, ces amitiés perverses ont valu à leurs protagonistes l'accumulation d'une bonne dose de discrédit dont il leur sera difficile de se défaire, même longtemps après la chute du communisme. Cet aveuglement est d'autant plus surprenant que la dénonciation de ces systèmes n'aurait même pas impliqué la remise en cause de la lutte pour le socialisme à l'Ouest.

Les sociétés communistes du XXᵉ siècle sont un des systèmes les plus inhumains de l'histoire. Comment en est-on arrivé là alors que ces régimes sont issus d'un mouvement luttant pour l'émancipation ? Beaucoup d'explications ont été avancées, mais, prisonnières de préjugés, elles affirment sans comprendre. Selon les uns, le communisme est naturellement totalitaire parce qu'il veut diluer les individus pour obtenir une masse uniforme. Pour les autres, Staline et ses successeurs ont trahi les idéaux de la Révolution d'Octobre. Tant à droite qu'à gauche, une majorité admettait la prétention du système à être socialiste et à viser la société sans classes. Et pourtant, il s'agissait d'une mystification, dont le moteur, comme souvent, n'est autre que le désir de l'opinion d'être trompée. D'abord la droite, qui pouvait ainsi imputer les crimes du régime à l'idéal socialiste, son ennemi intime. Ensuite, les communistes incapables de renoncer à leur attachement à la révolution qui avait renversé le capitalisme.

La parution de l'ouvrage « La nomenklatura » [1] de Michael Voslensky en 1980 est un moment essentiel de la démystification. Comme le montre l'auteur, le système soviétique est une nouvelle forme de société de classes, une société où une classe inédite, la *nomenklatura*, exploite le prolétariat et la paysannerie. Elle se compose principalement des strates supérieures de la bureaucratie du parti et de l'Etat ainsi que des dirigeants des usines et des exploitations agricoles. L'Etat est propriétaire des moyens de production et la nomenklatura en dispose effectivement car sa dictature la rend " propriétaire " de l'Etat. L'idéologie de cette classe consiste à nier ou plutôt dissimuler son existence ; elle se présente comme un secteur spécialisé au sein du prolétariat, une " avant-garde ", ce qui est aberrant au vu de ses privilèges exorbitants. Le parti communiste sert de réservoir à l'intérieur duquel sont cooptés les nomenklaturistes. Pour disséquer la société soviétique, Voslensky recourt malicieusement aux

---

[1] M. Voslensky, *La nomenklatura*, Paris, Belfond, 1980.
L'auteur, avant de passer à l'Ouest, a fait partie de la nomenklatura et peut donc décrire les rouages du système vus de l'intérieur.

catégories marxistes : classe dominante, exploitation, accumulation primitive, idéologie...
L'histoire tragique du nomenklaturisme était inscrite dans ses débuts foireux. Ce n'est pas la dictature tsariste mais le nouveau pouvoir démocratique issu de la *Révolution de Février* que la *Révolution d'Octobre* renversa en 1917. La Révolution d'Octobre est en quelque sorte le péché originel du système : ayant accédé au pouvoir par la force, le parti communiste devenait dépendant d'elle pour s'y maintenir. Selon les mots de Voslensky, Lénine dirigeait un groupe de REVOLUTIONNAIRES PROFESSIONNELS qui ont commis un COUP D'ETAT. Ils furent ensuite éliminés par la nouvelle classe dirigeante, la nomenklatura, qui émergea à l'ombre de Staline, son accoucheur. C'est par la terreur la plus brutale qu'elle instaura sa domination.

Voslensky n'est évidemment pas le premier à avoir compris la nature de classe du système soviétique, même si personne ne l'avait encore analysé aussi clairement. Des auteurs de gauche notamment Castoriadis (1949), Djilas (1957), Debord (1968) l'avaient précédé. Leur dénonciation n'eut qu'un impact limité sur l'opinion. En fait, Voslensky est le premier à avoir nommé cette classe avec ce terme, *nomenklatura*, entré dans le langage courant. Castoriadis et Debord parlent de « classe bureaucratique » ; ce terme déjà paré d'une autre signification ne pouvait faire impression. Djilas parle de la « nouvelle classe », comme si toutes les classes n'avaient pas été nouvelles. Pour bien analyser les choses, il est essentiel de pouvoir les nommer. L'absence de nom a longtemps profité à cette classe si désireuse de vivre cachée.

La nature réelle du système a échappé aux analystes marxistes, alors qu'un peu de logique eût suffi à saisir cette subtilité : lorsque les moyens de production sont propriété de l'Etat, la propriété n'est authentiquement sociale que si règne la démocratie ; sinon, le groupe qui contrôle l'Etat dispose de facto des moyens de production et devient une classe dominante. Il n'y a donc pas de symétrie avec le capitalisme dans lequel le caractère démocratique ou dictatorial de l'Etat est déconnecté du mode de propriété et n'altère donc pas la nature sociale du système. Ce qui signifie que le vrai socialisme n'est possible que si règne la démocratie politique et que la non-satisfaction de cette condition mène nécessairement au *nomenklaturisme* qui est un *mode de production* en soi.

Venons-en maintenant au deuxième exemple de conduite inappropriée. Ces dernières décennies, les scandales ont fréquemment occupé le devant de la scène politique ; tant en Europe qu'ailleurs, peu de pays y ont échappé. Parfois, il s'agissait de corruption pure et simple, parfois, sans que la frontière de la légalité ne soit franchie, des mandataires de l'ombre ou des élus s'octroyaient des avantages excessifs ou profitaient de prébendes. Il faut bien reconnaître que les sociaux-démocrates ont trempé dans ces scandales plus souvent qu'à leur tour. Toute malhonnêteté en politique est déplorable, peu importe l'horizon idéologique des individus et partis coupables. Mais quand il touche un parti de gauche, le scandale est accablant pour un motif supplémentaire. Le désir d'enrichissement personnel est à l'opposé du sentiment de solidarité qui sous-tend le projet de la gauche. Quand il touche la gauche, l'image qui vient à l'homme de la rue spectateur est celle de politiciens ou de militants qui ne croient plus à leur message. Une impression qui correspond probablement à la réalité. Peut-être est-ce même là le fond du problème. Les scandales arrivent PARCE QUE ces personnes ne croient pas suffisamment à leur message. Il y a à cela une explication.

Les partis sociaux-démocrates ont la particularité de compter deux types d'adhérents. Outre les militants progressistes tels qu'on s'attend à les trouver, des opportunistes s'affilient en vue d'obtenir des postes avantageux dans l'appareil d'Etat. Sur le terrain, la distinction est évidemment moins nette, car l'opportunisme n'exclut pas une certaine adhésion aux valeurs progressistes. La proportion d'opportunistes n'est pas plus élevée chez les élus que chez les autres adhérents : les partis ont aussi à pourvoir des postes publics non électifs. Les universitaires d'opinion social-démocrate tendent à être plus attirés par les carrières dans le secteur public que par les emplois de cadre dans le secteur privé. Néanmoins, l'accès aux mandats et aux emplois publics ainsi que les avantages qu'ils procurent sont régis par des règles plus contraignantes. Ces militants y souscrivent intellectuellement mais elles les dérangent dès qu'elles affectent leur propre carrière ; le jeu consiste alors à contourner ces règles.

Les opportunistes sont plus susceptibles de céder au chant des sirènes de l'argent qui les mènera au scandale. L'éclatement d'un scandale n'est d'ailleurs que la partie émergée de l'iceberg. Dans les allées du pouvoir, tout un monde s'affaire et veille sur ses privilèges. Les opportunistes se trompent fort s'ils croient que le peuple ne remarque pas leur jeu. L'effet de cette observation est dévastateur, car le " tous pourris " ajoute de l'eau au moulin de l'extrême droite et même lorsqu'il ne conduit pas à cette extrémité, il démobilise le désir d'engagement social.

Le marasme électoral est un marqueur contemporain très visible de la crise que traverse la gauche. Mais celle-ci paie aujourd'hui non seulement les fautes actuelles mais également celles qu'elle a accumulées au cours du temps. En termes imagés, disons que son karma n'est pas très bon. Ce serait une erreur de blâmer seulement l'époque actuelle. Des rendez-vous ratés ont émaillé tout le vingtième siècle. Pensons au SPD allemand et à la SFIO française qui ont tous deux rejoint le camp de la guerre en 1914, au Parti Communiste Français qui a attendu l'invasion allemande de l'Union Soviétique pour lutter contre le nazisme… Il n'y a donc pas d'époque bénie révolue qui mérite de la nostalgie.

Les amitiés perverses des communistes et la prévarication des opportunistes sociaux-démocrates sont des fautes. On pourrait multiplier les exemples de comportements inadéquats. Mais le plus important est de comprendre que ces fautes sont révélatrices d'un problème plus général, d'une conception erronée ou d'un manque de conception de ce qu'il faut faire ou ne pas faire. Ces fautes sont des formes visibles et concrètes, sans doute les plus graves parmi beaucoup d'autres, qu'a prises une attitude politique dégénérée. Tel est l'objet du chapitre 3.

2

Les motivations des électeurs

Le lecteur sait maintenant qu'à mon sens, si la gauche se montre impuissante à imposer son projet de société sur le long terme, c'est avant tout pour des raisons dont elle est elle-même responsable. J'y reviendrai. Toutefois, d'autres causes qui ne relèvent pas ou peu de sa responsabilité tendent également à assurer la persistance du système capitaliste et de l'inégalité qui lui est liée. Sociologue et philosophes en ont largement débattu.

En définitive, la question posée revient à celle-ci : pourquoi dans une société démocratique sujette à l'inégalité, une part conséquente des individus des déciles de revenu inférieurs votent pour des partis qui défendent explicitement ou implicitement la répartition des revenus qui leur est désavantageuse ? Qu'un riche vote pour un parti de gauche indique un certain idéalisme, un sentiment de solidarité plus fort que le désir de possession. Mais l'inverse semble peu crédible : que l'idéal d'une répartition inégalitaire puisse motiver le vote de personnes moins nanties. D'autres facteurs doivent donc jouer. Lesquels ? La question n'est pas neuve, puisque comme le fait remarquer Steven Lukes[1], l'intellectuel communiste Antonio Gramsci se posait déjà la même question dans les années 1920.

Les deux réponses extrêmes sont :

---

[1] Steven Lukes est un sociologue britannique né en 1941, qui s'est principalement intéressé à la question du pouvoir politique. Le présent essai fera encore référence à ses analyses pénétrantes.

— La réponse *libérale* : les électeurs paradoxaux comprennent que l'efficacité du système capitaliste leur procurera plus de biens qu'ils n'en auraient avec un meilleur statut dans une société plus égalitaire.

— La réponse *marxiste* : la classe dominante a les moyens de coloniser les esprits.

En fait, ces deux explications partagent un même présupposé : les cerveaux des électeurs moins nantis se seraient laissé convaincre par l'argumentaire libéral. Mais ces idées s'y seraient insinuées par des chemins différents. Cette pensée serait autonome selon les libéraux, hétéronome selon les adversaires du capitalisme.

La thèse de l'hétéronomie, avec plus ou moins de nuance, a été plus analysée. Dans « Power. A Radical View », Steven Lukes en dresse un tableau synthétique très instructif. La conception la plus commune est celle de l'action insidieuse de l'idéologie, qui remonte au moins à Marx et à laquelle Lukes lui-même adhère. Il y en a autant de versions que d'auteurs. L'une des plus notables nous est offerte par le sociologue français Pierre Bourdieu[1] qui l'englobe dans son concept de "violence symbolique ". Le premier chapitre de son ouvrage « La reproduction » (1970) formule une espèce d'axiomatisation du sujet, en énonçant un ensemble structuré et cohérent de propositions qui s'appuient sur les travaux empiriques de l'auteur. La pierre angulaire de ces propositions s'énonce ainsi :

Tout pouvoir de violence symbolique, i.e. tout pouvoir qui parvient à imposer des significations et à les imposer comme légitimes en dissimulant les rapports de force qui sont au fondement de sa force, ajoute sa force propre, i.e. proprement symbolique, à ces rapports de force[2].

---

[1] Pierre Bourdieu (1930-2002) est considéré comme l'un de sociologues les plus importants du vingtième siècle.
[2] P. Bourdieu, J-C. Passeron. *La reproduction. Eléments pour une théorie du système d'enseignement*, Paris, Editions de Minuit, 1970, p. 18.

Bourdieu réfute une lecture éthique de sa théorie, une lecture qui cherche des coupables. La dissimulation dont il est question doit être comprise comme objective et non intentionnelle. Bourdieu a raison d'attirer l'attention sur le côté naturel de la reproduction idéologique. En effet, quoi de plus normal que des intellectuels produisent des théories ; quoi de plus naturel que s'y reflète le point de vue du groupe auquel ils appartiennent ou auquel ils sont liés ? Rien d'illégitime ne transparaît dans la construction ou la diffusion de ces théories. Elles semblent d'autant plus anodines aux cerveaux récepteurs qu'ils les intègrent dans des schèmes qui auront souvent une origine semblable. N'interviennent que des processus spontanés. Ou pour le dire plus correctement, les processus délibérés ne sont pas indispensables à la reproduction idéologique, même s'il serait naïf de les en croire totalement absents.

Ces citations de Bourdieu aideront à préciser son concept :

> La violence symbolique est cette coercition qui ne s'institue que par l'intermédiaire de l'adhésion que le dominé ne peut manquer d'accorder au dominant (donc à la domination) lorsqu'il ne dispose, pour le penser ou, mieux, pour penser sa relation avec lui, que d'instruments de connaissance qu'il a en commun avec lui et qui, n'étant que la forme incorporée de la structure de la relation de domination, font apparaître cette relation comme naturelle1.

> Un pouvoir symbolique est un pouvoir qui suppose la reconnaissance, c'est-à-dire la méconnaissance de la violence qui s'exerce à travers lui (...) Aucun pouvoir ne peut se contenter d'exister en tant que pouvoir, c'est-à-dire en tant que force nue dépourvue de toute

---

[1] G. Mauger, *Sur la violence symbolique*, in H-P. Müller, Y. Sintomer (dir.), *Pierre Bourdieu, théorie et pratique*, Paris, La découverte, 2006, p. 86.

21

justification, en un mot arbitraire, et il doit donc se justifier d'exister, et d'exister comme il existe1.

C'est volontairement que Bourdieu ne reprend pas le terme " idéologie " cher à Marx, car il renvoie trop étroitement à la pensée consciente, au raisonnement, à la connaissance, alors que le phénomène étudié déborde largement de ce cadre. Le message dominant s'adresse autant aux affects qu'aux idées. Bourdieu va encore plus loin : par le biais des émotions, le message répété s'inscrit à la longue dans les corps. Le corps humain assimile les classements et dominations de rigueur dans la société. En conséquence, le problème ne peut pas être résolu simplement par une prise de conscience libératrice.

Toute reproduction sociale repose sur deux mécanismes de persuasion parallèles : les persuasions intellectuelles et les persuasions charismatiques. Bourdieu considère les deux mais n'insiste pas assez sur leur dualité complémentaire. Les citations qui suivent concernent plutôt les secondes :

Un des effets de la violence symbolique est la transfiguration des relations de domination et de soumission en relations affectives, la transformation du pouvoir en charisme ou en charme propre à susciter un enchantement affectif.

C'est cet accord préréflexif qui explique la facilité, en définitive très étonnante, avec laquelle les dominants imposent leur domination.

La percolation des idées du groupe dirigeant dans la culture, qu'on l'appelle *violence symbolique* ou autrement, n'est pas le propre des classes sociales. Toute domination d'un intérêt particulier fabrique et diffuse son idéologie, qu'il s'agisse de la domination d'un genre, d'une caste, d'une religion, d'un groupe ethnique... Dans son livre « La domination masculine », Bourdieu analyse l'exercice de la *violence symbolique* dans les relations de genre.

---
[1] Ibidem p. 92

Un aspect de la reproduction idéologique me semble méconnu et sous-estimé par la plupart des auteurs. Affects et peurs touchent toutes les couches de la société, y compris les membres de la classe favorisée. Eux-aussi ont besoin d'être rassurés, honorés, motivés, déculpabilisés, distraits. L'idéologie est trop souvent présentée comme une soupe que la classe dominante fait ingurgiter à la classe dominée. Cette vision est simpliste. La persuasion idéologique est aussi à destination interne. Le monde est suffisamment menaçant et contradictoire pour que le besoin s'en fasse sentir dans toutes les strates de la société.

Le philosophe américain Herbert Marcuse[1] a voulu intégrer dans la pensée marxiste les spécificités nouvelles de la société industrielle avancée caractérisée par la consommation de masse. Il distingue une espèce de coalescence entre l'appareil productif et la pensée. Non seulement les rapports sociaux et la pensée interagissent mais ils s'interpénètrent, comme l'indiquent ces citations :

> L'appareil de production tend à devenir totalitaire dans ce sens qu'il détermine, en même temps que les activités, les attitudes et les aptitudes qu'implique la vie sociale, les aspirations et les besoins individuels[2].
>
> Les produits endoctrinent et conditionnent ; ils façonnent une fausse conscience insensible à ce qu'elle a de faux[3].

---

[1] Herbert Marcuse (1898-1979) est un philosophe marxiste d'origine allemande mais passé aux Etats-Unis après la prise du pouvoir par les Nazis. Sa pensée a inspiré les étudiants révoltés de 1968.

[2] H. Marcuse, *One-dimensional Man*, Boston, Beacon Press, 1964 (trad. fr. de Monique Wittig et l'auteur, *L'homme unidimensionnel*, Paris, Editions de Minuit, 1968, p. 21).

[3] Ibidem, p. 100

Marcuse la caractérise comme « une conscience heureuse qui accepte les méfaits de cette société ». Marcuse observe la transformation du producteur en producteur-consommateur. L'acceptation bienheureuse du capitalisme qu'il discerne ne doit pas être confondue avec une idée proche mais plus simple, voire simpliste : l'idée que les salariés-producteurs se laisseraient acheter contre des biens de consommation, que le matérialisme ambiant presse l'homme à tout accepter pourvu qu'on lui donne à consommer. Chez Marcuse, le système productif adultère les pensées. L'observation du monde contemporain lui donne raison. La publicité commerciale et la communication des entreprises, devenues massives, constituent une espèce de para-idéologie. Les besoins sont manipulés et donc les comportements également. Des firmes ont ainsi la capacité de provoquer la formation nocturne de queues qui attendent l'ouverture des magasins, en créant chez des consommateurs l'envie parfaitement inutile d'être les premiers à acheter tel nouveau produit technologique. On produit la grégarité par l'appât illusoire de la distinction. Telle autre firme a transformé l'achat de ses produits sur Internet en une espèce de jeu permanent dans lequel sont captif des consommateurs béats. Bien plus que la création de nouveaux besoins, douteuse selon moi, c'est la manipulation des besoins existants qui est à l'œuvre.

La pensée unidimensionnelle est le « triomphe de la pensée positive », le rejet de la transcendance, à laquelle Marcuse oppose la « pensée négative », celle qui n'accepte pas la limite de ce qui est.

> ... il y a de nombreux facteurs qui empêchent l'avènement d'un Sujet nouveau : le pouvoir et l'efficience du système, le fait que l'esprit s'assimile totalement avec le fait, la pensée avec le comportement requis, les aspirations avec la réalité[1]. »

---

[1] Ibidem, p. 276

Le moyen à l'œuvre est " l'empirisme radical " : « Il ne reste qu'une seule idéologie, celle qui consiste à reconnaître ce qui est. »[1]

Le terme " idéologie " comprend " idée ". Mais l'idéologie va bien au-delà des idées qui en représentent ce qu'on pourrait qualifier de part rationnelle. Comme l'a montré Bourdieu, les sentiments et les émotions en constituent un autre pan. Ainsi en est-il du sentiment religieux dont le caractère émotif est très prégnant dans le cas du mysticisme. Dans cette optique, Marx considérait la religion comme faisant partie de l'idéologie, mais cette intégration se faisait au titre d'*opium du peuple*. Ce phénomène me paraît un élément essentiel de la part irrationnelle de l'idéologie. A ma connaissance, Marx n'en a appliqué nommément le concept qu'à la sphère religieuse mais il me semble fructueux d'en élargir le champ d'application. L'opium du peuple, c'est alors tout ce qui, par un chemin d'évasion, détourne l'individu d'être un acteur conscient et autonome de la vie sociale. En fait, toute société produit une multitude d'opiums du peuple. Les jeux du cirque à Rome avaient clairement cette vocation. Exemple contemporain, un *réseau social* peut devenir un opium du peuple. L'évasion n'est pas un mal en soi ; à doses normales, elle représente même une nécessité. Mais trop d'évasion sous des formes trop abrutissantes produit une société de zombies sociaux. Cette population serait facilement manipulable par un pouvoir comme celui d'une classe dominante, qui n'aurait qu'à profiter de la passivité ambiante. Les zombies sociaux ne sont évidemment pas portés sur l'analyse et la critique des mécanismes sociaux. Ils s'intéresseront plutôt à la dernière tenue portée par telle vedette ou au résultat du dernier tirage du loto.

Comme l'a montré Marcuse, le rapport de l'homme aux objets peut être de nature idéologique. Le philosophe français Guy Debord embraye sur cette idée mais en la généralisant. Tous les

---
[1] Ibidem, p. 144

aspects de notre vie peuvent constituer ensemble un vaste et complexe opium du peuple. Le capitalisme moderne produit cette situation sous la forme d'un spectacle global, d'où le titre de son ouvrage « La société de spectacle »[1]. Dans un essai au titre proche « L'Etat spectacle » plus spécifiquement consacré à la sphère politique, Roger Schwartzenberg regrettait la transformation moderne de la politique en spectacle, qui rabaisse le citoyen en spectateur. Chez Debord, l'individu moderne devient un spectateur intégral posé au milieu d'un spectacle total. Son ouvrage commence ainsi :

> Toute la vie des sociétés dans lesquelles règnent les conditions modernes de production s'annonce comme une immense accumulation de spectacles (thèse 1).

Ce spectacle n'est pas un reflet même déformé du monde réel. C'est le monde réel qui a muté en spectacle. Comme chez Marcuse, la marchandise[2] y occupe une place déterminante :

> Le spectacle est le moment où la marchandise est parvenue à l'occupation totale de la vie sociale. Non seulement le rapport à la marchandise est visible, mais on ne voit plus que lui : le monde que l'on voit est son monde (thèse 42).

Et comme chez Marcuse, il se forme une espèce de fusion entre les rapports sociaux, les produits et l'idéologie :

> ...la matérialisation de l'idéologie qu'entraîne la réussite concrète de la production économique autonomisée, dans la forme du spectacle, confond pratiquement avec la réalité sociale une idéologie qui a pu retailler tout le réel sur son modèle (thèse 212).

---

[1] Cet ouvrage, assez surprenant, se présente comme l'énumération de 221 thèses. Il est disponible sur Internet à l'adresse :
http://classiques.uqac.ca/contemporains/debord_guy/societe_d u_spectacle/societe_du_spectacle.pdf
[2] Dans le monde moderne, la marchandise prend aussi bien la forme de services que de biens physiques.

Tant Debord que Schwartzenberg insistent sur le caractère isolé des esprits spectateurs. Fondamentalement désocialisés, ils ne font société que par la médiation des institutions du spectacle.

> Ce qui relie les spectateurs n'est qu'un rapport irréversible au centre même qui maintient leur isolement. Le spectacle réunit le séparé, mais il le réunit en tant que *séparé* (thèse 29).

Le spectateur de Debord est évidemment la parfaite victime de l'idéologie.

> Plus il contemple, moins il vit ; plus il accepte de se reconnaître dans les images dominantes du besoin, moins il comprend sa propre existence et son propre désir (thèse 30).

Ces diverses analyses aboutissent toutes à voir l'électeur modifier son comportement ; soit sa conception de l'idéal social est altérée dans un sens qui convient au maintien de la domination bourgeoise, soit son abrutissement le rend incapable de remettre en cause le monde qu'elle lui propose, ce qui l'amènera souvent à s'abstenir de voter. Mais des facteurs d'une autre nature, moins apparents, biaisent également le vote de façon peut-être encore plus radicale et sans influence extrinsèque. L'interrogation sur l'idéal social ne joue que modérément dans l'isoloir. La préoccupation est souvent plus immédiate. De quoi demain sera fait si je vote ainsi ou ainsi ? L'idéal se voit occulté par le parcours qui y mène et ses embûches. Cette façon d'envisager le vote favorise inévitablement ceux qui ne proposent pas de changer le système. Ces trois raisons l'expliquent :

1— Contester un système de répartition, c'est potentiellement ouvrir un conflit, semer le trouble. Face au conflit, les psychologies individuelles varient, mais beaucoup d'entre nous préfèrent l'éviter. La préférence psychologique pour l'harmonie peut expliquer le consentement passif à un système qu'on sait injuste. Il est tentant pour la pensée dominante de profiter de ce scrupule spontané pour culpabiliser les contestataires potentiels.

2— L'existant acquiert de la puissance simplement en tant qu'existant. Penser l'existant comme une contingence et non comme une nécessité demande déjà une prise de recul. La présomption intuitive est très courante que " ce qui est " a forcément une raison d'être. Cette idée se retrouve à la fois chez des philosophes et dans le sens commun.

3— Enfin, peut-être le facteur le plus important de tous. Concevoir la société telle qu'on la souhaiterait et mettre en œuvre le changement que nécessite le passage de l'existant à cet idéal sont deux démarches aux implications incommensurablement différentes. Vous avez en tête la répartition de la richesse qui vous semble optimale mais la richesse est déjà répartie d'une certaine façon, effective. Corriger cette répartition est une entreprise délicate, pleine de risques et de chausse-trappes. La difficulté de redistribuer dépasse infiniment celle d'une répartition ex nihilo, un cas impossible en politique. Beaucoup de ceux qui acceptent l'objectif d'une société plus juste sont susceptibles de reculer devant les difficultés de la transition.

*

Terminons ce chapitre avec deux théories alternatives. Selon elles, la soumission apparente de la classe dominée, telle qu'on la constate dans les urnes, est une illusion. Elle cache des comportements défensifs. Elles me semblent intéressantes. C'est Lukes qui les présente dans l'ouvrage précité :

— *James Scott* ne croit pas que l'idéologie dominante façonne les consciences des dominés. Leur apparente adhésion résulte d'une simulation : ils font semblant d'accepter le discours dominant pour éviter les conflits. Ils optent pour des formes de résistance, plutôt passives, qui évitent la confrontation ouverte. L'explication de Scott me paraît convenir parfaitement pour des sociétés dictatoriales comme la société soviétique. La chute du régime est parlante à cet égard : soudainement, nombre de ceux qui, la veille, se disaient favorables au communisme, se félicitent de sa disparition. Le consentement de façade s'évanouit avec la perte de sa raison d'être.

— Jon Elster prête aux dominés ce qu'il appelle des « préférences adaptatives ». Ils adaptent leurs désirs à ce que la société leur permet d'espérer. L'archétype, c'est le renard de la fable de La Fontaine : incapable de les attraper, il prétend que les raisins ne sont pas assez mûrs. Ce procédé est entièrement endogène au groupe dominé. Il permet à ses membres de réduire la dissonance cognitive qu'induit l'oppression. La théorie d'Elster me paraît très judicieuse. L'être humain a sa fierté ; nier sa condition de dominé peut le rassurer. Adhérer au discours dominant fortifie le déni. Il est une situation particulièrement propice à cette attitude : quand la domination se passe en présence de tiers, par exemple lorsque deux communautés vivent côte à côte. La partie qui se trouve opprimée dans l'une d'elles voudra s'épargner l'humiliation que représente le spectacle de sa déchéance. Répéter l'argumentaire de son dominateur est un moyen d'y parvenir.

# 3.

De la difficulté de mener une politique redistributrice

La responsabilité de ce que j'ai qualifié de fiasco incombe principalement à la gauche elle-même, aussi bien aux partis qu'à l'intelligentsia. Est-ce à dire que ses meneurs sont des incapables, des incompétents ? Le simplisme de cette hypothèse suffit à la disqualifier. Quelle est alors la cause qui met en échec des gens normalement compétents ?

A ce stade de la réflexion se pose naturellement la question : et que penser de la façon dont les organisations et les partis de droite sont menés ? La réponse me semble être : beaucoup moins mal. Comment dès lors éviter de retomber dans le diagnostic contesté selon lequel la gauche serait aux mains de gens inaptes ? Entre la gauche et la droite, il n'y a pas de raison de penser que la sagesse et le bon sens se retrouvent plus d'un côté que de l'autre. La clé pour comprendre les difficultés de la gauche est ailleurs.

Commençons avec un simple aphorisme : " il est plus difficile d'être à gauche que d'être à droite ". Non pas qu'il serait plus facile d'assumer l'une des deux positions que l'autre. Le message fondamental est plutôt : " il est plus difficile d'être CREDIBLE ET EFFICACE à gauche que d'être CREDIBLE ET EFFICACE à droite. " Autrement dit, les pièges à la crédibilité sont beaucoup plus nombreux sur la route de gauche, les obstacles à la réalisation des objectifs y sont incommensurablement plus colossaux. Cette thèse mérite une démonstration.

Fondamentalement, ce qui est compliqué, c'est d'avantager les classes populaires plutôt que les possédants et les dirigeants. Réformer la société est plus difficile que de la laisser suivre son cours et la réformer au profit de ceux qui ne détiennent pas les leviers est une tâche titanesque. Il n'est évidemment question ici que de réformes sérieuses, de réformes qui altèrent véritablement la distribution des charges et bénéfices de l'économie, de réformes qui sont en prise directe avec l'objectif d'une société plus équitable.

Cette difficulté se ressent aux deux étages, celui du gouvernement et celui des partis. C'est au gouvernement qu'il revient de mener les réformes et c'est donc à ce niveau que le problème trouve son origine. Mais il se répercute sur l'action des partis réformateurs, car dès avant leur accession au gouvernement, la sagesse de leur attitude doit être au diapason de leur ambition. Sans cela, ils ne convaincront pas les électeurs de leur donner les clés du gouvernement ; du moins, ils ne les convaincront pas de les mandater pour plus que de la figuration. Du point de vue de l'électorat, confier les rênes de réformes profondes à des politiciens frivoles reviendrait à se tirer une balle dans le pied.

Pour nous représenter la difficulté au niveau du gouvernement, imaginons une coalition de gauche qui obtient la majorité parlementaire et accède au gouvernement dans le pays X, alors que la droite dirige ses principaux partenaires commerciaux. Par hypothèse, toutes ces économies sont très ouvertes. Supposons que le nouveau gouvernement de gauche ne se contente pas d'exister et s'attèle effectivement à modifier les rapports de force à l'avantage des classes défavorisées. Ses premières mesures relèvent le salaire minimum, améliorent la protection du travail, haussent les allocations sociales les plus faibles et déplacent une part du poids de la fiscalité du travail vers le capital. Que risque-t-il de se passer ? La position concurrentielle des entreprises de X se dégradera par rapport à celle de leurs concurrents étrangers. Les mesures précitées stimuleront probablement la consommation et par-là l'activité économique, mais ce sont surtout les exportateurs étrangers qui en profiteront grâce à leur avantage concurrentiel artificiel. Les firmes transnationales délaisseront la pays X pour investir prioritairement dans les Etats disposés à les choyer, alors que possiblement le pays X est avantageux d'un strict point de vue économique. Les possédants du pays X seront tentés de transférer leurs capitaux vers des cieux plus conciliants voire de se domicilier à l'étranger. Une partie de leur patrimoine aboutira sans doute dans quelque paradis fiscal. L'Etat X empruntera à intérêt aux banques étrangères les sommes compensant les impôts éludés ; la notation de sa dette sera peut-être dégradée et le taux d'intérêt adapté à la hausse. Si l'économie tangue trop, les avantages que la classe défavorisée tire de la nouvelle politique peuvent être plus que compensés par le ressac ; ces personnes pourraient donc paradoxalement rejoindre le camp des mécontents, ce à quoi les invitera la rébellion des possédants soutenus par leur cohorte d'idéologues. Le plus fort est que si tous les Etats avaient appliqué la même politique que X, rien de tout cela ne se serait passé, à l'exception de l'opposition des possédants.

De cette vérité qu'en économie, le succès d'une politique dépend moins de sa pertinence que du contexte régissant les échanges internationaux, voyons un cas concret. Les fameuses *réformes Hartz*, imprimées par le gouvernement Schröder en Allemagne vers 2003-2005 visaient à réduire les coûts du travail et du chômage. Une part importante de la classe ouvrière allemande eut à subir une baisse du pouvoir d'achat. Cette politique atteignit son but. Le taux de chômage se réduisit sensiblement et les finances publiques se relevèrent, au moment où ces paramètres se détérioraient chez les principaux partenaires de l'Allemagne. Les autorités allemandes se convainquirent d'avoir fait le bon choix face auquel d'autres Etats européens se seraient montrés trop frileux. En réalité, l'économie allemande s'est redressée non pas grâce à cette politique mais grâce au fait que la plupart des autres Etats ne l'appliquaient pas. Avec une consommation élevée, ces pays ont beaucoup importé d'Allemagne où régnaient les bas coûts. En revanche, l'Allemagne, en proie à l'austérité, importa peu de ces pays. Si tous les pays avaient appliqué cette politique simultanément, la demande anémique aurait maintenu les taux de croissance au plancher. C'est ce qui explique que quand les autres pays ont commencé à copier la politique allemande, ils n'ont pu obtenir le même succès. Les apparences sont parfois trompeuses, ce qui arrange bien les idéologues du libéralisme : un brin de mauvaise foi leur permet de blâmer la politique elle-même plutôt que le contexte international.

En tentant d'agir politiquement sur le niveau d'inégalité, le gouvernement réformiste ne caresse évidemment pas l'appareil économique capitaliste dans le sens du poil. L'économie de marché repose sur un système d'incitation. L'investisseur doit être rémunéré à la mesure des risques qu'il prend, faute de quoi il n'en prendra pas et l'investissement viendra à manquer. Quel est le seuil de la rentabilité qui doit lui être garantie ? Il est fort difficile de répondre à cette question et l'économie politique, non immunisée contre les arrière-pensées idéologiques, n'a pas vraiment réussi à apporter une explication unanime. Comme l'explique l'économiste Joseph Stiglitz, une part des revenus de la classe dominante provient des rentes et il n'y a pas d'inconvénient à la taxer sérieusement car ces revenus n'ont aucune vertu incitative vis-à-vis du travail ou de l'investissement[1]. Le gouvernement qui veut redistribuer les revenus marche sur des œufs. Des issues existent mais les trouver demande beaucoup d'inspiration.

Deux évolutions récentes renforcent la difficulté de réussir une politique de redistribution :

Premierement : La mondialisation. Quasiment tous les Etats sont devenus très dépendants de la finance et du commerce internationaux. A la cause naturelle du commerce international, les écarts de coûts de production entre les pays, est venue s'ajouter une cause politique. De nombreux accords d'échange bilatéraux et multilatéraux ont été conclus. L'Organisation

---

[1] Cf. Stiglitz, *The Price of Inequality*, New York, W. W. Norton, 2012 (trad. fr. de F. et P. Chemla, *Le prix de l'inégalité*, Paris, Les Liens qui libèrent, 2012).
Le chapitre 2 est consacré à cette problématique.

Mondiale du Commerce (OMC) a été créée en 1995[1] pour gérer le commerce international ; la plupart des pays du globe y participent. Son rôle de gardienne du libre-échange lui assure une grande influence. Le libre-échange, autrefois limité aux produits a été élargi aux services et aux mouvements de capitaux. La mondialisation touche également le droit des affaires et les cabinets d'avocat, ce qui diminue le risque lié aux échanges internationaux.[2] Dans une majorité de pays, la dépendance vis-à-vis de l'économie mondiale est telle qu'elle a des implications politiques graves sur lesquelles je reviendrai incessamment.

DEUXIEMEMENT : L'INTEGRATION EUROPEENNE. Le marché unique est achevé et même couronné par une monnaie commune. Les entreprises européennes sont plongées dans un environnement très concurrentiel. Les mêmes effets que ceux de la mondialisation y sont poussés jusqu'à l'extrême. Il y a toutefois une différence de taille : l'Union Européenne peut légiférer. En même temps qu'un espace de concurrence, elle établit un espace de co-régulation. Si l'UE unifiait des règles fiscales, sociales et environnementales, elle deviendrait un puissant facteur de progrès social, puisque l'harmonisation des législations nous libérerait d'un boulet : les distorsions de compétitivité qui handicapent toute décision coûtant au capital. Mais cet avantage est jusqu'à présent virtuel : l'unification européenne ne progresse pas dans les domaines où elle favoriserait les salariés. Les harmonisations fiscale et sociale ne figurent pas parmi les objectifs des traités. Cette lacune des traités ne suffit pas à les rendre impossibles, mais l'avancement n'en sera que plus difficile. Devant le dilemme *plus d'Europe* ou *moins d'Europe*, s'appuyer sur l'intégration européenne pour faire progresser l'équité paraît une voie raisonnable. Vu l'importance de cette question, le chapitre 4 lui est consacré.

---

[1] Dès 1947 avaient été signés les accords du GATT (General Agreement on Trade and Tariffs) qui préfiguraient la situation actuelle sur une petite échelle et avec des ambitions moindres.
[2] Katharina Pistor développe cette problématique dans son ouvrage mentionné ci-dessous.

Examinons de plus près l'incidence de la mondialisation économique sur la politique intérieure des pays concernés. Elle est dramatique, car c'est la démocratie qui souffre. Normalement, la démocratie offre au peuple la souveraineté pour choisir le type de rapports sociaux régissant l'économie, moyennant- bien sûr- le respect des droits individuels. Cette souveraineté est pour le moins écornée ; le marché mondial est en mesure de sanctionner les politiques qui lui déplaisent, comme l'a montré l'exemple des réformes décidées dans le pays X. L'économiste Joseph Stiglitz décrit ainsi cette dégradation du politique :

> La capitulation devant les diktats des marchés financiers est plus générale et plus subtile. Elle ne concerne pas seulement les pays au bord du gouffre, mais également tous ceux qui doivent lever de l'argent sur les marchés des capitaux. Si le pays en question ne fait pas ce qui plaît aux marchés financiers, ceux-ci le menacent de baisser sa note, de retirer leur argent, d'augmenter les taux d'intérêt sur ses prêts ; ces menaces sont en général efficaces. Les marchés financiers obtiennent ce qu'ils veulent. Il peut y avoir des élections libres, mais les options présentées aux électeurs ne leur laissent aucun choix réel sur les questions dont ils se soucient le plus- les problèmes économiques[1].

La littérature sur ce sujet abonde. Citons encore Katharina Pistor :

> C'est particulièrement vrai dans un monde globalisé où, simplement en se délocalisant, le capital peut facilement sanctionner un Etat qui déciderait de mener des politiques au bénéfice des plus défavorisés. Un tel système ne peut conduire qu'à une accentuation des inégalités, à une confiscation du vote des citoyens, et à une mise à l'écart du 'peuple démocratique' lorsqu'il s'agit de déterminer si et comment le droit devrait être

---

[1] Stiglitz, trad. cit., pp. 204-205.

employé pour protéger certains individus au détriment des autres[1].

Les gouvernements sentent ce pouvoir occulte ; pour éviter de s'y frotter, ils s'autocensurent, le plus souvent inconsciemment. Le pouvoir élu ne décide pas les mesures que fondamentalement il juge souhaitables mais celles que ménage sa place dans le commerce international. Soit dit en passant, il s'agit là d'une cause de la prodigieuse persistance de l'inégalité capitaliste dans les régimes démocratiques, qui s'ajoute à celles qu'énumérait le chapitre 2.

Soucieux de leur image, les dirigeants politiques ne veulent rien laisser paraître de cette déchéance. Députés et ministres se réunissent, discutent et décident comme autrefois, mais surtout quand il s'agit de matières socio-économiques, l'exercice du pouvoir politique s'est mué en théâtre. Certains taxeront cette affirmation d'excessive. Pour comprendre qu'elle ne l'est pas, représentons-nous trois gouvernements : le premier trouve souhaitables les décisions imposées par la mondialisation. Le deuxième tente de privilégier le progrès social, mais il se fera sanctionner comme le pays X de mon exemple. Le troisième, à contrecœur, courbe préventivement l'échine. Toutes ces nuances dans les comportements donnent l'illusion d'un libre arbitre des gouvernants, mais dans les trois cas, la vie des citoyens sera soumise à la même loi. La comparaison entre la politique et le théâtre omet d'ailleurs que, l'habitude devenant une seconde nature, la plupart des politiciens ont perdu la conscience de ce déterminisme et pensent agir en autonomie.

Ces deux phénomènes, la mondialisation et l'intégration européenne déforcent les gouvernements de droite aussi bien que ceux de gauche. Mais l'effet est très différent : la dépendance envers l'extérieur contrecarre surtout les politiques qui coûtent au capital. Au pire, la contrainte du marché mondial affecte le gouvernement de droite dans son ego. La gestion économique qu'elle lui impose ne devrait pas lui déplaire et elle

---

[1] K. Pistor, *The Code of Capital*, Princeton University Press, 2019 (trad. fr. de B. Mylondo, *Le code du capital*, Paris, Editions du Seuil, 2023, p. 321).

conviendra à l'élite[1] de son électorat. La mutilation de la politique ne fait pas que des perdants, La concurrence internationale exerce une pression sur les salaires et les avantages sociaux : peu d'entrepreneurs s'en plaindront. Même la délocalisation d'entreprises vers des pays à bas salaires n'appauvrit pas nécessairement les capitalistes : les capitaux restent souvent dans les mêmes mains qu'avant la délocalisation.

La dépendance vis-à-vis de l'économie mondiale n'est pas le seul écueil que rencontre le gouvernement réformiste. En mettant au menu les revenus et leur répartition, c'est indiscutablement un sujet qui fâche qu'il place au centre du jeu politique. Les types de revenus sont variés de même que les groupes sociaux. Les choix politiques avantagent telle ou telle catégorie. Les susceptibilités sont à fleur de peau. Le gouvernement réformiste doit trouver la voie vers un débat apaisé, évitant le brouhaha des accusations de tout le monde contre tout le monde. Les citoyens-électeurs s'en lasseraient et, en définitive, le lui feraient payer. Une politique de redistribution ne peut être abandonnée à l'improvisation ; elle exige un niveau de préparation tout à fait inhabituel en politique.

Ces dernières décennies témoignent d'une désaffection du public à l'égard de la politique, associée à la perte de crédit des valeurs démocratiques dans l'opinion. Politologues et commentateurs s'interrogent sur la cause de ce phénomène paradoxal qui voit le système le plus profitable pour le peuple, de plus en plus méprisé par ce même peuple. La cause ? Elle est au cœur de la présente réflexion. Pourquoi les citoyens s'attacheraient-ils à un système qui se révèle impuissant ? La

---

[1] L'électorat des partis de droite se compose de deux sous-groupes : les personnes qui constituent un réservoir de votes bienvenus et celles qu'on favorise, les plus riches. Il n'est pas question ici de double jeu. Les politiciens ont tellement bien intégré les contraintes du marché qu'ils pensent défendre l'intérêt général en soutenant l'intérêt des capitalistes et entrepreneurs.

résignation des gouvernants entraîne le désespoir des gouvernés. La collectivité a besoin d'un objectif mobilisateur qui touche chacun de ses membres ; le renversement du pouvoir occulte du marché mondial pourrait l'incarner, ce qui réenchanterait la politique. Pour les partis de gauche, il y a là un défi à relever.

Et qu'a fait la gauche le plus souvent ? La politique de l'autruche. La complexité inhérente à une politique progressiste a été escamotée du débat public. Elle est un grand tabou. Comme ils sous-estiment les électeurs, les politiciens s'imaginent que leur montrer les difficultés fait perdre des voix ; ils croient les rassurer en jouant au superhéros qui maîtrise totalement la situation. La social-démocratie, sans le reconnaître, a abaissé son ambition en-dessous du seuil de la difficulté ; l'extrême gauche tient le discours du " Yaka... ", complètement dénué de crédibilité. Ces attitudes peuvent sembler puériles, mais en regard d'une ambition aussi ardue, elles sont compréhensibles.

Ce déni est probablement l'une des raisons pour lesquelles les partis de gauche ont tant de mal à percer électoralement. Comment un parti aveugle aux problèmes peut-il convaincre l'électeur qu'il sera à la hauteur de sa tâche après le scrutin ?

Le début du XXIe siècle est libéral tout comme la fin du XXe et cela se vérifie partout dans le monde. Ce qui frappe, c'est l'absence d'alternative. La raison de ce manque n'est pas l'impossibilité d'une alternative, mais l'impuissance de ceux qui devraient la porter. Le comportement de ses adversaires fournit tous les ingrédients nécessaires au triomphe actuel du libéralisme. Comme le montrera un chapitre ultérieur, une multitude de tics politiques et idéologiques vicient et discréditent l'attitude des organisations de gauche. Réformer la société vers plus de justice s'inscrit probablement dans l'idéal de la majorité des politiciens de gauche, y compris les sociaux-démocrates. La frilosité, la lâcheté, la retenue dont beaucoup font preuve ne reflètent pas le manque de volonté mais une volonté dysfonctionnelle et par-là stérile. Car VOULOIR VRAIMENT, c'est SE DONNER LES MOYENS. La combattivité aveugle serait d'ailleurs inutile voire contreproductive. La volonté vraie calcule et prépare. Mais vouloir vraiment nécessite aussi du courage, car le calcul révèle l'ampleur et la complexité redoutables de la tâche[1].

Assumer cette complexité débarrassera la gauche de ses réflexes paralysants, ce qui la fera renouer avec ce qui doit être sa vocation : la volonté réformatrice. L'acte de gauche par excellence, c'est réformer. Réformer par opposition à " sauver les meubles ", à quoi se ramène trop souvent l'horizon politique de la social-démocratie contemporaine.

Réformer mêle ambition et pragmatisme. Les concessions doivent faire partie du plan, et non venir a posteriori le torpiller. Mieux vaut un plan équilibré et réaliste qu'on applique, qu'un plan idéaliste qu'on abandonnera faute d'être préparés à affronter les antagonismes. " Réaliste ", ici, signifie *tenant compte de tous les paramètres*. La mise en pratique d'une ambition réformatrice doit être préparée rigoureusement comme l'écriture d'un programme informatique. Il faut anticiper les innombrables bugs potentiels. La pédagogie à l'égard des électeurs fait partie de ces préparatifs. Ils doivent comprendre l'inanité de plébisciter les réformes lors du scrutin s'ils se démobilisent immédiatement après. Cette compréhension n'est pas innée ; l'attente de cet engagement doit être exprimée clairement et en temps utile. Être vague à ce sujet fait partie des manquements de partis craintifs à l'idée d'effaroucher l'électorat.

Quelle stratégie les partis de gauche doivent-ils adopter pour appliquer leur volonté réformatrice avec succès ? La voie royale me paraît être celle des *unions de la gauche*. Une telle union sert aussi bien à coordonner les actions dans l'opposition qu'à gouverner ensemble. Cette stratégie a une double dimension : d'une part, refuser toute alliance avec la droite ;

---

[1] Montesquieu écrivait qu'il faut pleurer les hommes à leur naissance et non à leur mort. La transposition de cette boutade dans le sujet qui nous occupe nous amènerait à pleurer les partis de gauche lors de leurs victoires électorales.

d'autre part, œuvrer à la collaboration entre les partis de gauche. Examinons-les tour à tour.

Le premier versant revient à rompre avec une politique courante des partis sociaux-démocrates. C'est parce que cette gauche n'a pas la volonté de s'ériger en alternative que ses résultats électoraux la privent de la capacité d'être cette alternative. C'est l'une des explications de l'impasse politique actuelle. Pour la gauche, collaborer avec la droite aujourd'hui sape la capacité de gouverner sans elle demain. Malheureusement, pour beaucoup de politiciens, aujourd'hui est plus important que demain.

La composante *opportuniste* de la social-démocratie, lorgnant vers divers postes publics, souhaite voir son parti entrer dans toute coalition gouvernementale où c'est possible. Pour elle, cure d'opposition égale disette.

Si l'électeur n'est pas face à une alternative claire entre la droite et la gauche, c'est l'extrême droite qui en profite. Cela s'explique : l'opposition bénéficie généralement de l'usure qui finit par frapper les partis au pouvoir. Si le pouvoir associe gauche et droite, ce sont elles qui endureront l'usure, et l'opposition qui en bénéficiera n'est autre que l'extrême droite. Force est de constater que c'est rarement l'extrême gauche. Parfois les écologistes tirent leur épingle du jeu, mais pas toujours suffisamment pour empêcher l'extrême droite de monter.

Mais quelle attitude adopter lorsque l'arithmétique électorale ne laisse que deux majorités gouvernementales possibles : droite plus gauche ou droite plus extrême droite ? La gauche fait alors face à un dilemme cornélien. Contrairement à l'opinion la plus répandue, la moins mauvaise solution est la coalition entre droite et extrême droite. La raison principale est bien-sûr le maintien d'une alternative politique véritable, car il est évident que par rapport au pouvoir du capital, l'extrême droite n'en est pas une. Il y a une deuxième raison. L'extrême droite devrait normalement sortir affaiblie de l'expérience. Mieux vaut la faire tremper dans l'usure du pouvoir que lui consentir cette virginité qui lui permet de fustiger les autres partis usés par le pouvoir.

L'acceptation d'une éventuelle participation de l'extrême droite au gouvernement, telle que je la conçois, mettra sans doute certains mal à l'aise. Mais pour que la gauche corrige ses erreurs passées, elle doit d'abord en assumer les effets. Si dès le départ, elle s'était présentée en alternative crédible à la droite, l'extrême droite n'aurait pas atteint les scores électoraux qui la placent maintenant en position d'arbitre. Redresser la barre ne se fera pas sans mal. C'est une illustration douloureuse du dicton bien connu : on n'a pas d'omelettes sans casser des œufs.

Malgré les apparences, l'Allemagne de Weimar n'est pas un contrexemple. Hitler a, certes, gravi la dernière marche de son ascension grâce à son alliance avec la droite conservatrice. Lorsqu'il gravissait les marches précédentes, l'échelle était tenue par ses adversaires. La gauche s'entredéchirait. Le parti communiste avait pour principal adversaire le parti social-démocrate, dont l'ennemi primordial était le parti communiste. L'attitude de ces deux partis était absurde de A à Z. Hitler et le nazisme en ont profité. Si on me permet cette néologie, l'ascension d'Hitler (comme celle d'Arturo Ui) était très " résistible " mais " irrésistée ".

Le refus d'une alliance droite plus gauche ne prend son sens que par la vertu de son complément indispensable : l'union de la gauche.

Laissons là l'extrême droite et revenons au fond du problème. Pourquoi condamner les coalitions gouvernementales " droite plus gauche " ? Non pas parce que la droite serait politiquement pestiférée. Simplement par lucidité. La droite accueille volontiers un parti social-démocrate dans une coalition même en sachant qu'il agira comme un frein à ses réformes de droite. Mais, le monde étant ce qu'il est, elle est en position de force pour refuser les réformes de gauche. Elle n'ignore pas son avantage que les réformes qui coûtent au capital sont si difficiles à mettre en œuvre ; elle sait que les sociaux-démocrates enclins à gouverner avec elle se soumettront aux dictats du marché mondial, pour peu qu'on les laisse sauver les apparences. Sa main tendue à la social-démocratie, fait courant dans beaucoup de pays où le type de scrutin favorise les coalitions, sert principalement à éloigner le spectre d'une union de la gauche.

Une coalition entre partis de gauche et partis de droite est nécessairement désavantageuse pour les classes défavorisées. Avantager la classe dominée est tellement plus difficile qu'avantager les riches. C'est cela le fond du problème. Pour réussir ses réformes dans l'économie mondialisée, la gauche devrait déployer dix fois plus d'énergie et d'imagination que la droite n'en a besoin pour réaliser son programme. Un tel déséquilibre est ingérable dans le cadre d'une coalition. La question n'est pas d'être modéré ou radical mais d'être efficace.

Construire des unions de la gauche n'implique pas seulement de ne pas s'allier avec la droite. L'autre versant de cette stratégie, c'est la relation des partis de gauche entre eux. Elle devrait tendre vers la pacification et vers la collaboration. Que chacun pense mieux incarner l'idéal progressiste est normal. Le fait est que les partis de gauche se disputent un même électorat ; leur préoccupation tend alors à se centrer sur eux-mêmes plus que sur la défense des moins nantis. La sagesse commande d'inverser cette priorité. Le danger vient notamment (mais pas uniquement) de la composante *opportuniste* des sociaux-démocrates : leur objectif d'obtenir des postes publics dépend du succès électoral de leur parti et non de celui de la gauche globalement.

Simplement recommander aux partis de gauche la complaisance mutuelle reviendrait sans aucun doute à chanter Malbrouck. Une proposition concrète semble plus utile. Par exemple, institutionnaliser un dialogue permanent : un organe de concertation informelle pourrait être institué. Même des invectives en face à face valent mieux que les phrases assassines devant les micros des journalistes. Les vieilles rancœurs existantes ne se tairont pas du jour au lendemain mais une concertation régulière permettrait de désamorcer leurs effets.

Toujours dans le cadre de la stratégie, il me faut maintenant plaider pour une idée qui m'est chère : la création d'un ou de plusieurs partis de gauche transnationaux, soit ex nihilo, soit par la fusion de partis nationaux existants. Pour les raisons déjà mentionnées, plus aucun pays ne dispose de l'indépendance économique lui donnant les coudées franches pour faire reculer l'inégalité sociale. Prendre appui sur l'intégration européenne pour réaliser cet objectif sera grandement facilité si certains partis de gauche sont actifs dans tous ou presque tous les Etats membres de l'Union Européenne. Autrement dit, il nous faut des partis de gauche authentiquement européens.

Depuis 1979, le parlement européen est élu au suffrage universel direct et par la suite, il a été effectivement intégré dans le processus de décision. Politiquement, des institutions restent une coquille vide tant que les citoyens ne s'en emparent pas. Il n'y a de politique au sens plein du terme que là où une opinion publique débat des questions qui la divisent. Jusqu'à présent, le débat européen est resté en-deçà des attentes légitimes, si on le compare aux débats politiques internes aux Etats membres. Les partis existants ont conservé une assise nationale et semblent mal à l'aise dans le débat européen. C'est ce qui rend nécessaire un parti de gauche transnational. Sans une pression politique citoyenne, les institutions européennes n'auront ni la capacité ni la volonté d'être le contrepoids politique à la toute-puissance du marché mondial. Pour que cette pression soit efficace, les partis qui l'exercent doivent avoir une assise géographique correspondant à celle où s'appliqueraient les décisions à prendre.

N'est-il pas naïf d'espérer que les citoyens des différents Etats membres se coalisent par-delà les frontières ? Qu'ils puissent s'identifier à un parti qui n'est pas de leur couleur nationale ? Cette difficulté ne peut être niée. Sa solution sera un combat de tous les jours. Des partis adverses taxeront leurs compatriotes adhérant à un parti transnational d'intrus, de cinquième colonne... Il faut se préparer à être l'objet de maintes polémiques de ce type. Les arguments ne manquent pas. On rappellera inlassablement qu'ensemble on peut vaincre des difficultés qui sont insolubles dans le cadre national.

Supposons que par un miracle, tous les partis de gauche de l'Union Européenne s'inspirent des règles de crédibilité et d'efficacité exposées dans le présent ouvrage (surtout au chapitre 5) mais que l'assise nationale soit maintenue sans exception. Que peut-on attendre d'une telle évolution ? Assurément, il s'agirait d'un progrès. Mais il est probable qu'il ne suffise pas. Les intérêts nationaux divergents sont un véritable piège ; l'éviter nécessite plus que des bonnes intentions. Chaque parti de gauche est en concurrence sur sa scène nationale avec des partis qui n'ont pas d'horizon transnational, des partis privilégiant l'identité nationale et qui sont prompts à dénoncer la tiédeur nationale. Cette préférence nationale n'est d'ailleurs pas le monopole de l'extrême droite ; elle se manifeste chez beaucoup de les partis de droite et du centre et parfois de gauche également. La force de la préférence nationale, c'est sa facilité : ceux qui sont directement préjudiciés ne participent pas aux élections. La pensée politique a son équivalent de la *loi de Gresham*[1] : les idées étroites chassent les idées larges. L'histoire récente et moins récente ne convainc pas que les partis de gauche existants ont le ressort nécessaire pour ramer contre ces courants. Certes, le parti transnational sera lui aussi confronté à ce type de stigmatisation. Mais il ne cédera pas, précisément parce qu'il est transnational, parce que son assise électorale n'est pas limitée géographiquement.

Il gardera le cap, là où d'autres céderaient à la peur de chanter un air différent et rentreraient dans le rang. Céder est ici une double défaite : d'une part l'intérêt général s'incline face à un intérêt égoïste. Et vis-à-vis de l'opinion, c'est une manière de

---

[1] Cette "loi" bien connue des économistes énonce que *les mauvaises monnaies chassent les bonnes*. Chacun étant désireux de thésauriser la bonne monnaie, les mauvaises se révèlent omniprésentes dans la circulation.

donner raison à ses adversaires. Comment la convaincre qu'on défend la cause la plus juste quand on craint le *qu'en dira-t-on* ? C'est un hommage totalement déplacé que la vertu rend au vice.

Pour un parti qui ambitionne d'instaurer des réformes qui font régresser l'inégalité, la transnationalité comporte divers avantages pratiques se traduisant par le renforcement de sa capacité d'action :

— Les protestations émises dans une enceinte nationale ont peu de poids lorsque la solution du problème n'est réalisable qu'à l'échelle internationale. Le parti transnational peut organiser des mouvements de contestation qui transcendent les frontières

— Faire avancer des réformes de front dans les différents Etats membres demande beaucoup de coordination. L'unicité.de la direction est source de synergie.

— L'action au Parlement Européen ainsi que dans les parlements nationaux est rendue plus cohérente : les mots d'ordre ne sont pas interprétés diversement selon la nationalité des intervenants.

— Lorsque le parti transnational participe au gouvernement dans un Etat membre, la malveillance d'autres gouvernements à son égard peut être combattue par ses sections nationales dans les autres Etats concernés.

4.

Y a-t-il une union européenne ?

La construction européenne a commencé en 1958 avec l'entrée en vigueur du *Traité de Rome[1]*, qui visait à instituer un *marché unique* basé sur quatre « libertés » :
— Libre circulation des marchandises.
— Libre circulation des personnes.
— Libre circulation des capitaux.
— Libre circulation des services.

Le marché unique est fonctionnel depuis 1993, l'année que le *Traité de Maastricht* et *l'Acte Unique* ont rendue fatidique[2].

Dès 1968, les barrières douanières intracommunautaires cessaient d'exister et la circulation des travailleurs était libéralisée. Les autres pans de l'intégration suivirent progressivement. Les tarifs douaniers envers l'extérieur sont entrés dans la compétence de l'Union qui seule peut négocier des accords avec les pays tiers. Par la suite, les barrières non tarifaires (règlementations qui protègent directement ou indirectement la production nationale) ont été démantelées.

---

[1] On peut, certes, remonter plus haut avec la Communauté Européenne du Charbon et de l'Acier (CECA). Le Traité de Rome est de toute évidence un bond en avant.

[2] Notamment, les produits conformes à la règlementation d'un Etat membre sont maintenant réputés conformes sur l'ensemble du marché.

La conséquence qui était aussi l'objectif, c'est que toutes les entreprises européennes se retrouvent dans une grande arène de concurrence. On aperçoit immédiatement le risque inhérent à cette unification économique : si elle ne se double pas d'une harmonisation des législations, les entreprises moins contraintes sur les plans social, fiscal et environnemental bénéficient d'un avantage concurrentiel. Mais de ce côté, c'est la morne plaine. L'Union a beaucoup légiféré sur des détails mais tout ce qui affecte le rapport entre les classes sociales est resté du ressort des Etats. Clairement, cette harmonisation n'était pas une priorité du *Traité de Rome*. Toutefois, certains articles comportent des allusions ambivalentes qui ménagent une ouverture dans cette direction. Une majorité de politiciens de l'époque conservèrent ces compétences dans le pré carré des Etats par crainte de ne plus avoir la main sur un droit régalien, la fiscalité et sur une matière liée à la paix sociale. Vaine précaution : dépossédé de l'indépendance économique, le pouvoir politique perd de toute façon sa marge de manœuvre. En renonçant à une harmonisation concertée et raisonnée, on obtient une harmonisation sauvage : le nivellement par le bas.

L'intégration économique ne s'est pas seulement approfondie. Elle s'est également élargie géographiquement, d'une part parce que le nombre d'Etats membres allait croissant mais aussi par la création de l'*Espace Economique Européen* (1992). Celui-ci est une façon d'accorder l'accès au marché unique européen à des pays non-membres de l'UE moyennant certaines conditions. Entretemps, la plupart de ces pays sont entrés dans l'Union ; l'EEE compte encore quatre non-membres de l'UE : la Norvège, l'Islande, le Lichtenstein ainsi que la Suisse (à laquelle s'applique un statut spécial). Les autorités de l'UE profitent de leur compétence en matière de commerce extracommunautaire pour développer le libre-échange le plus large, même au-delà de l'EEE.

Un seul impôt a été harmonisé : la taxe sur la valeur ajoutée. Il le fut pour les besoins de la libre circulation, sans rapport avec la question sociale, ce qui montre que quand d'autres motivations que la justice fiscale sont à l'œuvre, les Etats européens peuvent s'entendre sur la fiscalité. En dehors de la TVA, non seulement, il n'y a pas d'harmonisation, mais pour attirer l'établissement de sociétés transnationales, les Etats membres se livrent à une concurrence fiscale où triomphe la déloyauté. Un exemple de ce spectacle navrant nous est donné par le *ruling fiscal*, totalement opaque, par lequel, en définitive, des grandes sociétés ont réussi à négocier leur imposition. Le "chacun pour soi" règne dans le royaume de la fiscalité européenne. Pire : il y a (au moins) un paradis fiscal à l'intérieur de l'Union. Tous les Etats membres ont quelques comportements à se reprocher mais l'un d'eux tire une grande part de sa prospérité d'une industrie financière et de services qui s'est construite autour d'une ingénierie fiscale d'Etat. Comme ces brèches fiscales concernent généralement les revenus du capital ou les dépenses de luxe, la progressivité de l'impôt dans les Etats voisins est mise à mal à l'avantage des plus riches. Que pareille aberration puisse persister au sein d'une union économique et monétaire amène à se demander si elle n'arrange pas tous les gouvernants. Un progrès a quand même été réalisé avec l'entrée en vigueur en 2005 de la directive sur l'échange d'informations entre administrations fiscales concernant les revenus d'intérêt. Mais le champ d'application ne couvre qu'une partie du problème. Le progrès le plus important reste à réaliser.

Comme on le voit, l'unification européenne n'a pas fait qu'unifier l'Europe ; elle en a aussi altéré le modèle social, dans un sens défavorable aux classes populaires et à l'avantage des riches. Alors que la " révolution " discrète de 1993 était encore en chantier, Alain Minc écrivait : « Telle qu'elle se construit, l'Europe libérale ne laisse guère de place à une nouvelle social-démocratie redistributrice, sauf quelques fausses fenêtres en forme, par exemple, de charte sociale[1] ». C'est-là une évolution historique fondamentale. Nous sommes censément en démocratie ; on s'attendrait à ce qu'un bouleversement de cette ampleur fasse suite à la volonté

---

[1] A. Minc, *L'argent fou*, Paris, Grasset, 1990, pp. 28-29.

clairement affirmée de l'opinion publique. L'a-t-on entendue ? Ou bien les tenants du libéralisme pur et dur ont-ils profité des zones grises de non-démocratie, que l'unification européenne produisit involontairement surtout à ses débuts, pour faire avancer leur projet partisan ? Avec la complicité passive de la gauche.

Jusqu'au sein des institutions européennes, beaucoup commencent à prendre conscience et à s'inquiéter du retard pris par ce qu'on appelle communément " l'Europe sociale " ou " la dimension sociale de l'Europe ". En 2017, ces institutions, à l'initiative de la Commission, ont publié un document intitulé « Socle européen des droits sociaux ». La lecture de ce document, énonçant de vagues principes, montre à quel point tout reste à faire. Rien de concret n'est en marche. La Commission a certes lancé une initiative en vue de l'instauration d'un système européen de salaire minimum. Mais on en est au stade de la concertation sur le principe-même. Les échos qu'elle a rencontrés n'incitent guère à l'optimisme. Des partis sociaux-démocrates d'Etats-membres prospères dotés d'une protection sociale largement supérieure à la moyenne européenne s'opposent à ce projet sous prétexte que la concertation sociale propre à leur pays apporte de meilleurs résultats. C'est de la courte vue ! Les hauts salaires dans ces pays sont menacés par la concurrence de pays où règnent de trop bas salaires. Le salaire minimum européen est une garantie en cette matière. On peut également s'interroger quant au manque d'empathie de ces partis prétendument progressistes envers les travailleurs des pays à bas salaires.

S'il est si pénible aux Etats membres d'avancer vers l'Europe sociale, il semble plus aisé de prendre des décisions qui vont en sens contraire. Une directive de 1996 d'apparence anodine s'est avérée être une bombe à retardement : le détachement de travailleurs d'un pays pour une durée relativement longue dans un autre Etat membre est autorisé avec les charges sociales du pays d'origine. Lorsque le niveau de ces charges varie fort entre les Etats, les entreprises trouvent facilement la faille. C'est un incitant au dumping social. Une décision récente devrait en atténuer les effets néfastes dans le futur.

L'UE a une dimension technocratique et une dimension politique. Les traités et les institutions ont mis sur les rails une technocratie bien rodée, active, omniprésente, assez efficace. Par contre, l'Europe politique se cherche ; ces mêmes traités et l'échafaudage institutionnel la rendent peu lisible. Or l'avenir de l'Europe sociale dépend de la dynamique politique, pas de la technocratie. Le problème ne réside pas dans le trop-plein de cette technocratie très décriée par beaucoup, mais dans l'absence d'une vie politique comparable à celle qui existe dans les Etats. Les institutions européennes manquent d'un débat permanent entre une gauche ouvertement à gauche et une droite ouvertement à droite. Le consensus entre les deux camps sur la nécessité de promouvoir l'intégration noie la dissension idéologique. L'existence d'un parlement transnational élu au suffrage universel (depuis 1979) n'a manifestement pas suffi à faire décoller la vie politique européenne ; les joutes qui s'y déroulent semblent pâles et feutrées et manquent de relief et d'âpreté. Il y a un rôle à jouer pour un parti transnational.

Du côté du Conseil des Ministres, le principal organe de décision, la situation est encore pire. Les ministres mandatés par les gouvernements s'y réunissent pour valider les propositions de la Commission ; s'y négocient des accords qui, pour les décisions importantes, doivent être unanimes. Cet organe est réputé pour ses longues nuits de tractations pusillanimes auxquelles les citoyens ne comprennent rien. La prise de décision dans cet organe a quelque chose de vicié. Les arguments de fond pour ou contre une proposition sont escamotés par la défense des intérêts particuliers de chaque Etat. Prenons un exemple : le Conseil serait appelé à se prononcer sur un projet de protection contre telle forme de pollution. Au lieu d'assister à la confrontation entre partisans et adversaires de la régulation, on verra s'affronter les Etats où la production polluante participe activement au PNB et à l'emploi et ceux qui sont peu concernés par cette activité. Des marchandages du type " j'accepte telle proposition si vous ne bloquez pas telle autre proposition " ne sont pas rares.

Jusqu'à la fin du vingtième siècle, la grande majorité des Européens, (sauf probablement en Angleterre) communiaient dans une espèce de foi qu'on DEVAIT aimer l'Union Européenne, qu'il était NORMAL de l'aimer au même titre que tout le monde aime Winnie l'ourson ou Saint Nicolas. De son côté, la princesse Europe travaillait à se rendre aussi charmante que possible, usant de la propagande comme moyen de séduction. Voyons le traité instituant l'Union. L'article *un* nous dit que « les décisions sont prises dans le plus grand respect possible du principe d'ouverture et le plus près possible des citoyens. » L'article *trois* précise les objectifs de l'Union et cite notamment « une économie sociale de marché hautement compétitive, qui tend au plein emploi et au progrès social et à un niveau élevé de protection et d'amélioration de la qualité de l'environnement. » L'article nous dit également qu'« elle combat l'exclusion sociale et les discriminations, et promeut la justice et la protection sociales, l'égalité entre les femmes et les hommes, la solidarité entre les générations et la protection des droits de l'enfant. Elle promeut la cohésion économique, sociale et territoriale, et la solidarité entre les Etats membres. » On croirait lire du *novlangue*. Evidemment, construire une Europe unie sur les ruines des guerres passées est éminemment honorable et sympathique. Toute la communication de l'Union à l'adresse de l'opinion publique est pétrie de ce discours de bien-pensance, d'intentions louables et surtout d'autosatisfaction. L'Union Européenne s'entoure d'un mur de vertu qui lui sert de paravent[1]. Les objectifs annoncés sont estimables mais ils sont entourés de trop de logomachie et suivis de trop peu d'action. Le trop-plein de l'une semble avoir pour fonction de compenser la carence de l'autre.

---

[1] L'ex-président de la Commission Européenne, le luxembourgeois Jean-Claude Juncker, a terminé son discours d'adieu au Parlement Européen par un vibrant « Il faut aimer l'Europe ; si on n'aime pas l'Europe, on n'est pas capable d'amour. Et moi j'aime l'Europe, vive l'Europe », suivi des applaudissements d'usage. En ces circonstances, il eût été malvenu de lui demander s'il aime une Europe avec ou sans paradis fiscal. Mais la question se pose d'elle-même.

Au XXIe siècle, une certaine grogne, qui n'a plus crainte de s'afficher, monte dans la population de plus en plus méfiante vis-à-vis du libre-échange européen qui la malmène. L'extrême droite sent que l'euroscepticisme peut lui servir de cheval de bataille. Pour elle, qui a toujours cultivé le nationalisme, le protectionnisme est naturel. Mais la méfiance populaire envers l'unification européenne est plus diverse et ne se limite pas à cet euroscepticisme. Pour l'eurocratie alliée à la droite libérale, il est tentant de rejeter dans une même réprobation toutes les formes de résistance à son projet européen libre-échangiste, d'amalgamer ceux qui dénoncent une intégration injuste et ceux qui refusent toute intégration. Une illustration de cet amalgame est la condamnation morale, le lynchage médiatique des électeurs français qui par referendum (2005) ont rejeté le projet de constitution européenne. On leur a soumis un texte imbuvable. Ils l'ont repoussé. Quoi de plus normal. Ce texte visait avant tout à bétonner et à sacraliser tout ce que les dirigeants européens avaient établi jusque-là. Il faisait entrer dans la constitution une multitude de dispositions qui n'avaient pas à s'y trouver, descendant à un niveau de détail comme on ne le retrouve dans aucune constitution nationale. Par exemple, l'article III-181 prévoyait qu'il est interdit à la Banque Centrale Européenne et aux banques centrales des Etats membres d'accorder des découverts ou tout autre type de crédit aux pouvoirs publics européens, nationaux ou locaux. Est-ce démocratique d'interdire aux futurs dirigeants d'avoir une autre conception ? La question posée aux électeurs portait sur l'acceptabilité de la constitution proposée et ils y ont parfaitement répondu. Après le referendum, on leur a reproché leur réponse qu'ils n'ont jamais donnée à une question qui ne leur fut pas posée : êtes-vous pour la construction européenne ?

L'extrême gauche a toujours témoigné d'un certain scepticisme envers la construction européenne. La raison en est qu'il est plus facile de s'intéresser à ce que fait l'Europe qu'à ce qu'elle pourrait faire. Il faut inverser cet intérêt pour qu'apparaisse l'avantage d'avoir *plus d'Europe*. Celui-ci se matérialisera dans l'harmonisation des règles fiscales, sociales et environnementales. Depuis plusieurs années, l'idée inverse semble se frayer un chemin dans l'opinion publique et dans certains milieux politiques. Que les Etats reprennent une part de leurs anciennes prérogatives pour poursuivre le plein emploi et d'autres objectifs socio-économiques qu'ils définissent, à l'intérieur de frontières protégées. Certains politiciens, parfois appelés "souverainistes", prônent le retrait de leur pays hors de l'Union, suivant le modèle du Brexit ; d'autres avouent souhaiter l'implosion de l'Union Européenne, manifestement en crise.

Quand l'état actuel de l'Europe ne donne pas satisfaction, pourquoi préférer le " plus d'Europe " au " moins d'Europe " ? Le fait est que la mondialisation des dernières décennies a cassé les économies nationales. Cette espèce est éteinte. Les économies nationales ont été remplacées par ce qu'on pourrait appeler des « parties nationales de l'économie européenne ». Pourquoi n'y a-t-il pas de manette de marche arrière ? Pourquoi telle partie nationale de l'économie européenne ne peut-elle rebrousser chemin pour redevenir une véritable économie nationale ? Tout simplement parce que c'est trop tard. La spécialisation du commerce international a fait son œuvre. Une grande partie de la production nationale est destinée à l'exportation et une non moins grande partie de la consommation nationale est alimentée par les importations. La marche arrière impliquerait de réorienter l'appareil productif vers les besoins intérieurs ; pendant une période d'adaptation assez longue (au moins une décennie), l'économie nationale serait totalement désorganisée car le travail et le capital devraient être transférés des industries exportatrices déclinantes vers de nouvelles industries qui prendront le relai des importations. Supposons un pays qui aurait réussi cette réorientation ; les besoins de sa population sont maintenant rencontrés à quatre-vingt-dix pour cent par la production nationale. Un gouvernement de gauche pourrait-il y mener une politique de redistribution sans se préoccuper de ce qui se passe à l'extérieur ? Oui. Toutefois, il y a un " mais ". La déspécialisation de la production nationale au cours de la phase de réorientation l'aura rendue moins efficace[1] ; les produits de consommation auront renchéri, Le niveau de vie baisserait et même sensiblement. La population, l'accepterait-t-elle ? Rien ne l'empêche de préférer cette situation pour profiter de ses avantages non pécuniaires, mais admettons que c'est peu probable. L'extrême droite, si elle voulait revenir à des économies souveraines, serait confrontée au même problème. En revanche, le gouvernement britannique post-Brexit y échappe car il entend manœuvrer son économie à l'intérieur de l'arène concurrentielle mondiale. Il peut se le permettre car, tant que les conservateurs restent au pouvoir, il n'a aucune ambition sociale.

Le rétablissement des frontières internes de l'UE réduirait le revenu des Européens. Le souverainisme ne peut esquiver cette avanie. Le succès de l'Espace Economique Européen doit nous en convaincre : les pays qui avaient fait le choix de rester en dehors de l'Union demandent à bénéficier du marché commun de peur de rater le train de la prospérité.

Comme on le voit, le simple pragmatisme suffit à justifier le " plus d'Europe ", sans qu'ait à intervenir le romantisme de l'idée européenne, romantisme par ailleurs plutôt séduisant. L'attachement à l'Etat-Nation suscite aussi son romantisme, en plein essor depuis quelques années. Entre ces deux romantismes, c'est une affaire de goût. A l'inverse, la nécessité de compléter le marché unique par une harmonisation fiscale et sociale n'est pas une affaire de goût mais une condition de la justice sociale.

Une condition de la justice sociale... dont la mise en œuvre sera une bataille. Ladite justice n'est pas l'objectif des traités. Les institutions et les procédures en place facilitent l'inertie. L'un des principaux obstacles est le processus de décision européen : l'unanimité des Etats membres s'impose pour les décisions importantes. On ne peut rêver d'un moyen plus efficace pour handicaper une institution. Surtout si l'on

---

[1] Les économistes de tous bords s'accordent sur le principe que la spécialisation de la production la rend plus efficace.

considère le nombre actuel d'Etats membres. Cette situation n'est pas le fruit du hasard. Certains tenants d'un libéralisme pur et dur, après avoir érigé leur marché unique, craignent que l'UE se mue en pouvoir supranational susceptible d'harmoniser la fiscalité et la législation sociale. Pour prévenir cette éventualité, les plus artificieux ont accéléré l'élargissement de l'UE pour qu'il précède une éventuelle réforme de son processus de décision et la rende ainsi plus improbable. La logique eût voulu que cette réforme précède l'élargissement. Parmi eux, l'ancien premier ministre britannique Tony Blair, favorable à l'unification européenne... tant qu'elle reste faible. Voici quelques années, une analyste écrivait à ce propos :

> Par ailleurs, l'élargissement de l'Union européenne a toujours été une priorité pour Tony Blair. Rappelons que prôner l'élargissement revient de fait à freiner l'approfondissement de l'intégration européenne, et constitue donc un des arguments-clés des Européens les moins intégrationnistes et les plus soucieux de sauvegarder leur identité nationale. L'intégration politique est en effet plus difficile dans une Europe à 27 qu'à 15. Autre priorité du gouvernement Blair : le marché unique. La vision blairiste est celle d'une Europe libérale axée sur la flexibilité du marché du travail et la notion d'employabilité[1].

" Bien joué ", pourrait-on dire. L'Europe sociale est restée à quai, ce qui était l'objectif. Pourtant, dès cette époque, la manœuvre était intelligible. Or tout le monde a laissé faire.

En conséquence, les partis de gauche qui comptent sur l'intégration européenne ne peuvent espérer faire avancer le changement social seulement " par le haut ". Le système institutionnel ne garantit pas qu'une volonté majoritaire au sein de la population européenne l'emporte sur d'éventuelles

---

[1] K. Tournier-Sol, « Identité britannique et identité européenne dans la politique du New Labour », *Observatoire de la société britannique*, 5/2008, http://journals.openedition.org/osb/709.

minorités de blocage. Mais la volonté populaire a d'autres canaux pour s'exprimer. A elle de se faire entendre. Si nécessaire, il faut " mettre la pression ". Les partis de gauche ne doivent pas oublier qu'ils sont des partis contestataires. Une opposition de type bourgeois, tranquille, docile risque d'être insuffisante. Il faut animer la société civile européenne, faire l'événement, ne négliger aucune arme, pas même les campagnes de boycott.

La bataille sera rude sur le plan idéologique également. Nombreux sont ceux qui chargent l'Europe de tous les péchés, avec sa bureaucratie qu'il est si plaisant de détester. L'accueil vis-à-vis de la demande de plus d'Europe sera glacial aussi bien de la part des eurosceptiques que de ceux qui ont unifié le marché et souhaitent s'en contenter. La justice sociale en tant que valeur met en question la légitimité du marché unique lorsqu'il ne s'accompagne pas des harmonisations légales nécessaire ; il ne faut pas craindre de le souligner. A ceux qui se récrieront contre la perspective d'un pouvoir politique supranational, demandons s'ils préfèrent un pouvoir économique supranational bien plus implacable et moins démocratique : le marché mondial. La question n'est pas de savoir s'il y aura un pouvoir supranational mais lequel des deux triomphera.

5.

Autrement

Le chapitre trois se concluait par la nécessité pour la gauche de faire sa politique différemment de la manière traditionnelle si inefficace, pour retrouver la voie des réformes sociales qui sont sa vocation. Deux facteurs de réussite étaient mis en avant : les unions de la gauche et la transnationalité. Mais il y a un troisième facteur : l'attitude générale. C'est dans ce domaine que le bât blesse le plus. Sans crédibilité, rien n'est possible. Tant d'irrésolution, tant d'inconséquence, tant de légèreté sont observables dans l'attitude des partis. C'est d'ailleurs ce qui explique qu'ils appliquent si peu et si mal leur programme ; ils se mettent involontairement dans une situation qui rend son application presque impossible. L'écart entre le discours et le résultat ne révèle aucune duplicité, aucune mauvaise foi et même pas nécessairement un manque de volonté. Réussir à appliquer son programme exige une manière d'être, une discipline de la quotidienneté valable dans l'opposition et au gouvernement. Sur ce plan, le progrès à réaliser est énorme. Consciemment ou inconsciemment, les électeurs le perçoivent.

Le présent chapitre a précisément pour objet d'analyser les éléments constitutifs de cette autodiscipline.

Avant tout, il convient d'insister sur la nécessité de fixer judicieusement les objectifs prioritaires et d'assurer que l'action quotidienne en soit le reflet fidèle. Le monde est plein de contradictions et de problèmes. Bien sélectionner ceux sur lesquels l'action se concentre est une condition de réussite. Que la réduction des inégalités de revenu et de patrimoine soit la première priorité de la gauche est une évidence compte tenu de ce qui est écrit dans les chapitres précédents et qui sera encore approfondi dans les suivants. Cette évidence semble toutefois parfois manquer d'évidence. Le XXIe siècle témoigne d'un divorce involontaire et inconscient de la gauche d'avec la classe ouvrière. La prééminence semble accordée à d'autres combats, qui ne sont certes pas dénués de justification mais qui éloignent la gauche de sa mission historique et de la classe qu'elle doit défendre. L'extrême difficulté de la redistribution ne tolère pas cette forme de dissipation.

Un second objectif mérite aujourd'hui le même degré de priorité : l'écologie, partout clamée et pourtant si négligée. A quoi bon un monde juste mais invivable ? En fait, les deux objectifs se tiennent et se confortent mutuellement. De par la localisation de leurs logements, de par leur alimentation moins qualitative, les pauvres souffrent le plus des problèmes écologiques ; ils ont le plus à gagner à leur solution. Philosophiquement les deux objectifs se rejoignent. Tous deux impliquent une rupture vis-à-vis de la recherche à tout prix de l'ascension sociale et de la consommation effrénée qui en est le marqueur. Etre pauvre n'est pas une condition suffisante[1] pour désirer plus de justice. Le souci du bien d'autrui importe plus et c'est lui également qui fonde les préoccupations écologiques.

Dans un monde trop inégalitaire, l'écologie est bancale. Car la protection de l'environnement a un coût. La nourriture propre, l'énergie propre risquent d'être hors de portée de beaucoup de bourses en l'absence d'une redistribution radicale. L'environnement de qualité appelle la redistribution. Des discours captieux prétextent des revenus modestes pour culpabiliser les politiques environnementales progressistes. Il faut inverser la relation. Une meilleure répartition du revenu permet à chacun de profiter des bienfaits d'un environnement sain.

---

[1] Ni même nécessaire.

Faire évoluer la société dans un sens moins inégalitaire met en jeu à la fois un idéal social et un intérêt, celui des moins favorisés. Cette distinction est importante, car elle définit les deux modes d'appel qu'un parti peut adresser aux électeurs. La plupart des partis de gauche émanent d'une façon ou d'une autre du mouvement ouvrier. La façon dont ils se perçoivent et dont ils se présentent s'en ressent. Chacun choisissant son vocabulaire, ils inscrivent sur leur étendard la défense du prolétariat, de la classe ouvrière, des classes laborieuses, des salariés... L'autre voie, celle de l'idéal social, me paraît préférable car l'appel de classe n'a pas de fondation solide. La structure socio-professionnelle est complexe : elle comporte de nombreuses catégories et les classes sont loin d'être homogènes. Celui qui désigne nommément les classes ou sous-classes amies et les classes ou sous-classes ennemies se prend facilement les pieds dans le tapis. Il est plus prudent et donc plus sage de mettre l'accent sur l'idéal de la réduction des inégalités. De toute façon, ceux qui ont intérêt à cette réduction se reconnaîtront.

Le besoin de se définir par le rôle dans la *lutte des classes* motive beaucoup de partis de gauche. Ici encore, la circonspection doit prévaloir. Ce concept est généralement mal compris. Un malentendu très répandu le dessert. Les discours de gauche la célèbrent, les discours de droite la flétrissent, mais toutes les classes, tous les partis politiques la pratiquent. La lutte des classes est omniprésente et l'a été de tous temps. La classe dominante ne s'y livre pas moins que la classe dominée, les partis de droite pas moins que ceux de gauche, même s'ils prétendent la dénoncer. Par exemple, mettre en place une filière d'évasion fiscale par les paradis fiscaux et utiliser une telle filière, c'est pratiquer la lutte des classes. L'exaltation de la lutte des classes par l'extrême gauche ne porte donc pas sur la lutte des classes en tant que telle, mais sur son propre rôle dans cette lutte. A la différence de la gauche, la droite n'assume pas sa participation à la lutte des classes. L'idéologie de toute classe dominante identifi son intérêt propre avec l'intérêt général. Faisant sienne cette idéologie, la droite prétend défendre l'intérêt général lorsqu'elle promeut les intérêts dominants. Depuis les années 1980, la droite se révèle plus efficace que la gauche dans la lutte des classes.

Dans "lutte des classes", portons notre attention sur le mot "lutte". Toute une symbolique lui est attachée : le poing levé, la couleur rouge, le "camarade(s)", le chant "L'Internationale" ... Ici aussi une certaine réserve s'impose. Pour un parti de gauche, participer à la lutte est normal ; mais y a-t-il des raisons de l'exalter ? Certes, la classe dominée est spontanément moins consciente de ses intérêts que la classe dominante ; c'est une donnée sociologique à caractère universel. Il est donc nécessaire de la motiver. Mais la manière importe. Faut-il qu'elle soit belliqueuse ?

Considérons les paroles de l'*Internationale*. Est-ce sensé d'encore et toujours répéter que « c'est la lutte finale » ? Les circonstances politiques actuelles, ne donnent-elles pas plutôt l'impression de la voir s'éloigner ? La phrase « ni dieu ni maître », n'est pas plus judicieuse. M'expliquera-t-on ce que Dieu vient faire dans cette galère ?

La concurrence politique entre la gauche et la droite manifeste une dissymétrie entre les attitudes des uns et des autres. Les deux camps se battent l'un contre l'autre : jusque-là, la symétrie est parfaite. Mais pour la droite, la lutte est un fait, rien de plus. Pour la gauche et surtout l'extrême gauche, elle est un rite, une valeur en soi, un motif de fierté. Vu de l'extérieur, il y a à gauche un folklore de la lutte dont font partie les symboles mentionnés ci-dessus. Il s'accompagne d'une rhétorique très martiale dans laquelle les mots " lutte " et " combat " sont omniprésents. Rappelons quand-même que la célébration du combat n'est pas le combat.

Très probablement, l'histoire du mouvement ouvrier explique le phénomène. A ses débuts, le mouvement a dû lutter pour exister et pour survivre ; tout se liguait contre lui.

Ne faudrait-il pas s'interroger sur les conséquences du folklore de la lutte ? L'effet positif attendu est de galvaniser le moral des militants. Mais plus on s'éloigne du cercle des convaincus, moins le résultat est probant. L'hypothèse me paraît plausible, que la liturgie de la lutte restreint le cercle des électeurs potentiels de la gauche. Non pas la lutte elle-même, que la situation objective rend inévitable, mais la manière dont elle est exaltée. Contrairement à la minorité pleine d'ardeur, la majorité de la population a du mal à s'y identifier. Pour satisfaire des attentes internes, cultiver un militantisme qui devient son propre but et qui apporte une espèce de félicité à ceux qui le pratiquent, la gauche pénaliserait-elle la réalisation de son objectif final ? Pour certains militants, renoncer à la liturgie de la lutte sera déchirant comme l'était le renoncement à la messe en latin pour beaucoup de catholiques après Vatican II. Mais avancer est à ce prix. Celui qui compte sur les élections pour accéder au gouvernement doit pouvoir se mettre à la place de l'électeur moyen.

La politique comporte un côté "bac à sable". Vu la compétition qui lui est inhérente, chaque parti veut prouver à l'opinion publique qu'il vaut mieux que les autres ; il profite de toute occasion, bonne ou mauvaise, de monter en épingle les défauts de l'adversaire. Les partis de gauche s'adonnent avec délectation à cet exercice, sans qu'on puisse dire qu'ils y excellent plus que le camp d'en face. Un politicien qui se sent investi de la mission de modifier le rapport de force entre les classes sociales doit absolument résister à la tentation de prendre part à ces jeux. Comment convaincre l'électeur qu'on mènera la société à la justice, si on se laisse distraire de cet objectif noble mais difficile par quelque occasion d'être mesquin ou futile ? C'est précisément quand la gauche ne croit pas vraiment à sa mission, par exemple parce qu'elle s'en sent incapable, que ce type de dissipation se produit.

Beaucoup de partis clament des slogans d'autant plus faciles qu'ils n'engagent à rien ; ils font des promesses dont ils savent qu'elles ne seront jamais tenues parce qu'ils s'allieront avec des partis qui les refuseront ou parce qu'ils n'ont aucune chance de participer au pouvoir. Ces partis sous-estiment la maturité de l'électorat. Ils font erreur s'ils pensent convaincre les électeurs seulement sur base de leurs valeurs ou de leur programme, en négligeant les attitudes qui nourrissent la confiance. Les électeurs veulent sentir que le parti a la volonté de les appliquer, qu'il est préparé aux difficultés et qu'avec lui, le pays ne foncera pas dans le mur.

La lutte politique entre gauche et droite est plus que séculaire. Les deux adversaires connaissent leur rôle comme les acteurs d'une pièce de théâtre. Les tirades sont éternelles. On prête à l'adversaire toujours les mêmes défauts. D'un vocabulaire étriqué, on ressort toujours les mêmes grands mots qui servent plus par l'image qu'ils véhiculent que par leur signification propre. Gauche et droite sont des idées, des politiques mais également des postures. Gauche et droite, on pourrait presque parler d'un couple infernal où chacun a besoin de l'autre comme bouc émissaire des problèmes. Les interventions des uns et des autres sont tellement prévisibles. Pour les partis de gauche, rompre avec ce mauvais théâtre est un devoir.

Une mise au point s'impose : il n'y a dans les pages qui précèdent aucun mépris pour les politiciens. La politique comme cirque émane de la société, dont elle est une expression, pas des politiciens entrés dans ce jeu qui leur préexiste et leur attribue des rôles. Le sens de l'engagement et l'abnégation manifestés par ceux qui sont honnêtes, c'est-à-dire par l'immense majorité, forcent le respect.

Il n'empêche que les mœurs politiques ne sont pas propices au débat de fond. Une rupture à ce niveau s'impose si des partis entendent réellement instaurer plus de justice sociale. Ce changement doit toucher en premier lieu le discours, car en politique plus que dans d'autres domaines, la parole est forte d'effets.

Le discours crédible croit à la sagesse de l'électeur moyen. Réciproquement, l'électeur moyen fait confiance au discours crédible. Certes, il est possible de berner l'électeur, de l'illusionner, de l'induire en erreur mais si un acteur politique choisit le « parler vrai », sur la durée, l'électeur le reconnaîtra.

S'adresser à l'électeur comme à un adulte responsable. Pour que le discours politique applique cette maxime, j'ai répertorié cinq règles ad hoc. Le parti de gauche qui ambitionne de réformer la société ne peut s'y soustraire ; il me semble même recommandable qu'il les inscrive dans ses statuts.

Première règle : *pas de nombrilisme.* Dans sa communication, le parti privilégiera toujours ses valeurs par rapport à l'institution qu'il est et par rapport aux personnes qui le représentent. Il faut arriver à ce que les électeurs conçoivent leur vote comme s'il était accordé directement aux objectifs que sont la réduction des inégalités et la protection de l'environnement. Modestement, le parti sait qu'il n'est qu'un rouage pour les faire avancer.

Deuxième règle : *Critiques centrées sur l'essentiel.* Dans son opposition aux gouvernements de droite, le parti de gauche fera l'économie des critiques qui ne sont pas essentielles. Il s'abstiendra d'aboyer sur tout ce qui passe. L'injustice sociale et la dégradation de l'environnement apportent malheureusement du grain à moudre en suffisance. Les autres critiques ne sont opportunes que lorsque le fait est suffisamment grave. Trop d'opposition sur des futilités tue l'opposition. Trop s'opposer à l'attitude du gouvernement dans tel ou tel dossiers relativement mineurs plutôt qu'aux fondements de classe de sa politique donne implicitement l'impression que la question de l'inégalité n'est finalement pas si importante. Peut-on paraître le parti digne de confiance pour réformer la société si on gaspille son énergie dans des débats périphériques ?

Troisième règle : *Critique factuelle.* Les critiques adressées à l'adversaires, qu'il s'agisse du gouvernement, d'autres partis, d'institutions de la société civile ou de politiciens, doivent porter sur ce qu'ils FONT (ou ne font pas) et non sur ce qu'ils SONT. Ce que sont les autres est subjectif ; ce qu'ils font est objectif. Notamment il faut s'abstenir d'user à tort et à travers de la qualification « extrême droite ». Celle-ci, adressée à une action ou une institution, ne représente pas une critique effective, même dans les cas où elle correspond à la réalité. Cataloguer n'est pas argumenter.

Quatrième règle : *Ne pas être inutilement clivant.* Clivant, un programme de réduction des inégalités le sera certainement par lui-même vu l'extrême sensibilité de l'opinion publique à la distribution des revenus. D'où l'importance de ne pas l'être INUTILEMENT. La critique doit être débarrassée de tout excès d'agressivité. Et lorsque des actions des partis adverses vont dans la direction souhaitée, il faut être capable de les complimenter.

Cinquième règle : *Idéalisme raisonnable.* L'idéalisme et le caractère raisonnable apparaissent comme deux qualités contradictoires. Le discours réformateur doit pourtant réussir à les allier. Il doit se montrer :

— sérieux par son objectivité et son absence d'agressivité.

— alternatif, non conventionnel. Il doit parler aux neurones idéalistes du public.

Tant la forme que le fond doivent revêtir ces deux qualités. Aujourd'hui, la rhétorique social-démocrate a perdu toute capacité d'enchanter son auditoire. En conséquence, elle est de moins en moins écoutée.

La démocratie met inévitablement les partis en compétition. Mais cette compétition, superficielle, fait écran à d'autres compétitions plus fondamentales comme celle qui oppose les classes sociales ou les doctrines politiques. Avant d'être un concours entre politiciens et entre partis, l'élection est un exercice de participation au pouvoir comme le serait la délibération des citoyens dans le cadre de la démocratie directe. Un concours peut se révéler excitant par le suspense ou captivant par sa théâtralité mais toute l'attention aspirée par le spectacle est soustraite de celle qui reste disponible pour les questions de fond. Un discours de campagne sensé prendra du recul par rapport au côté concours, notamment en évitant tout égotisme.

Ce ne sont pas les partis de gauche qui ont intérêt à ce que la société soit réformée, ce sont les citoyens que le capitalisme ne favorise pas. Ceux-ci doivent donc être au centre du discours, même pendant les campagnes électorales, souvent plus propices au nombrilisme des politiciens.

La politique, surtout en période électorale, a évolué vers la compétition spectacle. Cette manière de faire de la politique se caractérise par son extrême personnalisation, parce qu'humaniser la compétition la rend encore plus spectaculaire. Roger Schwartzenberg a consacré son très intéressant essai « L'Etat spectacle » à ce processus. L'auteur explique la raison de cette mise en spectacle : « La personnalisation du pouvoir met en lumière l'accessoire et dissimule l'essentiel ». Il y a donc quelque chose à cacher. « Pour masquer la véritable nature de classe du pouvoir d'Etat[1]. » Schwartzenberg rapporte ce terrible aveu de Georges Pompidou, premier ministre de la France et partisan du général de Gaulle lors des élections présidentielles de 1965 : « Il ne s'agit pas pour les Français de choisir leur avenir. Il s'agit de choisir la personne à qui ils confieront cet avenir pour un certain nombre d'années[2] ». Cette sincérité, surprenante et peu habituelle, est probablement involontaire. Elle confirme le bon mot bien connu de Paul Valéry voulant que la politique est l'art d'empêcher les gens de s'occuper de ce qui les regarde.

La personnalisation atteint son paroxysme lors des duels télévisés des campagnes électorales. « Tout incite le public à observer les deux adversaires comme s'ils disputaient un match[3]. » Et « le spectateur d'un débat politique télévisé ne fait pas plus de politique que le spectateur d'un match de football ne fait de sport[4]. » Certains objecteront que la comparaison est injustifiée puisque le débat aidera le téléspectateur à déterminer

---

[1] R. Schwartzenberg, *L'Etat spectacle*, Paris, Flammarion, 1977, p. 267
[2] Ibidem, p. 272
[3] Ibidem, p. 176
[4] Ibidem, p. 290

son vote alors celui-ci n'a aucune influence sur le déroulement du match de football. Cette objection sous-estime naïvement à la fois la complexité d'une bonne réflexion politique et les parasites inhérents à ce genre d'exercice : il est impossible de fonder un choix rationnel sur les seules informations entendues lors de ce type de débat.

Selon Schwartzenberg, la droite est responsable de cette dérive :

> De plus, à droite, la politique du star system correspond à une tactique délibérée. En vérité, la droite borne son ambition à conserver, à gérer la société telle qu'elle est (...) Les conservateurs ne brillent donc jamais par la précision doctrinale ou l'invention idéologique (...) Mais comme ce manifeste n'est ni très exaltant ni très avouable, elle préfère donner le change. Elle préfère déplacer le débat public des programmes vers les personnes[1].

Le fond de cette analyse est parfaitement pertinent. Son tort est de surestimer la gauche. Elle aussi a quelque chose à cacher : son impuissance. La personnalisation s'avère donc un dérivatif utile pour ses dirigeants également. Il en restera ainsi tant que domineront les comportements pusillanimes dénoncés tout au long du présent essai.

Idéalement, le discours d'un parti en campagne n'est qu'un moment particulier d'une communication permanente. Plutôt que de convaincre les électeurs de voter pour lui, le parti devrait faire partager ses valeurs ; en cas de réussite, il est peu probable qu'ils lui refusent leur voix. Le bon score électoral n'est alors que la retombée. La campagne est un laps de temps trop court pour obtenir un tel résultat. Trop court et peu adapté : est-il facile de tenir un discours raisonnable lorsque chacun essaye de crier le plus fort ? Un choix de société ne se règle pas au cours d'une campagne électorale. C'est tout au long de la législature que le parti doit assurer sa crédibilité. Il ne le peut

---

[1] Ibidem, pp. 13-14

que par une autodiscipline sans failles lui faisant éviter manifestations d'égo, mesquineries, équivoques, attaques mal ciblées, réflexes conditionnés sans inspiration, théâtre politique et encore mille et une chausse-trappes. Tout au long de la législature, il doit multiplier les initiatives capables de faire avancer l'objectif qu'il clame être sien. Lorsque la campagne débute, les électeurs doivent déjà être convaincus. Sinon c'est trop tard pour espérer réformer la société.

Cette autodiscipline s'inscrit dans une conception globale de la relation entre le parti et l'électorat, caractérisée par ce que j'appelle " le principe des électeurs déterminés " et que je me permets d'exposer ici par l'absurde. Imaginons un parti ou une coalition de gauche qui obtient la majorité des sièges et la prérogative de former le gouvernement. Mais supposons que ce parti ait flatté les électeurs avec des promesses faciles, que ses candidats les aient séduits par leur caractère sympathique et leur aptitude au boniment, que le parti ait gommé du discours toute aspérité. Un commentateur pourrait dire : voilà une campagne réussie qui a mené à la victoire. Mais à quelle victoire aura-t-elle mené en définitive ? Face aux difficultés et à l'adversité inévitables, sur quel soutien de l'opinion le gouvernement pourra-t-il compter ? Les électeurs auront probablement déserté l'arène. Avoir beaucoup d'électeurs qui ont voté pour vous pour des raisons futiles ou ambiguës n'est qu'un avantage apparent. Peut-être pas si votre gouvernement se contente de faire de la figuration, mais certainement si votre but est de réformer la société. On ne peut certes pas attendre de tout électeur qu'il s'investisse comme un militant, mais ceux qui veulent le changement doivent comprendre que tout se gagne. Un gouvernement ne réforme la société en profondeur qu'avec le soutien ferme et conscient de son électorat. Il faut donc le motiver et l'informer pleinement, y compris des difficultés prévisibles.

Gagner une élection ne peut être l'objectif final ; c'est une étape sur le chemin de l'objectif final qui est de réduire l'inégalité sociale. A aucun moment, le discours ne peut privilégier l'objectif intermédiaire par rapport à l'objectif final. Il est vrai, le plus souvent, la réalisation de l'objectif intermédiaire profite à l'objectif final. Mais pas nécessairement : diluer le discours dans un sens correspondant à un état supposé de l'opinion à un moment donné permet certes de séduire le ventre mou de l'électorat. Il faut résister à cette tentation. Le parti qui a peur de contredire l'opinion se coupe du pouvoir de la changer.

Les études montrent que le taux de participation aux élections est en moyenne supérieur dans les classes aisées que chez les moins riches. A l'extrême, la situation devient celle d'un suffrage censitaire inavoué. Cette différence dans la participation au vote n'est qu'une illustration parmi d'autres de cette constante sociologique selon laquelle, la conscience de classe est plus développée chez les plus riches[1]. Elle est presque spontanée chez la classe dominante ; dans la classe dominée, elle n'est présente que si elle est cultivée. Les partis de gauche doivent consacrer une part de leur propagande électorale à inciter les classes populaires à aller voter. L'exhortation doit faire apparaître clairement l'enjeu véritable : " ne laissez pas les riches décider sans vous. " L'idéal serait le vote obligatoire, mais il semble contreproductif d'obliger à une action qu'on souhaite stimuler. Des partisans de la démocratie directe louent l'abstention comme la revendication d'une liberté, mais la liberté n'est pas toujours où on le croit : ceux qui prétendent goûter à la liberté de ne pas voter s'enchaînent à la volonté de ceux qui participent au vote.

Imaginons un parti de gauche qui s'inscrit parfaitement dans le schéma comportemental préconisé ici. A court terme, aucune opportunité de " monter " dans un gouvernement ne s'offre à lui. Est-ce là une sombre perspective ? Pas nécessairement, car l'objectif social peut avancer aussi bien quand le parti est dans l'opposition que lorsqu'il participe au pouvoir.

---

[1] Comme l'écrit Stiglitz, les riches considèrent la participation au vote comme un investissement.

Au-delà des élections et du jeu des partis, il existe une espèce de conjoncture politique de fond qui favorise tantôt tel secteur de l'opinion, tantôt tel autre. Le paradoxe, c'est que les résultats électoraux ne reflètent pas nécessairement la phase de la conjoncture politique. Le vote individuel est toujours influencé par de nombreux éléments contingents. Un cas concret de ce paradoxe fut relevé par Alain Minc :

> (Le) septennat de M. Giscard d'Estaing qui, placé sous le sceau du libéralisme, a abouti fiscalement parlant à une social-démocratie (... La) gestion de M Mitterrand qui a échoué dans ce qu'il voulait faire, l'instauration du socialisme, et réussi dans ce qu'il ne voulait pas faire, la transformation de la France en pays capitaliste[1].

Il revient sur cette idée dans son ouvrage suivant :

> La droite a clandestinement installé le socialisme ; car, sous l'angle des salaires, la France, à la veille de mai 1981, était socialiste (...) C'est au gouvernement de gauche que l'Histoire a paradoxalement confié le soin de s'attaquer à ces 'conquêtes sociales[2].

Giscard d'Estaing devint président alors que la conjoncture était encore favorable à la gauche ; Mitterrand l'est devenu alors qu'elle avait déjà basculé. La conjoncture politique est plus forte que les résultats électoraux. Des acteurs politiques audacieux et efficaces peuvent toutefois infléchir le rythme d'enchaînement des phases.

La société n'est pas simplement un corps dont le gouvernement est le cerveau. Elle comporte une multitude de petits et moyens cerveaux et le gouvernement en est simplement un parmi d'autres. Depuis la prodigieuse progression de la mondialisation, une partie de ces cerveaux sont d'ailleurs logés à l'extérieur des frontières nationales.

---

[1] A. Minc, *La machine égalitaire*. Paris, Editions Grasset & Fasquelle, 1987, p. 274.
[2] *L'argent fou* op. cit., p. 93.

Surtout lorsque la conjoncture est favorable, un parti n'a donc pas besoin d'être au gouvernement pour exercer de l'influence. Certes, l'opposition procure moins de leviers que le gouvernement, mais elle laisse plus de liberté et est moins sujette à diverses formes de sabotage. Un parti de gauche a donc la capacité d'œuvrer à la régression de l'inégalité alors qu'il est dans l'opposition. Pour mettre à profit ces périodes, les partis doivent occuper activement le terrain et faire preuve de crédibilité.

L'estime se mérite par l'opposition constructive. S'opposer ; certes mais à quoi ? A tels ministres ou députés de la majorité ? A tel parti de droite ? Au gouvernement ? Ce serait se tromper de cible. C'est l'inégalité elle-même qui est le véritable adversaire. Plus qu'un parti d'opposition, il faut être un parti d'alternative. Le parti de gauche qui pratique une opposition sensée évitera le théâtre politique, toutes ces manœuvres d'obstruction que sont les motions de méfiance, les votes systématiquement négatifs, les demandes de démission de ministres... La vocation de la gauche, la justice sociale, implique un travail d'opposition si considérable qu'il est vain de se perdre dans l'accessoire. Certes, le système auquel on s'oppose fonctionne par le fait d'individus décidés à le défendre. Mais cibler les hommes plutôt que les faits n'aidera pas l'opinion à comprendre correctement les enjeux.

Quelles actions, le parti d'opposition peut-il mener pour construire la politique alternative ? Qu'il me soit permis de proposer ici trois types de démarches :

Premièrement : *Propositions de réforme*.

Pour le pouvoir politique, légiférer est l'activité la plus visible mais pas la seule. Gouverner comporte deux aspects complémentaires : décider et laisser faire. La discrétion de ce deuxième aspect tend à ce qu'on le sous-estime. Lukes estime même que « le pouvoir est le plus effectif quand il est le moins observable[1] ». Il cite le sociologue C. Wright Mills qui écrit à propos de l'élite politique :

> Ils sont en position de prendre de décisions ayant des effets majeurs. Qu'ils prennent ou non ces décisions est moins important que le fait qu'ils occupent ces positions critiques : leur omission d'agir, leur omission de décider est elle-même une action qui est souvent plus influente que les décisions qu'ils prennent[2].

Lorsque le gouvernement choisit de laisser faire des processus injustes, lorsqu'il préfère ne pas décider, le parti d'opposition de gauche a pour mission de prendre l'initiative. Dans une démocratie, déposer des propositions de loi n'est pas le monopole du gouvernement.

Concrètement, cette opportunité pourrait être systématisée et planifiée. A intervalles réguliers (par exemple chaque semestre), le parti d'opposition pourrait mettre à l'agenda une proposition de réforme figurant dans son programme. Le dépôt de la proposition de loi s'accompagnerait d'une campagne d'opinion pour lui donner de l'éclat et faire peser la pression de la société civile. Ici apparaît l'avantage d'un parti transnational. La même proposition serait déposée simultanément dans tous les parlements, ce qui lui procurerait un plus grand retentissement. Le caractère transnational de ces campagnes comporterait également un avantage argumentatif. Régulièrement, des autorités nationales arguent de la compétitivité face à l'étranger pour refuser un progrès social ou imposer une régression. Les campagnes transnationales auraient le mérite de neutraliser cet argument.

Même dans les cas où cette stratégie n'aboutirait pas à une décision, elle serait payante. Trois avantages en découleraient. D'abord, elle assure de la visibilité aux partis qui la portent. Ensuite, elle oblige les autres partis à se positionner sur les questions de justice et d'environnement et, le cas échéant, les

---

[1] S. Lukes, Power: A Radical View, New York, Palgrave Macmillan, 2005, p. 1 (ma traduction).

[2] Ibidem, p. 2.

met face à leurs contradictions. Enfin, pour que ces réformes aient une chance d'aboutir tôt ou tard, il faut les arracher au néant, les porter sur la place où se déroule le débat public.

Deuxièmement : *Décisions à combattre.*

La gauche européenne doit mettre en place observatoire transnational pour repérer les projets de loi, d'arrêté, de règlement, les arrêts de cour constitutionnelle, les accords internationaux qui font reculer la justice ou l'écologie dans tel ou tel pays ou dans l'ensemble de l'Union Européenne. L'alerte doit être suivie d'une campagne d'opinion transnationale visant à bloquer les décisions contestées.

Le droit est l'un des terrains de la lutte. Une décision injuste qui est avalisée par une cour constitutionnelle signifie qu'il faut remonter la contestation un étage plus haut. Aucune constitution, aucun traité international ne sont sacrés et intouchables.

Troisièmement : *Coalitions d'opposition.*

On connaît les coalitions par lesquelles des partis s'allient pour former un gouvernement. Lorsque les élections accordent le pouvoir de gouverner à la droite, la gauche renforcerait sa capacité d'opposition si les partis qui la composent établissent entre eux un contrat par lequel chacun s'engage à appuyer certaines démarches des autres, parmi lesquelles les propositions de réforme et les décisions à combattre que nous venons d'examiner. Ces contrats pourraient inclure des partis de plusieurs Etats membres.

Comme on le voit, perdre une élection ne signifie pas qu'il ne reste qu'à attendre la suivante. Pour un parti volontaire et bien inspiré, il y a toujours moyen de faire bouger les lignes. La condition est d'être crédible, de ne pas se perdre dans des luttes périphériques, de tenir un discours nuancé mais ferme.

Lorsque la société civile dort, le gouvernement danse comme il l'entend ; lorsqu'elle est éveillée, elle peut contrecarrer ses plans. Et les partis d'opposition peuvent stimuler cet éveil. A condition d'y croire et de suffisamment occuper le terrain, le parti d'opposition de gauche peut obtenir des avancées sociales sans victoire électorale préalable. La condition en est que l'opinion publique soit dérangée par le niveau d'inégalité ou par des tentatives d'accroître certains privilèges. Cette condition n'a rien d'utopique. Certains sont attachés aux inégalités parce qu'elles leur profitent, mais peu les trouvent intrinsèquement désirables Une forte inégalité n'est pas a priori objet de sympathie, même de la part de ceux qui rejettent l'égalité pure et simple. Que tel électeur ait voté au centre ou à droite n'implique pas nécessairement qu'il est insensible aux injustices du capitalisme. L'esprit humain est complexe et les votes individuels dépendent de multiples motivations. Avec la lutte contre l'injustice, les partis réformateurs tiennent un thème qui peut leur valoir l'estime de la société civile.

Mon impression est que l'inégalité ou à tout le moins son excès rebute une majorité de citoyens. Leur opinion à son égard est la résultante de deux facteurs qu'il est impossible de démêler : une réaction instinctive et le jugement appris, celui qui synthétise ce que la conscience a emmagasiné des éléments idéologiques qu'elle a rencontrés. Ces deux facteurs, surtout le second, sont eux-mêmes influencés par la situation individuelle dans l'échelle de l'inégalité. L'opinion d'une personne est perméable à son intérêt, mais aucun des facteurs modelant notre opinion n'est déterminant à lui seul.

Des économistes et des psychologues ont réalisé des expériences pour déceler la réaction spontanée de l'être humain. Il s'agit de jeux dans lesquels des cobayes sont confrontés à des situations injustes[1]. En voici un exemple : un individu doit partager la somme de $100 entre lui et un autre cobaye, à sa guise. Le deuxième prend ce qui lui est laissé ou le refuse auquel cas les deux joueurs repartent sans argent.

---

[1] Le lecteur trouvera plus de détails chez :
- K. Pickett, R. Wilkinson. *The Inner Level*, London, Penguin Books, 2018 (trad. fr. de E. Roy, Pour *vivre heureux, vivons égaux*, Paris, Les Liens qui Libèrent, 2019, pp.206-207).
- Stiglitz, trad. cit., p .189.

L'hypothèse de l'*homo economicus*, chère aux économistes[1], exclut toute autre motivation que l'intérêt personnel calculé rationnellement. Selon cette hypothèse, le premier devrait prendre $99 et le second accepter le dollar restant qui vaut mieux que rien. Mais on constate que la plupart accordent à leur partenaire, certes moins que $50 mais néanmoins une belle part ; parallèlement le partenaire préfère généralement qu'aucun lot ne soit distribué plutôt que de recevoir une part trop faible. Rendant compte d'autres expériences de ce type, Pickett et Wilkinson concluent :

> Ces schémas comportementaux et les émotions exprimées par les participants- la colère est l'une d'elles- suggèrent que, dans certains contextes au moins, les individus ont une aversion pour l'inégalité[2].

L'opinion sur les questions de justice fait l'objet d'une attention soutenue et constante des sociologues statisticiens. Des sondages internationaux sont effectués régulièrement et leurs résultats alimentent une base de données spécialisée. Les nombreux travaux d'analyse constituent une littérature scientifique abondante. La question la plus courante posée aux sondés est du type *: les écarts de revenus sont excessifs et il revient à l'Etat de prendre des mesures pour les réduire ; donnez une cote de un (désaccord total) à dix (accord total) à cette proposition*. Remarquons que le sondage porte sur l'inégalité perçue et que celle-ci reflète plutôt le revenu après redistribution, moins inégal que la distribution primaire.

Quelques constantes apparaissent dans les résultats :

— Plus on est riche, moins on soutient la redistribution. Mais la classe d'origine joue également. L'individu conserve une certaine affinité avec la classe de ses parents au sein de laquelle il a grandi.

— En s'orientant vers la droite de l'échiquier politique, l'acceptation de la redistribution diminue... jusqu'au seuil de

---

[1] Pour des explications sur ce concept, cf. infra.
[2] Pickett, trad. cit., p. 207.

l'extrême droite. Les individus qui se définissent comme d'extrême droite acceptent plus la redistribution que ceux de la droite classique.

— Temporellement, le mécontentement provoqué par l'inégalité augmente dans les périodes où celle-ci est plus accentuée.

— Dans les pays moins inégalitaires, la demande de redistribution est moindre, probablement parce que leurs citoyens sont mieux servis. Mais elle est également moindre dans les pays à l'extrême de l'autre bord, les pays les plus inégalitaires. Ceci peut s'expliquer par une caractéristique constatée au sein des sociétés très inégalitaires : le manque d'empathie et le *chacun pour soi*.

— Les femmes sont plus favorables à la redistribution que les hommes. Les jeunes plus que leurs aînés.

— Les sondés tendent à sous-estimer le niveau réel de l'inégalité.

— L'inégalité est mieux acceptée lorsqu'elle provient du travail que de la chance.

Une étude conclut :

> Nos résultats concordent avec ceux d'autres recherches sur les attitudes, puisque nous avons également révélé un fort soutien à la redistribution par l'Etat dans beaucoup de pays européens, et nous avons également constaté que le niveau de soutien global et le consensus intranational varient largement[1].

Le sondage IFOP « La perception des inégalités. Regard croisé sur 12 pays » (2010) montre que la majorité de la population trouve la société injuste dans tous les pays européens sondés sauf les Pays-Bas (pays parmi les moins inégalitaires).

---

[1] I.G. Tóth, T. Keller. "Income Distributions, Inequality Perceptions and Redistributive Claims in European Societies ", *Gini Discussion*, Paper 7, 2011, p. 45 (ma traduction).

6.

Répartition des revenus et redistribution

Quel est l'objectif socio-économique de la gauche ? D'aucuns répondront : l'égalité. S'il est question de l'égalité des conditions individuelles, la revendiquer fait fausse route. L'égalité est un concept merveilleux, qui fait rêver. Mais pratiquement, en quoi consiste-t-elle ? quand y a-t-il égalité ? Quelles conditions doivent être satisfaites pour considérer que les membres de la société sont égaux ? On définit l'objectif de la gauche avec plus de pertinence en disant qu'*elle combat l'inégalité*. Ce n'est pas jouer sur les mots. L'égalité est une abstraction ; a contrario, l'inégalité est concrète, sensible, douloureuse. L'homme de la rue l'expérimente quotidiennement. C'est sur elle que le discours doit se centrer. On objectera que fixer un seuil d'inégalité inacceptable est également arbitraire. Mais, comme nous le verrons, la lutte contre l'inégalité ne passe pas nécessairement par la fixation d'un tel seuil.

La prudence à l'égard de la devise " égalité " s'appuie sur ces deux raisons :

— même en la supposant souhaitable en tant que telle, l'égalité absolue impliquerait le sacrifice d'autres valeurs qui rendrait son « coût » exorbitant ;

— la rémunération de personnes suivant leur mérite aboutit normalement à une certaine inégalité.

Un thème très présent dans la philosophie politique est le rapport entre la liberté et l'égalité. Nombre d'auteurs les opposent. Certes, il n'y a pas d'égalité sans un minimum de liberté pour tous ni de liberté pour tous sans un minimum d'égalité. Mais, il est vrai : à vouloir toujours plus de liberté, on tue l'égalité ; à vouloir toujours plus d'égalité, on tue la liberté. Les derniers grammes de liberté exigent le sacrifice d'un quantum d'égalité toujours croissant. Et vice versa. Les valeurs comme la liberté et l'égalité semblent avoir leur *utilité marginale*[1] qui décroit comme celle des biens que nous consommons. Leur combinaison optimale se situe donc certainement à en dehors des extrêmes.

La liberté et l'égalité ne sont d'ailleurs pas les seules valeurs sociales. L'efficacité de l'économie et de l'administration en est une troisième. Et tout ce qui concourt au bonheur des membres de la communauté peut être considéré comme une valeur : le respect de la nature, la beauté des villes et villages... Chaque fois, le choix de la combinaison idéale entre telle et telle valeurs fera montre du même type de dilemme.

Comme le lecteur l'aura remarqué, ce chapitre entre de plain-pied dans la philosophie sociale. Après avoir examiné le COMPORTEMENT de la gauche, il nous faut aborder ses VALEURS. Ce chapitre et les suivants sont consacrés à l'éminente question de la *Justice*.

Qu'est-ce que la justice sociale ? Le philosophe Michael Sandel la définit ainsi :

> Se demander si la société est juste, revient à se demander comment s'y répartissent les choses auxquelles nous attachons de la valeur- les revenus et patrimoines, les devoirs et les droits, les pouvoirs et opportunités, les positions et honneurs. Une société

---

[1] L'*utilité marginale* est un concept essentiel de l'économie politique. Observons un individu qui consomme des unités successives d'un bien. Le supplément d'utilité procuré par la dernière unité s'appelle l'utilité marginale. Elle diminue au fur et à mesure que la quantité consommée s'accroit. C'est là une loi fondamentale.

juste est une société qui répartit ces biens comme il convient ; elle donne à chacun ce qui lui est dû. L'affaire se complique quand on cherche à déterminer ce qui est dû et pourquoi[1].

La justice a été abondamment débattue par les philosophes depuis le XIXe siècle. Les chapitres 10 et 11 sont consacrés à un examen détaillé des principales théories de la justice, mais d'ici-là, des allusions à ces théories seront nécessaires, ce qui justifie de les présenter dès à présent :

L'UTILITARISME. Il fut fondé par le philosophe anglais Jeremy Bentham à la fin du XVIIIe siècle. Pour évaluer une action individuelle ou une institution sociale, son critère unique est la maximisation de la somme des bonheurs des membres de la communauté, entendus comme la différence arithmétique des plaisirs moins les peines. Comme on le voit, la répartition du bonheur n'est pas prise en compte. Henry Sidgwick ainsi que John Stuart Mill en sont des représentants.

LE MARXISME. Marx considère que dépossédé des moyens de production, le prolétaire est exploité par le capitaliste. Poussant la déchéance du prolétaire à l'extrême, le capitalisme creuse sa propre tombe. La révolution fera advenir un monde sans propriété privée, sans Etat, sans classes où l'homme sera libéré de toute nécessité économique.

JOHN RAWLS. Ce philosophe américain publia en 1971 un livre qui secoua le landerneau de la philosophie sociale. Sa théorie ne vise pas à concevoir une organisation sociale idéale mais elle énonce et justifie les critères permettant de stipuler que telle organisation sociale est juste ou non. Le critère le plus original et le plus marquant est que les inégalités sont admissibles à la condition qu'elles permettent d'améliorer le sort des moins favorisés.

---

[1] M. Sandel, *Justice : What's the Right Thing to Do ?* New York, Farrar, Strauss and Giroux, 2010 (trad. fr. de P. Savidan, *Justice*, Paris, Albin Michel, 2016, p. 34).

LE LIBERTARISME[1]. Son principal porte-parole est le philosophe américain Robert Nozick qui s'en fit le héraut dans un ouvrage paru en 1974. John Locke, philosophe anglais du XVIIe siècle est un lointain précurseur. La liberté et la propriété privée sont des principes absolus qui ne doivent souffrir aucune limitation. L'Etat, qui les limite par la force des choses, en devient donc illégitime. Une répartition de la richesse qui respecte propriété et liberté est inattaquable.

Quel est le niveau d'inégalité admissible ? Parmi les causes qui génèrent de l'inégalité, lesquelles ont le pouvoir de la justifier et dans quelle mesure ? Ces questions divisent les philosophes comme elles divisent les politiciens, les économistes et les praticiens des sciences humaines. On est de gauche ou de droite en philosophie sociale et dans les sciences humaines comme on l'est en politique ou dans l'opinion publique.

Comme le montre la définition de la justice de Sandel, l'inégalité est une variable pluridimensionnelle. Il y a bien-sûr l'inégalité la plus visible : l'inégalité pécuniaire. Elle-même se marque à deux niveaux : le revenu et le patrimoine. La concentration des patrimoines est toujours supérieure à celle des revenus. Cette vérité statistique s'explique par le fait que l'homme peut subsister sans patrimoine mais pas sans revenu.

D'autres formes d'inégalité lui coexistent ; elles concernent :

— les devoirs et contraintes auxquelles les personnes sont soumises ;

— les droits et protections ainsi que la parcelle de pouvoir qui leur sont accordés ;

— le prestige et la reconnaissance dont elles jouissent.

Par exemple, ceteris paribus, si un changement législatif raccourcit le délai de préavis pour licenciement, l'inégalité

---

[1] Le *libertarisme* ne doit pas être confondu avec le *libéralisme*. Le libéralisme n'est pas une théorie de la justice mais une théorie de l'organisation sociale. Les libertariens sont libéraux mais beaucoup d'économistes libéraux ont adhéré à l'utilitarisme : Ricardo, Mill, Jevons, Edgeworth... Et un libéralisme de gauche pourrait se revendiquer de la pensée de Rawls.

sociale aura augmenté. Dans sa globalité, elle est donc non mesurable. Par contre, l'inégalité pécuniaire met en jeu des données quantifiables, ce qui la rend mesurable, sinon directement comme la température ou la distance, au moins indirectement. Il s'agit donc d'estimation plutôt que de mesure au sens strict. Les économistes ont mis au point divers étalons de mesure statistiques, certes imparfaits mais néanmoins informateurs[1]. Le plus connu est le *coefficient de Gini*, compris entre 0 (tous les individus ont le même revenu) et 1 (tout le revenu accaparé par un individu). Le lecteur intéressé trouvera facilement la formule de calcul, par exemple sur Wikipédia.

L'inégalité se mesure également par le ratio de revenu entre un décile ou un centile plus riches et un décile ou un centile plus modestes. Par exemple, l'expression P90/P10 = 3 signifie que le revenu moyen du groupe de personnes (1% du total) caractérisé par le fait que 10% sont plus riches et 89% moins riches est trois fois plus élevé que celui d'un autre groupe de même taille caractérisé par le fait que 90% sont plus riches et 9% sont moins riches. Moitiés, quartiles, quintiles, déciles et centiles de revenu élevé, moyen ou faible sont associés en une multitude de ratios servant d'étalon.

Autre indicateur, la part du revenu total obtenue par le centile, le décile ou le quintile supérieurs ou par le centile, le décile, le quintile ou la moitié inférieurs. Par exemple, les 10% les plus riches captaient 45,7% du revenu national avant impôt aux Etats-Unis en 2015[2].

La répartition des revenus peut aussi être exprimée graphiquement. Le diagramme le plus connu est la fameuse *pyramide des revenus*. Sa hauteur représente l'échelle des revenus et sa largeur le nombre d'individus dans la tranche considérée. Elle a plutôt la forme d'une toupie pour reprendre l'expression de l'économiste italien Vilfredo Pareto, parce que

---

[1] Les quelques paragraphes qui suivent ont une nature plus technique. Le lecteur rebuté peut les passer sans inconvénient.
[2] Source : World inequality database.

l'écart entre le revenu extrême et le *revenu modal*[1] est plus grand vers le haut que vers le bas.

Un autre graphique est la *courbe de Lorenz*. Sur l'abscisse est porté le pourcentage de la population (de zéro à cent) en partant du revenu le plus bas jusqu'au plus élevé. L'ordonnée indique le pourcentage cumulatif (de zéro à cent) du revenu total obtenu par la part correspondante de la population. Cette courbe est croissante et concave[2].

Deux paramètres essentiels intervenant dans l'analyse des revenus sont :

— le *revenu moyen* : c'est le revenu total du groupe considéré, divisé par le nombre d'individus.

— Le *revenu médian* : c'est le revenu caractérisé par le fait que 50% des individus gagnent plus et 50% moins. Sur notre graphique, il s'agit d'une ligne horizontale qui coupe la surface de la toupie en deux parts égales.

Vu la forme en toupie, le revenu moyen est nécessairement plus élevé que le revenu médian. Les revenus les plus élevés pèsent de façon disproportionnée dans le revenu moyen. Le revenu médian caractérise le bien-être général d'une collectivité plus fidèlement que le revenu moyen mais il est cependant moins utilisé dans les statistiques économiques.

Dans la foulée d'économistes comme Thomas Piketty et Emmanuel Saez, cette corporation commence à s'intéresser à l'inégalité qu'elle avait tendance à bouder auparavant. La collecte des données dans les différentes parties du monde s'améliore grâce à la *World Inequality Database*. Son site Internet www.wid.world/fr assure la diffusion de l'information qui est aisément disponible. Le « Capital au XXIᵉ siècle » de Piketty, qui croise ces statistiques dans tous les sens, est devenu un best-seller.

---

[1] La tranche de revenu modale est celle dont l'effectif (nombre d'individus) est le plus élevé.
[2] Elle serait rectiligne si tous les individus avaient le même revenu.

Comment exprimer un objectif de réduction des inégalités sans rester dans le vague ? Il s'agit là d'une décision fondamentale pour tout parti de gauche. Nous pourrions nous donner comme cible un *coefficient Gini* ou un ratio entre déciles. Mais on n'échafaude pas un programme gouvernemental avec ce genre de donnée. D'abord parce que l'aspect pécuniaire n'est qu'une dimension de l'inégalité parmi d'autres. Ensuite parce que les mécanismes par lesquels l'inégalité d'établit sont significatifs. Leur empreinte marque le ressenti de la population autant que les chiffres eux-mêmes.

La pièce centrale de la justice est ce qu'on appelle la *répartition*. Le terme *distribution* est parfois utilisé comme synonyme. On produit pour satisfaire les besoins. Il en sort un flux de bien sur une période de temps par exemple l'année ; c'est le produit annuel. C'est ce produit qui est l'objet de la répartition. En économie, *revenu* et *produit* sont quasiment des termes équivalents, car le revenu de chaque individu est la part du produit qu'il obtient et il n'y a que le produit à partager. Divers systèmes de répartition ont existé aux différentes époques. Actuellement prévaut le salariat capitaliste. Les forces du marché, l'offre et la demande, déterminent la rémunération des facteurs de production, principalement le travail et le capital. La répartition telle qu'elle est initiée par le marché s'appelle la *distribution primaire* ; elle est directement branchée sur le processus de production. La circulation monétaire voile le caractère physique de la répartition mais ne l'altère pas fondamentalement. Dans les sociétés modernes, une *redistribution* vient se greffer en aval de la distribution primaire et l'Etat en est l'artisan. Elle déplace des revenus de certains ménages vers d'autres. Ces revenus transitent par le compte de l'Etat qui agit comme une gare de triage entre des flux entrants et des flux sortants :

— ENTRANTS : la fiscalité et la parafiscalité (cotisations sociales obligatoires) prélèvent les fonds nécessaires à destination du budget de l'Etat et de la sécurité sociale ;

— SORTANTS : certaines catégories de citoyens caractérisées par un besoin spécifique se voient accorder des allocations déboursées par l'Etat, qu'on appelle *transferts*.

L'Etat offre aussi certains services[1] gratuitement ou à un prix ne couvrant pas le coût. Cette opération vise d'autres fins que la redistribution du revenu mais elle y participe dans la mesure où les revenus les plus taxés supportent une part du coût plus élevée.

Quelle est l'efficacité de la redistribution en Europe ? L'étude précitée de Blanchet et al montre qu'elle est à la fois utile et insuffisante. En 2017, elle augmente le revenu moyen des 50% des Européens les moins riches de 40% et réduit le revenu moyen des 10% les plus riches de 25%. En conséquence, le revenu moyen des 10% les plus riches n'est plus que six fois supérieur au revenu moyen des 50% les moins riches, au lieu de huit fois avant redistribution[2].

Généralement, plus on est aisé, plus on paie d'impôt, du moins si le système fiscal ne comporte pas trop de failles. Pas seulement à cause de l'impôt progressif— beaucoup d'impôts ne le sont pas, par exemple les taxes indirectes— mais aussi parce que la matière à taxer est supérieure. Il règne donc dans ces milieux l'impression d'être des philanthropes malgré eux, ce que leurs porte-parole n'ont de cesse de rappeler et de dénoncer.

Le débat politique et son jumeau philosophique tournent donc essentiellement autour de cette redistribution, réclamée à gauche et vilipendée à droite. Les impôts et les transferts y sont envisagés comme une technologie sociale derrière laquelle les classes se disputent pour décider à quel endroit du gâteau social planter le couteau de la répartition.

---

[1] La dépense finale des pouvoirs publics (autrement dit, hors transferts) représente de 20 à 25% du revenu national des pays européens.

[2] Blanchet et al., art. cit. p.44 et 47. Ces données comptent les pensions dans la distribution primaire.

Avant d'explorer la redistribution sous l'angle économique et sous l'angle politique, deux remarques préalables permettent d'en mesurer l'enjeu plus précisément :

— Toute la redistribution ne fait pas circuler le revenu « verticalement » entre les riches et les pauvres. Une grande partie est « horizontale », des bien-portants vers les malades et invalides, des ménages sans enfant vers les familles avec enfant, des actifs vers les personnes âgées.

— Tout le monde paie des impôts (au moins les taxes indirectes) et tout le monde bénéficie sinon de transferts, au moins des services publics. Une partie des impôts que chacun de nous paie lui revient donc. Ces sommes passent par l'appareil redistributeur mais elles ne sont pas effectivement redistribuées.

La problématique de la redistribution est liée à celle de l'efficacité économique. Il nous faut d'abord comprendre ce qu'est l'efficacité, ou plus précisément comment les économistes la conçoivent. De prime abord, on penserait à la croissance du produit intérieur brut (PIB). Mais si la croissance de la prospérité dépend de l'efficacité, elle ne se confond pas avec elle. Les microéconomistes sont ceux qui étudient nos comportements de façon théorique. Leur étalon de l'efficacité est une variable non pécuniaire : l'*utilité*[1]. Ce choix est guidé par l'idée qu'il ne suffit pas de produire ; encore faut-il que l'on produise les biens qui rencontrent le mieux les besoins. L'utilité est l'indice de la satisfaction des besoins. Les besoins sont divers et hétérogènes. Derrière l'utilité se profile donc l'hypothèse qu'il est possible d'agréger les différentes satisfactions en un indice unique. Evidemment, dans l'utilité des économistes n'interviennent que les besoins qui peuvent être satisfaits par une production, en gros les besoins matériels.

Une *fonction d'utilité* est une fonction mathématique qui attribue une valeur d'utilité à chaque quantité d'une variable

---

[1] L'utilité est devenue un concept clé de l'économie politique depuis l'avènement de l'école néoclassique dans les années 1870.

indépendante, par exemple la consommation totale d'un individu. Il a paru contre-intuitif à une majorité d'économistes que l'utilité soit mesurable, raison pour laquelle un concept d'utilité ORDINALE a supplanté l'utilité mesurée cardinalement. Il permet de dire que le bien A apporte plus d'utilité au consommateur que le bien B, sans qu'il faille les chiffrer. L'utilité ordinale est propre à l'individu. Elle ne peut être ni comparée ni additionnée à celle d'autres individus. Les économistes n'évitent toutefois pas une certaine ambiguïté, car malgré leurs professions de foi ordinalistes, leurs modèles font encore régulièrement usage des fonctions d'utilité.

Le marché est le lieu où les individus échangent entre eux. Pour analyser les actions qu'ils y mènent, les économistes doivent supposer un type de comportement standard. Ainsi est né l'*homo economicus*, c'est-à-dire en théorie chacun d'entre nous. Il se caractérise par la rationalité ; pour les économistes, cette qualité signifie que ses choix sont motivés par son seul bien-être individuel, dont le marqueur est évidemment l'utilité. Autrement dit, les individus règlent leurs échanges de façon à maximiser leur utilité. Ce postulat de rationalité a été très critiqué.[1] La critique peut prendre deux voies qui sont finalement analogues : soit l'individu n'est que modérément rigoureux dans la maximisation de son utilité ; soit d'autres facteurs que l'utilité influencent censément les choix individuels.

Les économistes ont démontré[2] que, moyennant certaines conditions comme la concurrence parfaite, laisser faire les forces du marché mène l'économie vers un *optimum*. On se doute que le concept d'optimum est lié à la maximisation de l'utilité. Mais il ne peut s'agir de l'addition des utilités individuelles qui sont immesurables. Le concept d'optimum

---

[1] Notamment par les économistes Herbert Simon, Amartya Sen et Daniel Mc Fadden.

[2] " Démontré " au sens mathématique. Evidemment les équations biaisent toujours la réalité socio-économique dans la sélection des variables prises en compte.

qui s'est imposé est celui de Pareto[1]. L'*optimum de Pareto* signifie que chaque agent maximise sa propre utilité, compte tenu de son allocation de départ. Autrement dit, à l'optimum, la situation d'aucun agent ne peut être améliorée sans dégrader celle d'au moins un autre agent. L'optimum est donc relatif à la répartition initiale de la richesse. Il ne s'agit pas d'un idéal dans l'absolu. Mais les économistes Oskar Lange et Abba Lerner[2], disciples de Pareto, ont également démontré ce qu'on appelle parfois le *deuxième théorème fondamental du bien-être*, à savoir qu'il existe un *optimum de Pareto* pour toute distribution initiale de la richesse et que toute redistribution est donc compatible avec l'optimum de Pareto. Le corollaire est cette maxime que les économistes adressent aux politiciens : redistribuez si vous le voulez, mais laissez les forces du marché déterminer librement les prix et les quantités échangées. Toutefois, les économistes ne sont pas unanimes. Friedrich Hayek, plus à droite, estime que la conception néo-parétienne néglige l'aspect stimulation. Et Joseph Schumpeter considère que l'efficacité dépend beaucoup moins de l'optimalité de l'allocation des biens que de l'innovation.

Mon opinion est que l'addition ou la comparaison interpersonnelles de l'utilité sont admissibles lorsque l'analyse ne revendique pas un statut scientifique : dans ce cas, la notion d'*utilité sociale* est parfaitement signifiante. Considérons la production de biens destinés à satisfaire la demande individuelle. L'individu consommateur voit son utilité augmenter. Si l'*utilité sociale* est la somme des utilités individuelles, la variation de l'utilité individuelle doit se répercuter d'une façon ou d'une autre sur l'utilité sociale. Cette

---

[1] C'est l'économiste italien Vilfredo Pareto (1848-1923) qui est à l'origine du concept. Ce penseur a deux visages : comme économiste, ses positions modérées sont utiles à un débat serein. Comme philosophe, ce polémiste réactionnaire est passionné, hautain et souvent dans l'outrance.

[2] Comme Pareto, ces deux économistes appartiennent à l'école néoclassique qui domine l'économie politique depuis la fin du dix-neuvième siècle, mais ils sont "de gauche".

transmission prend un tour différent selon les circonstances. Commençons avec un exemple illustrant le cas le plus simple et le plus direct : une chemise est vendue à tel consommateur ; son utilité personnelle s'enrichit de celle que lui rapporte la chemise. Ceteris paribus, l'utilité sociale a logiquement progressé dans une mesure équivalente. Cas alternatif : un avocat « produit » une mise en demeure adressée à un adversaire de notre consommateur. Celui-ci y trouve de l'utilité mais quelqu'un d'autre voit probablement son utilité diminuer. La société n'a pas nécessairement gagné à cette démarche et elle pourrait même y avoir perdu. Autre exemple : les vendeurs de firmes concurrentes ont pour fonction de se disputer le marché. L'employeur trouve de l'utilité au succès de ses vendeurs. Les actions des vendeurs d'entreprises concurrentes s'annulent mutuellement, laissant pour toute utilité à la société celle du produit tel qu'il résulte du travail des ingénieurs et des ouvriers. Quatrième exemple : sur les marchés boursiers, les institutions financières se livrent une guerre de la vitesse pour profiter des opportunités spéculatives ; leurs services informatiques engagent des moyens techniques et humains considérables dans cette compétition qu'on appelle le *trading à haute fréquence*. Cette activité rapporte de l'utilité aux investisseurs " qui font mieux que le marché ", mais au détriment des autres.

Le capitalisme moderne évolue depuis longtemps vers la tertiairisation. Une part croissante des travailleurs produit de l'utilité pour ses clients, qui ne se transmet pas ou pas pleinement à la société. Parfois l'*utilité sociale* diminue même. L'économiste hollandais Jan Tinbergen appelle ce phénomène la *contreproduction*[1]. Il estime que la société tire néanmoins une utilité indirecte de ces activités. Par exemple, l'activité vente est nécessaire au fonctionnement de la concurrence dont on sait le rôle essentiel pour mener à l'optimum. Le fond de cet argument est correct, mais le long terme voit ce type d'activités gonfler et gonfler. Et dépasser largement les besoins de l'utilité indirecte de Tinbergen. Prenons l'exemple du secteur financier.

---

[1] " Contraproduktie " en Néerlandais.

Sa part dans le PIB américain est passée de 2,8% en 1950 à 4,9% en 1980 puis 8,3% en 2006 et se maintient aux environs de 8% depuis lors[1]. Au milieu du XXe siècle, offreurs et demandeurs de capitaux n'avaient pourtant aucune difficulté à se rencontrer au bénéfice de l'économie. Et la principale crise économique du XXIe siècle a été causée par la prise de risque débridée des sous-secteurs les plus en pointe. Socialement, cette évolution représente un gaspillage de ressources et dans les pires des cas une destruction d'utilité. Comment s'explique une telle aberration ? Le moteur de l'échange est l'intérêt individuel. Les demandeurs de services contreproductifs sont principalement les riches capitalistes et les grandes entreprises. Une part importante de leurs dépenses vise à consolider leur puissance. Souvent au détriment de l'Etat et donc du contribuable moyen. Comme lorsque le fiscaliste aide son client à profiter des failles de la législation pour ne pas payer les impôts que la raison voudrait qu'il paye.

La contreproduction ne doit pas être confondue avec un jugement sur l'utilité de telle ou telle activités. Son essence est la génération solidaire d'une utilité et d'une désutilité à la suite d'une rivalité. Il est vrai qu'il n'y a pas de marchés financiers sans spéculation, de concurrence sans vendeurs, de justice sans avocats et que le bon fonctionnement de la société nécessite une certaine dose de contreproduction. Pour la classe dominante et riche, les enjeux financiers sont plus grands que pour le reste de la société et elle dispose de plus de moyens financiers pour faire valoir son intérêt. C'est la volonté de pouvoir des individus qui la composent, qui propulse les activités à caractère rival à un niveau hors de raison. Les professionnels de la contreproduction les plus efficaces, les plus compétents, les plus aguerris, qui sont aussi les plus chers, sont quasiment monopolisés par cette classe.

Parmi ces branches hypertrophiées se trouve le secteur privé juridique : les services juridiques des entreprises, les bureaux

---

[1] R. Greenwood, D. Scharfstein, « The Growth of Modern Finance », *Journal of Economic Perspectives*, 2013, vol. 27 n° 2, p. 3 (ma traduction).

d'avocats, les huissiers... En France, le poids des professions juridiques représente 400.000 emplois et 2% du PNB (en incluant les activités paralégales)[1]. En Grande-Bretagne, la production de « l'industrie juridique » valait 1,6% de la valeur ajoutée brute en 2021 et ce pourcentage n'inclut pas les cours et tribunaux ni les services juridiques appartenant à d'autres secteurs de l'économie[2].

Une grande partie de l'activité des grands bureaux d'avocats consiste à transformer en capital une variété de biens toujours en expansion et à les protéger toujours mieux des créanciers et du fisc. Pour ce faire, ils jouent avec les limites de la loi. Les bureaux d'avocats explorent de nouvelles voies juridiques favorables à leurs riches clients (par exemple, le fait de breveter le vivant), qui sont ensuite validées (ou pas) par la jurisprudence et, si nécessaire, par la loi. Parmi les affaires traitées peu utiles ou nuisibles à la société, il y a les luttes entre héritiers dans les riches familles, les fusions et acquisitions de sociétés (notamment les OPA), la mise en place de structures faisant échapper des revenus au fisc, l'arbitrage privé de litiges soustraits à la compétence des tribunaux ordinaires, l'intimidation contre les lanceurs d'alerte et les journalistes...

Dans la plupart des parlements, les juristes représentent une part importante des députés. Professionnellement, leur intérêt n'est certainement pas que les lois et les procédures soient simples et claires. L'action des lobbies complexifie encore la législation. Le droit et la justice en sont devenus une usine à gaz lente, chère et peu efficace. Les milieux riches et puissants parviennent trop souvent à mettre en échec l'application des lois qui les contrarient ou à échapper à leur responsabilité civile en cas de préjudice causé à autrui.

Le cas de la contreproduction fait apparaître en filigrane l'avantage de raisonner en termes d'utilité plutôt qu'en termes

---

[1] AFJE. L'impact économique des professions juridiques en France. 02/07/2021. www.afje.org/actualite/limpact-eco-des-professions-juridiques-en-france--261

[2] TheCityUK. *Legal excellence, internationally renowned.* December 2022. www.thecityuk.com.

pécuniaires. Dans le revenu national, les valeurs produites par toutes les activités s'additionnent, quel que soit leur effet en matière d'utilité.

La recherche par chacun de son intérêt individuel ne mène donc pas nécessairement à la maximisation de l'utilité sociale. Cette optimisation est pourtant un des dogmes du libéralisme, qui remonte à bien avant Pareto et ses héritiers. Son affirmation par l'économiste écossais Adam Smith, avec la métaphore de la *main invisible*, en 1776 reste un des canons de cette idéologie.

> Ce n'est pas de la bienveillance du boucher, du brasseur ou du boulanger que nous attendons notre dîner, mais de leur souci de leur propre intérêt[1].

> ...en dirigeant cette industrie de manière à lui faire produire la plus grande valeur possible, il ne vise que son propre gain et il est en cela, comme dans beaucoup d'autres cas, conduit par une main invisible à servir une fin qui n'entre nullement dans ses intentions[2].

Dans l'exemple de Smith, le boucher et les autres cherchent à gagner des clients en leur rendant le meilleur service et travaillent ainsi au bénéfice de la société. Dans beaucoup de situation, l'optimum social résulte indéniablement de la poursuite de l'intérêt individuel. Mais la généralisation est abusive. Smith n'a pas envisagé la contreproduction. Plus loin dans l'ouvrage, nous rencontrerons un autre phénomène présentant des similitudes avec la contreproduction et entravant lui aussi l'optimum social : les *externalités*.

Revenons à la redistribution, que la doctrine économique libérale préfère aux interventions sur le marché. Mais quand elle est au centre du débat, les libéraux deviennent moins complaisants. Pareto est même très remonté, comme

---

[1] A. Smith, *An Inquiry into the Nature and Causes of the Wealth of Nations*, London, Methuen & Co., 1904, p. 16 (ma traduction).
[2] Ibidem, p. 421.

l'indiquent ces idées qu'il expose dans son ouvrage « Les systèmes socialiste ». Voyons-en un florilège. Le premier groupe d'arguments attaque la légitimité de l'impôt.

L'impôt, nous dit Pareto, ne diffère pas fondamentalement des expropriations effectuées à des fins socialistes à l'encontre de la propriété privée. Les distinguer « revient à prendre pour base d'une classification non les choses mais les noms dont on décore les choses. » Le fait que les impôts servent pour les BESOINS de la collectivité ne suffit pas à justifier ce distinguo. Pareto critique cette notion de besoin bien trop vague et fourre-tout. L'impôt, ce sont « des sommes que (les hommes qui gouvernent) emploient selon ce que leur dicte leur raison, leurs préjugés, leurs intérêts et parfois leur caprice. » Les impôts servent rarement l'intérêt des gouvernés, « souvent l'intérêt exclusif des gouvernants et de leurs partisans parmi les gouvernés, fort souvent pour opprimer l'autre partie des gouvernés. » Il y a deux manières de s'enrichir : produire, ce qui demande un effort, et « s'emparer de la richesse produite par autrui ». La deuxième manière peut s'exercer soit par la violence illégale, soit au nom de la loi, par l'impôt : « aller déposer un bulletin de vote est chose très aisée et si, par ce moyen, on peut se procurer le vivre et le couvert, tous les hommes, et surtout les inadaptés, les incapables, les paresseux, s'empresseront de l'adopter[1]. »

Il est frappant qu'il ne vient jamais à l'esprit de Pareto que la distribution primaire comporte peut-être elle-même des failles qu'il convient de corriger pour assurer à chacun ce qu'il mérite. Cette distribution primaire n'apparaît jamais dans l'argumentation. Son bien-fondé est simplement postulé, ce qui est une manière subtile de la sacraliser. Il est plus facile de ridiculiser la redistribution qui comme toute entreprise humaine est souvent imparfaite.

Le deuxième groupe d'arguments blâme la démocratie, incapable de s'élever au-dessus de la démagogie. « Les

---

[1] V. Pareto, *Les systèmes socialistes*. Paris, Giard & Brière, 1902, pp.114-116

démagogues payent volontiers avec l'argent des autres en distribuant à leurs électeurs le produit de taxes variées. » Les électeurs ne votent que pour ceux qui leur promettent des privilèges. On ne les appâte qu'avec des gains. « Un gouvernement doit avoir un point d'appui (...) Si c'est sur les masses populaires, il faut leur sacrifier les riches (...) qu'on écrase d'impôts. » Pareto conteste « cette affirmation arbitraire, c'est-à-dire qu'un peuple est libre quand il n'est soumis qu'aux lois édictées par la majorité. De même il est des sectes qui nomment 'justice' la spoliation de la moitié moins un des citoyens par la moitié plus un[1] ». L'image véhiculée est celle d'une majorité du peuple irréfléchie, égoïste, assoiffée de la richesse produite par d'autres. Leur vote est totalement dénué de sens du bien commun, de valeurs éthiques ou autres. Ils ne comprennent rien au fonctionnement de l'économie. Pareto n'a pas trouvé de meilleure inspiration que la misanthropie.

Pareto énonce ces idées de façon crue et méprisante mais elles sont également présentes sous une forme plus feutrée dans une certaine littérature scientifique, chez des politologues et économistes américains adeptes de la "theory of social choice".

Après la seconde guerre mondiale, des économistes américains, suivis par des sociologues et des politologues ont appliqué leurs méthodes mathématiques de modélisation à l'analyse politique. Il en est résulté une théorie, dite *du choix social*, impressionnante par ses démonstrations rigoureuses et sophistiquées mais sommaire par la conception simpliste de la politique qui sous-tend ses hypothèses. Les débuts de cette science furent glorieux grâce à un théorème énoncé en 1951 par l'économiste Kenneth Arrow, connu sous l'appellation "théorème de l'impossibilité", parce qu'il démontre l'impossibilité d'agréger les préférences individuelles en préférences sociales.

---

[1] Ibidem, pp. 88, 93, 105.

L'individu homo economicus est l'atome de la science économique et ses préférences sont le phénomène qui sert de base à la plupart des analyses. Nous avons vu que, de ses interactions dans l'échange, il est possible de déduire un optimum. Mais l'optimum de Pareto ne hiérarchise que des situations découlant d'une répartition donnée des revenus. Pour dépasser cette limite, les économistes Abraham Bergson et Paul Samuelson introduisirent des préférences collectives dans l'analyse, qui ordonnent différentes distributions du revenu social ; leur modèle les intègre avec les préférences individuelles dans des *fonctions de bien-être social*. C'est ce type de démarche que le théorème de l'impossibilité a dans son viseur. Examinons-le.

Le théorème d'Arrow est en quelque sorte une généralisation mathématique du paradoxe du vote, bien connu depuis Condorcet au XVIIIe siècle : l'impossible choix commun entre trois options alternatives, A, B et C par trois individus lorsque l'individu X les classe ainsi : A >B >C ; pour l'individu Y, le classement est B >C >A ; pour l'individu Z, il est : C>A>B. Arrow démontre l'impossibilité d'agréger les préférences lorsque celles-ci ont un caractère rationnel (et sont donc transitives), qu'il y a plus de deux options et qu'on exclut qu'un dictateur impose le choix.

Ce résultat impressionna grandement toute une partie de l'intelligentsia américaine, à qui l'impossibilité du choix social apparut comme une vérité. L'économiste indien Amartya Sen en est un des principaux critiques. D'abord, constate-t-il, les élections ne demandent généralement pas aux votants de classer les candidats ou les options mais de choisir le préféré. Comme toujours, un théorème repose sur ses hypothèses et celles qu'Arrow a sélectionnées pour caractériser la rationalité sont discutables. Avec des hypothèses assez proches, Sen a élaboré un théorème démontrant la possibilité du choix social par le vote à majorité simple. Il put donc contester à bon droit le caractère dévastateur que beaucoup ont trop facilement reconnu au théorème de l'impossibilité.

Au-delà de ses hypothèses spécifiques, le théorème d'Arrow reflète les schèmes de cette école de pensée. Faire de l'individu cherchant à optimiser sa situation l'atome de la société semble logique à première vue mais les implications de cette hypothèse poussée à l'extrême, dessinent la même vision caricaturale de la démocratie que celle de Pareto. L'électeur n'y est guidé que par son intérêt économique personnel qu'il interprète au premier degré, sans comprendre que l'intérêt d'autrui peut être favorable au sien et sans que s'établissent des solidarités de groupes au sein de la population. En outre, il n'est jamais question de compromis social et l'électeur ne ressent aucun attachement à sa collectivité. Avec l'hypothèse d'électeurs aussi bornés, les conclusions comme celle d'Arrow ne sont pas étonnantes.

Le spectacle offert est celui d'une lutte des classes généralisée… sans les classes. L'économiste français Jacques Attali y voit « la réduction de la vie politique à une dispute d'enfants devant un gâteau[1] ». Il écrit encore :

> Aucune procédure constitutionnelle classique ne permet de déduire de préférences individuelles données a priori hors de la négociation, une volonté collective cohérente, un intérêt général (…) Certains en ont tiré la conclusion hâtive que seules les règles du marché permettent un équilibre social. Ce n'est pas sérieux. En fait, il n'y a pas de solution aux problèmes politiques, il n'y a que des règlements, c'est-à-dire des arbitrages de conflits entre des intérêts divergents[2].

---

[1] J. Attali, *Analyse économique de la vie politique*, Paris, Presses universitaires de France, 1972, p. 77.

[2] Ibidem, p. 62.
J'apprécie beaucoup la formule « pas de solution … que des règlements ».

7.
L'individu face à la collectivité

Les chapitres précédents présentaient l'évidement de la démocratie politique par la force tentaculaire du marché mondial comme un mal. Ce jugement ne fait pourtant pas l'unanimité. Pour un libéral, la démocratie politique est souhaitable quand doivent être prises des décisions qu'il juge du ressort normal de l'Etat. Pour les autres décisions, la volonté individuelle des acteurs privés prime ; le charme de la démocratie est alors hors de propos. C'est également mon opinion que nous souffririons d'un pouvoir politique qui serait habilité à tout décider quant à notre manière de vivre, aussi démocratique fût-il. Les contours légitimes de l'autorité de l'Etat constituent donc une question essentielle. D'une façon générale, le libéralisme tend à considérer que l'Etat doit s'abstenir d'intervenir dans les décisions à caractère socioéconomique. D'où la méfiance libérale à l'égard de tout discours jugé hostile à l'économie de marché et au libre-échange. Deux lignes d'argument sont généralement avancées : l'efficacité et la liberté de l'individu. Arrêtons-nous maintenant au lien entre démocratie et liberté individuelle.

En économie politique et dans les sciences humaines en général, les récits libéraux commencent souvent avec le même personnage, Robinson Crusoé, le héros de Daniel Defoe. Robinson est un individu rationnel, libre et isolé ; il pense pouvoir augmenter l'utilité qu'il tire des biens à sa disposition en pratiquant l'échange avec un autre individu, également libre et rationnel, et comme lui isolé jusqu'au moment de l'échange.

Robinson est censé personnifier chacun d'entre nous. Ce réseau dense et complexe d'échanges effectués par tous ces Robinsons libres et calculateurs constitue, selon les libéraux, la substance de la société.

Le lecteur, s'est-il parfois senti Robinson ? A mon avis, il s'agit là d'une illusion. L'individu, dans la condition humaine, n'est-il pas plutôt comme un voyageur sur un grand bateau au milieu de l'océan, mêlé à une foule d'autres passagers ? Quelle est la direction du bateau ? Mystère. Personne ne sait pourquoi ni comment il est là car personne ne se souvient avoir acheté une croisière. La mer est parfois agitée ; on a besoin d'un bon équipage, mais y en a-t-il un ? Aux passagers de se débrouiller. Chacun, à la fois, cherche la meilleure place pour lui-même, mais la plupart du temps est également attentif aux autres. Il faut répartir les corvées et les rations. De multiples décisions doivent être prises, mais comment s'y prendre ? Cette débrouille collective, selon moi, c'est cela la société.

Nous trouver ensemble sur le même bateau crée des liens puissants qui font partie de la nature humaine. Rien de ce qui se passe sur le bateau ne nous est indifférent. Nous ne devenons pas sociaux en concluant des contrats. Nous naissons tels, nous avons un engagement social qui commence à se construire dès avant notre naissance. Selon l'expression d'Aristote, l'homme est un " animal politique ". Les philosophes Alasdair MacIntyre et Michael Sandel défendent l'importance de l'appartenance communautaire comme un élément à ne pas négliger dans la philosophie sociale et se réfèrent tous deux à Aristote. Notre vie serait un chapitre d'un récit qui commence avant notre naissance et qui continue après notre mort, le récit d'une collectivité familiale, tribale, locale, nationale, humaine.

Certains philosophes discernent dans la condition humaine un *état de nature*. Un caractère qui serait le sien si l'homme ne vivait pas en société. Le passage de l'état de nature à l'état social donne alors lieu à un *contrat social*, car les attitudes de l'individu à l'état de nature sont difficilement conciliables avec l'état social. Ainsi Jean-Jacques Rousseau a-t-il découvert le " bon sauvage ", un homme qui, à l'état naturel, a peu de besoins, peu de revendications à l'égard de ses semblables avec qui il vit en harmonie tout comme avec la nature. Il ne connaît pas la propriété. L'état social est nécessairement une dégénérescence mais un bon contrat social sauvegarde la liberté de chacun. Une contrainte qu'on se donne à soi ne nuit pas à la liberté, d'autant plus que l'adhésion individuelle au contrat social n'est pas irrévocable. De son côté, John Locke, l'un des pères du libéralisme, caractérise l'*état de nature* par la liberté absolue de l'individu ; la propriété privée en est l'attribut majeur. Le *contrat social* a pour fonction de sauvegarder tant que possible cette liberté et cette propriété originelles dans l'état social. L'état de nature de Rousseau et celui de Locke, assez antagoniques, sont des abstractions de philosophe. Rien de tel n'a jamais existé dans la préhistoire de l'humanité.

Thomas Hobbes a lui aussi conçu un état de nature : la « guerre de tous contre tous », parce que les individus ne sont mus que par leur désir égoïste. Il faut alors un contrat social pour pacifier les relations et faire société, par lequel les individus acceptent d'être soumis au pouvoir absolu de l'Etat omnipotent, le *Léviathan*.

Plus que telle ou telle conceptions de l'*état de nature*, c'est l'idée même du passage de l'état de nature à l'état social qui est erronée. L'humain est intrinsèquement social. L'état de nature et l'état social ne font qu'un. La nature sociale de l'homme s'explique par la psychologie : l'interaction et la reconnaissance sont des besoins de l'individu. Mais aussi par le pragmatisme : le voisinage de autres produit sur la vie de chacun des effets, les uns agréables, les autres désagréables. La vie de l'individu au milieu des autres comme s'il était seul est simplement une impossibilité.

Certains auteurs libéraux croient tellement au passage de l'état de nature à l'état social qu'ils l'estiment réversible. Ainsi Buchanan et Tullock considèrent que la société doit reconnaître à l'individu le droit de retourner à l'état de nature, autrement dit de se retirer d'elle. Qu'il puisse se libérer des contraintes sociales à condition de renoncer à ses avantages. Ils y voient un "droit de l'homme". Un tel retrait est en fait impossible. Pour survivre, l'individu isolé a besoin d'objets. Soit il en est le propriétaire originel, soit il les acquiert par l'échange avec des membres de la société. Dans les deux cas, il conserve un lien social, car la propriété et l'échange sont des faits sociaux. A notre époque où toute terre est appropriée, il est impossible de se soustraire à l'ubiquité de la société.

Pour les tenants de l'état de nature, le contrat social est le sas par lequel l'individu présocialisé pénètre dans la société organisée. Mais le contrat social n'a pas besoin du passage de l'état de nature à l'état social pour être un concept utile. En effet, les manières d'organiser la coopération sont multiples ; les choix inévitables s'incarnent dans un contrat social implicite ou explicite.

Le philosophe américain John Rawls a une conception particulière du *contrat social*, qu'il n'appelle d'ailleurs pas ainsi. Il imagine ce qu'il appelle la « position originelle », une espèce de convention virtuelle rassemblant tous les êtres humains qui a pour objet de sélectionner les principes de justice qu'il est le plus souhaitable d'appliquer par la suite. Une caractéristique essentielle de ce caucus est que les participants ignorent quelle position ils occuperont dans la société mais aussi quelles seront leurs qualités personnelles, leur intelligence, leur force ; seront-ils handicapés ou bien-portant, habiles ou malhabiles... Le " voile de l'ignorance " garantit que les individus ne déterminent pas leurs préférences simplement en fonction de leur situation personnelle. *La position originelle* rawlsienne me paraît coextensive au *contrat social* puisque l'objectif est d'organiser au mieux la société en respectant l'intérêt de chacun. Mais ici aucun *état de nature* n'est postulé. Le lecteur trouvera au chapitre 10 les tenants et aboutissants de la convention rawlsienne.

La défense de l'individu face à la collectivité dans la société moderne est un des leitmotivs de la pensée libérale. Le débat qui s'ensuit comporte deux aspects :

— Un aspect factuel : existe-t-il une personnalité collective qui interagit avec les individus, douée d'une pensée et d'émotions propres ?

— Un aspect normatif : quels sont les droits respectifs de l'individu et de la collectivité ?

Le débat factuel et le débat normatif sont bien distincts. Affirmer l'existence de la personnalité sociale ne signifie pas lui accorder des privilèges. Ce qui n'empêcha pas nombre d'auteurs libéraux de nier l'existence de la personnalité collective d'une société ; ils rejettent ce qu'ils appellent la *conception organique* de la société. En faisant apparaître la société comme le produit du seul génie individuel, espèrent-t-ils renforcer la légitimité de l'individu ? Entrons dans le cœur du débat factuel.

Ludwig von Mises commence par qualifier la discussion de oiseuse et pédante ; il estime que « la controverse quant à savoir si le tout ou les parties sont logiquement premiers est vaine[1] ». Ce qui ne l'empêche pas de s'y engager allègrement. Il déclare « ... un collectif social n'a pas d'existence et de réalité en dehors des actions de ses membres individuels[2] ». Mises tire cette conclusion de l'argument selon lequel toutes les actions sont effectuées par les individus : un collectif ne peut agir que par leur entremise. Il donne cet exemple : c'est le bourreau et non l'Etat qui exécute le criminel. Cet exemple n'est pas des plus probants, car il mésestime l'aspect décisionnel.

L'argument de fond de Mises est celui-ci : la division du travail augmente la productivité. L'individu rationnel le comprend, ce qui motive sa tendance à la coopération.

> La société est le résultat d'un comportement conscient et intentionnel (...) Le complexe total des relations

---

[1] L. Von Mises, *Human Action*, Auburn, The Ludwig von Mises Institute, Auburn, 1949, p. 42 (ma traduction).
[2] Ibidem, p. 42

mutuelles crées par de telles actions concertées est appelé société[1].

Dans un monde hypothétique où la division du travail n'augmenterait pas la productivité, il n'y aurait pas de société[2].

L'individu, nous dit-il, tend les bras à la société par intérêt personnel, pas par une quelconque sympathie envers ses semblables, qui, quand elle existe, est l'effet et non la cause de la collaboration. Pour l'individu, la société n'est qu'un moyen à sa disposition pour atteindre ses fins personnelles.

Selon Mises, la société substitue la coopération à *l'état isolé de l'individu*, « à tout le moins concevable » — précise-t-il. On peut effectivement concevoir cet *état isolé* au même titre qu'on conçoit une licorne ou un cyclope ; cela ne lui confère aucune réalité. Contrairement à ce que Mises nous explique, la coopération ne répond pas à un choix intentionnel mais à un déterminisme, une nécessité vitale. Car dans la nature, l'individu humain est particulièrement mal pourvu, mal équipé. Son intelligence collective est précisément son principal atout[3]. De plus, la recherche de la synergie n'est pas seule en cause ; la socialité s'explique aussi par les *effets de voisinage*. Tout le monde ne vit pas sur une île presque déserte comme Robinson. La cohabitation d'individus sur un espace limité suscite des rivalités et de potentiels désagréments. Faire société, c'est aussi trouver un modus vivendi, instaurer des règles communes protégeant chacun des empiètements d'autrui. Des règles sans lesquelles la vie serait insupportable et qu'il faudrait instituer même si la division du travail n'accroissait pas la productivité.

L'ouvrage « The Calculus of Consent » des économistes James Buchanan et Gordon Tullock est devenu un classique de la

---

[1] Ibidem, p.143

[2] Ibidem, p.144

[3] Le besoin de coopérer se traduit par des stratégies qui sont, elles, intentionnelles mais qui font suite au besoin primaire de coopérer ressenti par l'individu. L'intentionnalité porte sur le comment, pas sur le pourquoi.

théorie du choix social. Ils échafaudent un modèle politique sur la même base que les modèles économiques. Par souci de simplification, le modèle met en scène une espèce de démocratie directe. Les individus y votent pour ou contre les actions collectives proposées, en fonction d'un calcul rationnel centré sur leur intérêt propre. Lors de ces votes, ils établissent entre eux des coalitions temporaires selon la logique du gain mutuel.

Les auteurs pratiquent la méthode empirique, habituelle chez les économistes néoclassiques. Construire un modèle, c'est mettre des hypothèses sous forme d'équations, traiter ces équations (par exemple, calculer des dérivées) et les combiner de façon à obtenir un résultat mathématique censé exprimer un caractère de la réalité sociale. L'important n'est pas que les hypothèses soient réalistes mais que le modèle " fonctionne ", c'est-à-dire qu'un parallèle puisse être établi entre ses résultats et les phénomènes réels[1]. Dans le cas présent, l'absence de *société organique* est postulée ; les auteurs veulent montrer que la théorie peut s'en passer. Dans le modèle, l'Etat est un corps totalement passif : toute l'initiative politique revient aux individus.

L'individu du modèle cherche à minimiser le *coût externe*[2] auquel il est soumis, que le modèle considère comme sa variable décisionnelle. La thèse centrale est que, abstraction faite du coût de la prise de décision sensu stricto, la constitution politique idéale requiert que la décision se prenne à l'unanimité. Elle conduit les auteurs à rejeter le vote à majorité simple, généralement considéré comme un fondement de la démocratie. L'explication est celle-ci : la règle unanime offre à chaque votant une espèce de droit de véto contre une action politique qui lui imposerait des coûts externes inacceptables.

---

[1] Cette méthode, théorisée par Milton Friedman, me paraît contestable. Il est évident que la conjonction de plusieurs hypothèses fausses peut produire un résultat correct, simplement parce que les erreurs compensent leurs effets.

[2] Le coût externe supporté par l'individu est l'ensemble des coûts de toutes natures qui ne proviennent pas directement de son activité propre.

Ce raisonnement commet une grossière erreur : il néglige les coûts externes causés par les activités privées, coûts que justement les décisions politiques cherchent généralement à abaisser. Les auteurs justifient cette omission par l'assomption que ces coûts sont systématiquement annulés par le paiement contractuel de compensations financières. Pour chacun de ces coûts externes, les auteurs présument l'existence d'un contrat de compensation dirimant qui assure un gain mutuel[1]. Cette conception est irréaliste et trop matérialiste. Tous les citoyens ne disposent pas des moyens nécessaires pour offrir une compensation ; et lorsque des valeurs sont en jeu, beaucoup n'acceptent pas de les monnayer : ils préféreront lutter pour la reconnaissance légale de leur droit plutôt que de payer pour qu'il soit respecté, même une somme inférieure à l'utilité que ce droit leur procure.

Le travail des auteurs, qui fait appel à des techniques courantes en économie politique (notamment la théorie des jeux) est impressionnant. Malgré cette performance, le modèle n'est pas sans faiblesse. Notamment, l'hypothèse que l'inégalité au sein de la société est suffisamment faible pour éviter la formation de coalitions permanentes, semble fort optimiste.

Si la société n'a pas d'existence organique, elle ne peut pas être sujette au jugement moral. Certains s'indignent et condamnent moralement la société capitaliste pour ses injustices. Hayek réprouve ces jugements. La morale — nous dit-il — n'existe qu'au niveau individuel. Une action ne peut être morale que si elle a été décidée librement par l'individu : « En dehors de la sphère de la responsabilité individuelle, il n'y a ni bien ni mal »[2]. Voilà qui paraît contestable. Prenons deux exemples patents : la shoah et l'esclavage en Amérique. Dans ces deux cas, comme dans beaucoup d'autres, l'idéologie et la pression sociales ont poussé les individus à commettre le mal. La

---

[1] Par exemple, le pollueur paie les victimes de la pollution pour continuer à polluer ou bien ces dernières le paient pour qu'il arrête de polluer.

[2] F. Hayek, *The Road to Serfdom*, New York, George Routledge & Sons. 1944, p. 216 (ma traduction).

responsabilité de la société en tant que telle est manifestement engagée de par le rôle que ses institutions ont joué.

Qu'on le veuille ou non, la conscience sociale est un acteur autonome de la vie en société, dont elle partage la scène avec les consciences individuelles. Mais elle est peu visible car elle est logée de façon disséminée au sein même des cerveaux des individus. La conscience sociale est une entité vaste et diversifiée. Elle inclut l'Etat et le droit, la morale, la religion, les goûts et la mode, le langage… Ainsi qu'une conception des attentes réciproques légitimes de la collectivité et de ses membres. La reconnaissance de la conscience collective et de son influence doit être mise au crédit d'Emile Durkheim, un des fondateurs de la sociologie moderne, ce qu'illustrent ces citations :

> Quand les consciences individuelles, au lieu de rester séparées les unes des autres, entrent étroitement en rapports, agissent activement les unes sur les autres, il se dégage de leur synthèse une vie psychique d'un genre nouveau[1].
>
> Le phénomène social ne dépend pas de la nature personnelle des individus. C'est que, dans la fusion d'où il résulte, tous les caractères individuels, étant divergents par définition, se neutralisent et s'effacent mutuellement[2].
>
> Et plus nous avançons dans l'histoire, plus la civilisation humaine devient une chose énorme et complexe ; plus par conséquent elle déborde les consciences individuelles, plus l'individu sent la société comme transcendante par rapport à lui[3].

---

[1] E. Durkheim, *Sociologie et philosophie*, Paris, Quadrige, 2014, p. 108.
[2] Ibidem, p. 30.
[3] Ibidem, p. 65.

Durkheim a beaucoup étudié la morale en tant qu'institution. Il considère que « la société est la fin éminente de toute activité morale », ce qui explique le paradoxe de la morale : pourquoi les individus défèrent à son prescrit potentiellement éprouvant. Leur attachement à la société procure à celle-ci le prestige pour représenter une autorité morale respectée, « ce qui est nécessaire pour communiquer à certaines règles de conduite ce même caractère impératif, distinctif de l'obligation morale ». L'idéal moral est social : « Ce que (la morale) nous prescrit de réaliser, c'est le type idéal de l'homme tel que le conçoit la société considérée[1]. »

En guise de conclusion, revenons au premier argument de Mises : toutes les actions sont le fait des individus. Certes, mais la présence du corps social en altère la substance.

Quels sont les droits respectifs de la collectivité et de l'individu ? Démêler l'écheveau de ces droits fait intervenir trois concepts proches ; j'appelle *corps social* la personnalité collective dont nous avons juste examiné l'existence, *autrui* l'ensemble des individus autres que l'individu de référence, EN TANT QU'INDIVIDUS, et *collectivité* l'ensemble formé par tous les individus et le corps social.

Quel objectif, la *collectivité* bonne doit-elle poursuivre, objectif qu'on reconnaît notamment dans la politique de l'Etat ? Hayek nous dit : la collectivité socialiste poursuit un but social, un but unitaire, valant pour l'ensemble des individus, alors que la collectivité libérale permet à chaque individu de poursuivre ses propres fins.

Un argument avancé pour justifier la prééminence des buts individuels est que seuls les individus peuvent être heureux ou malheureux. Cet argument est à la fois logique et plutôt vrai, donc convaincant. De façon générale, le bonheur des individus

---

A mon avis, Durkheim a tort de lier l'organicité de la société et le degré de civilisation. Dans les sociétés primitives, la solidarité de groupe est particulièrement forte.

[1] Ibidem, pp. 64,66,67

me paraît devoir primer sur les objectifs propres au *corps social* ; permettre aux individus de réaliser leurs propres buts est un moyen important pour y parvenir. C'est là un pan de la doctrine libérale que la gauche n'a pas de raison de rejeter.

Idéalement, l'autorité politique doit donc éviter de privilégier un objectif du *corps social*. C'est ici que la distinction entre autrui et le corps social prend tout son sens. Autrui, c'est nous tous. Chacun de nous est un élément de l'autrui de chacun de nos congénères. Affirmer la prééminence du bonheur de l'individu doit conduire l'autorité à se préoccuper de l'effet des actions individuelles sur le bonheur d'*autrui*. Car chaque individu a naturellement un double moi ; il est à la fois « l'acting man » de Ludwig von Mises et un élément de ce que j'ai appelé *autrui*. Lorsqu'un individu exerce une action donnée en vue de son bien propre, les inconvénients qu'elle cause à d'autres peuvent dégrader le bonheur d'individus que l'individualisme est censé maximiser. Une théorie individualiste qui néglige cette dimension n'est qu'à moitié individualiste.

Beaucoup de socialistes, surtout les marxistes, se sont fourvoyés dans la croyance que les individus devaient déférer aux objectifs du *corps social*. Reconnaître cette erreur n'implique pas que l'Etat doit abandonner le terrain social aux seules actions individuelles, car les premiers perdants seraient les individus eux-mêmes. Comme toujours, la voie idéale est un subtil mélange des contraires.

Le *corps social* est un élément fondamental de la collectivité, mais il doit se mettre au service des individus et non les assujettir. L'Etat est le défenseur de *l'intérêt général*, une notion qui intervient régulièrement dans le présent ouvrage. Mais l'intérêt général bien compris n'est pas celui du *corps social* ; c'est l'intérêt d'*autrui*. Un exemple de cet intérêt général est la lutte contre le réchauffement climatique. Lorsque le *corps social* impose cet objectif aux individus, il le fait non pour lui-même mais pour *autrui* ; autrement dit pour épargner des souffrances aux individus, car ce sont eux que le réchauffement malmène, pas le *corps social*.

La distinction entre le *corps social* et *autrui* est peu présente dans la littérature et on en comprend la raison. Libéraux et marxistes tirent profit de la confusion entre eux. Elle sert aux libéraux à négliger les effets sociaux et environnementaux des actions individuelles. Elle sert aux marxistes à justifier l'imposition aux individus d'objectifs fixés par les dirigeants politiques.

L'autonomie de l'individu par rapport au corps social implique que des droits lui soient reconnus. Mas en définir la substance n'est pas chose aisée. Considérons l'ensemble des droits qui ont été revendiqués à ce titre. Il est possible de les regrouper en quatre catégories :

— Les *droits publics* : le droit d'être traité respectueusement par l'Etat. C'est la liberté d'opinion, le droit de n'être poursuivi que pour des infractions aux lois, le droit à un procès équitable, l'interdiction des traitements inhumains et dégradants...
— Les *droits politiques* : le droit de participer à la gestion de la cité. Plus précisément, le droit de prendre part aux élections et de se porter candidat.
— Les *droits civils* : le droit de mener des relations avec les autres membres de la société. Par exemple, le droit de se marier, le droit de conclure des contrats, le droit de propriété.
— Les *droits sociaux et culturels* : le droit à la santé, à l'éducation, à la protection contre le risque de la pauvreté...

L'exercice de chacun de ces droits pose autant de questions qu'il n'apporte de réponses. Accommoder les divers droits de chacun avec ceux d'*autrui* est plus compliqué que la quadrature du cercle. C'est la raison pour laquelle le concept de *droit naturel*, assez courant chez les auteurs libéraux, ne convainc pas. Par *droit naturel*, il faut entendre tout droit appartenant à l'une des quatre catégories précitées, dont la justification peut être déduite d'un examen objectif de la nature humaine.

Sur la question des *droits naturels*, les auteurs libéraux se divisent : certains défendent cette notion, comme John Locke, Herbert Spencer et Murray Rothbard. D'autres sont plus influencés par l'eudémonisme de la doctrine utilitariste et trouvent le concept vain. Après avoir remarqué que la nature est insensible au bonheur humain, Mises écrit :

> Mais les enseignements de la philosophie utilitariste et de l'économie classique n'ont rien à voir avec la doctrine du droit naturel. Pour elles, le seul facteur qui importe est l'utilité sociale. Elles recommandent le gouvernement populaire, la propriété privée, la tolérance et la liberté non parce qu'ils sont naturels et justes mais parce qu'ils sont profitables[1].

David Hume pensait de même que les législations instituant la propriété privée se fondent sur l'utilité sociale.

Durkheim récuse également les droits naturels, constatant que « l'individualisme moral, le culte de l'individu humain est l'œuvre de la société » :

> Ces droits et ces libertés ne sont pas choses inhérentes à la nature de l'individu comme tel (...) Ce caractère lui a été surajouté par la société. C'est elle qui a consacré l'individu : c'est elle qui en fait la chose respectable par excellence. L'émancipation progressive de l'individu n'implique donc pas un affaiblissement, mais une transformation du lien social[2].

L'individualisme n'a pas été conçu par l'individu mais est lui-même une création sociale et il a fallu des millénaires de civilisation pour arriver à ce résultat.

Assurer tous les droits civils et sociaux simultanément à tous les citoyens est impossible. C'est pour cette raison qu'on ne peut pas les considérer comme naturels. Il est toutefois vrai que tous ces droits sont désirables par la dignité qu'ils confèrent à l'individu. Une bonne législation se doit de les concrétiser du mieux qu'elle le peut, sachant qu'elle ne le pourra pas pleinement. Les droits de l'homme sont donc une construction

---

[1] Von Mises, op. cit., p. 174.
[2] Durkheim, op. cit., p. 85

sociale. Le reconnaître ne revient pas à les rabaisser. Le *constructivisme* bien intentionné et bien raisonné est parfaitement respectable.

Respecter du mieux possible les quatre catégories de droits fait de l'Etat un bon Etat. Respecter parfaitement les deux premières (droits publics et droits politiques) en fait une démocratie, c'est -à- dire un pouvoir où le peuple est effectivement souverain. Les deux qualités essentielles qu'un pouvoir politique peut revêtir sont d'une part la légitimité et d'autre part le fait d'être sage et juste. La démocratie, seule, peut revendiquer la légitimité, mais elle n'offre pas la garantie de la bonne et juste administration. La légitimité est toutefois essentielle car aucun argument rationnel ne peut convaincre un individu de bonne foi qu'il doit obéir à un pouvoir illégitime.

N'en déplaise à Buchanan et Tullock, c'est la règle de la majorité simple qui consacre la légitimité de la démocratie. Aucun membre de la communauté ne doit accepter d'avoir moins de pouvoir que les autres et aucun ne peut revendiquer d'en avoir plus. Si on combine ces deux principes qui sont d'ailleurs deux faces d'un même principe, on aboutit nécessairement à la règle de la majorité simple. Buchanan et Tullock disputent vainement que l'exigence d'une majorité spéciale (par exemple les trois quarts) revienne à accorder le pouvoir de décision à une minorité. Augmenter le quorum permet, selon eux, de réduire le risque qu'une décision lèse des membres de la société. Certes, mais le statu quo peut également léser certains. Voter une loi ne demande pas seulement de s'interroger sur ses vertus intrinsèques mais aussi de la comparer au statu quo. Le fait que celui-ci préexiste au vote ne le gratifie pas d'une dignité supplémentaire ; l'existant est le résultat des contingences de l'histoire, souvent pleine d'injustices.

On attend des décisions qu'elles soient et légitimes et sages. La démocratie n'est pas immunisée contre les décisions inutiles, stupides ou gravement attentatoires aux droits de certains individus. Le garde-fou absolu n'existe pas, mais le système démocratique est mieux armé contre ces dérives que la dictature.

Le dictateur éclairé et bienveillant est un mythe. Ceux qui espèrent le pouvoir fort de l'homme providentiel pour nettoyer les écuries d'Augias sont dans l'illusions. On ne lutte pas mieux contre la corruption que par la transparence et la liberté d'expression. Le groupe qui dirige une dictature a peu de raisons de se montrer attentif aux problèmes rencontrés par la population et sera tenté de gérer les affaires à son profit.

La démocratie comme « dictature de la majorité » est un poncif répandu chez les auteurs libéraux depuis le fameux ouvrage « De la démocratie en Amérique » d'Alexis de Tocqueville (1835). Cet auteur regrette le vide que laisse la chute de l'aristocratie ; elle représentait un corps intermédiaire qui limitait le pouvoir du souverain. Quand le peuple est lui-même le souverain, son pouvoir se trouve illimité. La servitude est au bout du chemin.

> Lorsqu'un homme ou un parti souffre d'une injustice aux États-Unis, à qui voulez-vous qu'il s'adresse ? À l'opinion publique ? c'est elle qui forme la majorité ; au corps législatif ? il représente la majorité et lui obéit aveuglément ; au pouvoir exécutif ? il est nommé par la majorité et lui sert d'instrument passif (...) Quelque inique ou déraisonnable que soit la mesure qui vous frappe, il faut donc vous y soumettre[1].

Le face-à-face simple et direct entre une majorité et une minorité fait craindre aux théoriciens de l'individualisme que l'individu soit malmené quand il ne fait pas partie de la majorité. Comme je l'ai déjà remarqué, c'est la misanthropie, parfaitement déplacée, qui les leurre. L'électeur moyen n'est pas l'écervelé que certains se plaisent à voir. Il tente de tirer son épingle du jeu, mais il aspire le plus souvent à un gouvernement stable, efficace et humain. Il sait que les intérêts particuliers s'opposent sur certains points et qu'ils concordent

---

[1] A. de Tocqueville, *De la démocratie en Amérique*, Paris, Institut Coppet. 2012, p. 255.

sur d'autres, il déteste par-dessus tout les problèmes. Les politiciens le savent et tendent donc à se détourner des politiques aventureuses. Or trop profiter de sa majorité pour écraser la minorité revient à semer des problèmes qu'on récoltera par la suite. Une majorité parlementaire est toujours un mandat temporaire ; en profiter sans retenue, sans ménagement peut la faire perdre au scrutin suivant.

Le risque zéro n'existe jamais dans les affaires humaines, mais le choix judicieux du système constitutionnel et électoral améliore les chances d'éviter cet écueil.

D'abord, la *démocratie représentative*, souvent décriée, surpasse la *démocratie directe*. Le parlementarisme, bien qu'imparfait, est le meilleur système. Tous les citoyens même timides, peu instruits, pauvres, malades, peu disponibles ont une chance que leur voix soit entendue. Celui qui porte leur voix peut les trahir, objectera-t-on. Certes, mais au risque de ne pas être réélu. Et la presse libre a une responsabilité à cet égard.

Ensuite, le *scrutin proportionnel* est préférable au *scrutin majoritaire*. Outre le fait qu'il est plus démocratique car lui seul assure vraiment le principe " un homme, une voix ", l'obligation de négocier pour former des coalitions gouvernementales réduit le risque d'écrasement de la minorité. Une critique souvent entendue contre ce type de scrutin est que " ce sont toujours les mêmes qui reviennent au gouvernement ". Outre le fait que cette impression est excessive, la présence de ce sentiment chez les électeurs montre que les votes expriment rarement un souhait de changement, soit parce que ce souhait n'existe pas suffisamment, soit parce qu'il n'est pas traduit correctement.

Buchanan et Tullock adressent cette autre critique au vote à majorité simple, qu'il ne tient pas compte de l'intensité des préférences. Le vote d'un citoyen indifférent au problème posé compte autant que celui d'un individu dont le bien-être est directement affecté par la décision. Dans leur modèle simplifié de démocratie directe, les auteurs ne trouvent d'autre solution que l'instauration d'un marché des votes : les individus monnaient leur participation aux coalitions ; les plus affectés par un problème seront disposés à payer plus. L'injustice d'un tel système saute aux yeux. Les auteurs s'en défaussent trop aisément avec l'assomption d'une assez grande égalité économique. Le système parlementaire offre une solution plus solide. Lorsque les partis négocient la formation d'une coalition gouvernementale, le programme de compromis tient compte de l'intensité des préférences de chacun. Le poids des concessions acceptées ou exigées reflète cette intensité.

Malgré ces garde-fous, un individu ou une catégorie d'individus peuvent se retrouver gravement préjudiciés par la majorité. Il ne reste alors que l'objection de conscience et la désobéissance civile. Mais cette démarche comporte une dimension éthique. On ne peut y recourir à la légère contre des décisions jouissant de la légitimité. Il n'existe pas de critère formel irréfragable pour apprécier quand elle se justifie. Ce problème illustre bien la dimension cornélienne de la condition humaine.

8.

A chacun selon son mérite

Analyser la redistribution n'a de sens que si l'on porte préalablement son attention sur la distribution primaire. Les libéraux sont convaincus que celle qui résulte de l'économie capitaliste est saine et loyale, car l'effet des forces du marché est d'allouer à chaque membre ce qu'il mérite. Dans le débat, le mot « méritocratie » sera vite prononcé, avec un brin de fierté. Les plus riches sont ceux qui apportent le plus à la société du fait de leur capacité ou de leur effort supérieurs. Chacun mérite ce qu'il reçoit, chacun est responsable de ne pas recevoir ce qu'il ne reçoit pas.

Le sens commun, de son côté, considère aussi que le mérite est la base d'une distribution juste parce que la distribution selon le mérite est par excellence la distribution qui n'est pas arbitraire. Seraient arbitraires des distributions qui dérivent de privilèges fondés sur la naissance ou du copinage ; et également une distribution au hasard : si notre salaire était calculé par un lancer de dé, nous aurions un sentiment d'arbitraire. Par contre, notre mérite vient de nous ; c'est du moins ce que nous pensons et c'est certainement vrai dans une large mesure. Lier la rémunération au mérite est un principe respectable auquel la gauche aurait tort de ne pas souscrire. Mais comme nous le verrons, les choses ne sont pas si simples. Pour commencer, le concept de mérite est flou. A propos de l'opportunité de fonder la justice sur le mérite, Sidgwick s'interroge : reconnaît-t-on le mérite au succès, au résultat ou à l'intention et la volonté de mise en œuvre ? Explorant le mérite dans sa complexité, il termine sur cette conclusion désabusée :

nous devons de nécessité laisser à la Providence la réalisation de ce que nous concevons être l'idéal de justice et nous contenter de récompenser en proportion du service effectivement rendu[1].

C'est l'idée que le capitalisme rémunère les membres de la communauté selon leur contribution qui conduit les libéraux à qualifier ce système de *méritocratique*. Comme souvent, l'économie politique néoclassique n'est pas loin de l'idéologie libérale même si cette dernière prend parfois quelque liberté. Voyons comment les économistes néoclassiques expliquent la rémunération des facteurs de production.

Puisqu'il s'agit d'une économie de marché, comme tout prix, le salaire et l'intérêt sont déterminés par l'offre et la demande. L'offre n'existe que par le sacrifice d'individus qui renoncent à jouir d'un bien en leur possession. Le travailleur renonce à du temps pour lui qu'il offre à l'économie. Le capitaliste renonce à consommer aujourd'hui un revenu pour l'investir dans l'économie. A propos de l'épargne, les premiers économistes parlaient d'*abstinence*. Est-ce à cause du ridicule de ce terme lorsqu'il s'agit de personnes très riches ; toujours est-il que le concept d'*attente* l'a supplanté. Ici, la consommation est reportée. Le sacrifice demeure puisque l'individu est censé préférer une consommation présente à une consommation future. C'est le fameux principe d'*impatience* d'Eugen Böhm-Bawerk. A vrai dire, pour les personnes très riches, il ne fait pas plus sens que celui d'abstinence, mais il est un des piliers de l'économie politique depuis plus d'un siècle.

Après l'offre : la demande. Elle est le fait de l'entreprise. Celle-ci détermine la quantité demandée des facteurs de production en fonction de leur *productivité marginale*. Supposons qu'il y a deux facteurs, le capital et le travail et que leur prix sur le marché est une donnée sur laquelle la firme n'a pas d'influence, une hypothèse très courante chez les économistes qu'ils nomment *concurrence parfaite*. La firme accroîtra son effectif

---

[1] H. Sidgwick, *Methods of Ethics*. London, Macmillan & Co, 1874, p.259 (ma traduction).

de travailleurs jusqu'au point où les nouvelles unités cesseront de rapporter plus qu'elles ne coûtent. Même principe pour le capital. Comme on le voit, cette théorie s'appuie sur la présupposition que plus on engage d'un facteur lorsque la quantité de l'autre est donnée, moins il devient productif. C'est la très fameuse *loi de la productivité marginale décroissante*.

Cette théorie aboutit à ce qu'à tout moment, l'intérêt sur une unité de capital égale la valeur du produit marginal du capital et le salaire d'une unité de travail égale la valeur du produit marginal du travail[1]. Cela ne signifie pas que la productivité marginale détermine la rémunération. Elles sont plutôt co-déterminées simultanément dans le cadre d'un équilibre général. En cas de pénurie d'un facteur, sa productivité marginale augmente et il renchérit ; conséquemment, les firmes tentent de lui substituer les autres facteurs et il adviendra un nouvel équilibre avec des rémunérations modifiées.

Comment l'idéologie libérale met-elle le grappin sur la productivité marginale ? Par cette cascade sémantique : productivité marginale, d'où productivité, d'où contribution, d'où mérite. Cette façon qu'a le discours libéral de se servir de la loi de la productivité marginale pose plusieurs questions :

— Quelle est la validité de la loi néoclassique de la rémunération des facteurs ?

— La valeur du produit marginal, représente-t-elle vraiment la contribution individuelle ?

— La contribution, est-elle un marqueur légitime du mérite ?

La théorie de la productivité marginale apparaît dans un article de l'économiste américain John Bates Clark publié en 1889. Elle reçoit un renfort de poids en 1894 lorsque l'économiste britannique Philip Wicksteed lui donne une forme

---

[1] Le *produit marginal* du facteur de production est la variation de la production induite par une variation à la marge de la quantité employée de ce facteur lorsque la quantité des autres facteurs est constante. En gros, c'est la production imputable à la dernière unité du facteur. Il s'agit d'une quantité physique. Si on la multiplie par le prix de vente unitaire du produit, on obtient *la valeur du produit marginal*.

mathématique. Manipulant beaucoup d'algèbre, Wicksteed pose la très pertinente question : si chaque contributeur est rémunéré au tarif unitaire valant sa productivité marginale, le total de ces rémunérations, égale-t-il exactement le produit à partager ? Sa conclusion : ce n'est le cas que lorsque les *rendements d'échelle* sont constants, c'est-à-dire lorsque l'échelle de la production n'altère pas la productivité des facteurs. S'il y a des économies d'échelle, le produit total se révèle insuffisant ; si les rendements d'échelle sont décroissants, le partage laisse un solde qui offrira un profit net[1] à l'entrepreneur. La loi économique qui nous occupe connaît ainsi une première limitation. En voici une deuxième : il doit y avoir concurrence parfaite à la fois sur le marché des produits et sur les marchés des facteurs. Les économistes cambridgiens Arthur Cecil Pigou et Joan Robinson ont analysé le manquement à cette condition. Le salaire peut alors être inférieur à la valeur du produit marginal du travail. Eux-mêmes ont qualifié ce résultat d'« exploitation du travail ». Il convient de préciser que la concurrence parfaite est une condition assez irréaliste. Joan Robinson et d'autres économistes de Cambridge ont également soulevé un troisième problème : le calcul de la productivité marginale du capital implique la mesure de sa quantité. L'hétérogénéité du capital rend impossible de le mesurer autrement qu'en valeur monétaire. Mais cette valeur est dépendante du taux d'intérêt qui est précisément l'inconnue à déterminer. Toute une controverse s'ensuivit. La conclusion est qu'en dehors d'hypothèses irréalistes, il est impossible d'appliquer la loi de la productivité marginale à la rémunération du capital. La plupart des économistes préfèrent ignorer cette découverte peu à leur convenance.

---

[1] Je l'appelle « profit NET » car il s'ajoute à l'intérêt que cet entrepreneur gagnera s'il est détenteur du capital. Le terme profit a deux acceptions : l'acception commune de rémunération totale du capitaliste entrepreneur et l'acception économique qui ne retient de la première que la fraction qui dépasse l'intérêt normal.

Nombre d'autres problèmes théoriques minent la loi néoclassique de la rémunération[1].

Ainsi, certains facteurs sont fixes par nature. Tel est par exemple le cas du travail du CEO. Mais sans variabilité, le produit marginal n'est même pas déterminable. L'égalisation du produit marginal avec la rémunération suppose la substituabilité parfaite entre les facteurs de production puisque cette substitution doit rétablir l'égalité quand un événement extérieur la perturbe. Or la technologie n'offre pas toujours des possibilités de substitution suffisante entre les facteurs. De plus la substitution du capital au travail prend beaucoup de temps ; dans l'intervalle, notre loi économique ne peut pas jouer complètement. D'ailleurs les études empiriques ne la confirment généralement pas. Cela dit, à n'en point douter, la productivité marginale agit sur la rémunération, mais comme une force parmi beaucoup d'autres, dont des facteurs culturels et politiques.

Passons au stade suivant de la réflexion : le produit marginal, représente-t-il la contribution individuelle à la production sociale ? Si on retire une unité de travail, la production se contracte d'un volume équivalent au produit marginal du travail- par définition. Par hypothèse, les différentes unités de travail ont la même productivité (sinon il s'agirait de facteurs de production distincts) ; chaque travailleur rétribué suivant le produit marginal semble recevoir l'équivalent de sa contribution. Même chose pour le capital. A première vue, le produit marginal représente donc la contribution de chacun des intervenants dans la production. Mais un grain de sable vient gripper ce raisonnement. Le total des contribution ainsi déterminées ne s'égalise pas avec la quantité produite lorsque les rendements d'échelle ne sont pas constants. Une cause extrinsèque à la rémunération des facteurs selon leur contribution perturbe l'application de ce principe. Il paraît donc raisonnable de considérer que lorsque des facteurs de

---

[1] Je les analyse dans mon article en ligne « Sommes-nous rémunérés selon la productivité marginale ? » disponible sur www.mpra.ub.uni-muenchen.de/97663.

production différents coopèrent à la production, les contributions respectives des unités de ces facteurs sont indéterminées.

Nous en arrivons ensuite à la question du mérite. L'assimilation du mérite à la contribution individuelle est courante et déjà ancienne. Illustrons-la avec un économiste contemporain très renommé, Gregory Mankiw :

> Dans un équilibre concurrentiel, les facteurs de production sont payés la valeur de leur produit marginal. Ainsi le revenu de chaque personne reflète la valeur de ce qu'il a apporté à la production sociale de biens et services. On peut aisément conclure que sous ces conditions idéales, chaque personne reçoit ce qu'elle mérite[1].

Sandel conteste la conclusion de Mankiw. Puisque le produit marginal diminue quand la quantité du facteur augmente et inversement, le produit marginal du travail doit varier en fonction de la démographie. En quoi les travailleurs sont-ils moins méritants si arrive sur le marché du travail une génération de boomers qui suit une génération d'enfants uniques ? « La théorie des justes rémunérations de Mankiw ne tient pas compte de ces contingences[2]. » Sandel relève

---

[1] G. Mankiw, « Spreading the Wealth Around: Reflections Inspired by Joe the Plumber », *Eastern Economic Review*, 2010, vol. 36, p. 295 (ma traduction).

Cet article se termine de façon paradoxale. Après les arguments défendant la distribution primaire, Mankiw préconise quand même la redistribution, pour des motifs originaux. Il lui semble que les riches seraient prêts à payer plus que les autres pour les *biens publics*, ce qui justifie l'impôt progressif. Et la lutte contre la pauvreté est assimilable à un *bien public* : tout le monde en profite, mais personne ne veut en supporter seul le coût. La prise en charge de ce service par l'Etat est donc la solution. Les économistes appellent *biens publics* les biens dont la consommation par un individu ne diminue pas la quantité disponible pour les autres. Il est communément admis que leur offre doit être assurée par l'Etat.

[2] M. Sandel, *The Tyranny of Merit. What's Become of the Common Good ?*, New York, Farrar, Straus and Giroux, 2020 (trad. fr. de A

également le côté contre-intuitif de cette assimilation du produit marginal au mérite :

> Examinons le cas du milliardaire Sheldon Adelson, promoteur immobilier et propriétaire de casinos. Adelson, un des hommes les plus riches au monde, gagne infiniment plus qu'une infirmière ou un médecin (...) il n'y a aucune raison de penser que leur valeur marchande reflète la véritable valeur de leur contribution à la société : celle-ci dépend de l'importance morale des finalités qu'ils réalisent[1].

Sandel cite un autre exemple : celui du *trading à haute fréquence* qui rapporte des sommes colossales aux entreprises financières qui le pratiquent, sans que ce soit d'aucune utilité pour la société.

Contre l'élévation de la théorie de la productivité marginale en théorie du mérite, il y a un argument tout à fait évident ; cet argument fut énoncé dès 1923 par un des plus grands économistes néoclassiques de l'époque : l'Américain Frank Knight : *on ne rémunère pas les facteurs de production mais leurs propriétaires*. On ne rémunère pas le capital mais celui qui le possède et qui en a peut-être hérité. L'évidence de cet argument en fait un pont aux ânes. Faut-il vraiment avoir lu Knight pour s'en rendre compte ? L'article « The Ethics of Compétition » est une des charges les plus pertinentes et les plus perspicaces jamais rédigées contre les défauts du capitalisme. Knight constate que « c'est une hypothèse commune- dont les promoteurs de la théorie de la productivité sont partiellement responsables- que la contribution productive est un étalon éthique du mérite. » Et suit l'argument massue :

> « Le revenu ne va pas aux facteurs mais à leurs détenteurs et ne peut en aucun cas avoir plus de justification éthique que le fait de la détention. La

---

von Busekist, *La tyrannie du mérite*. Paris, Albin Michel, 2021, p. 216).

[1] Ibidem, p. 219

possession de capacités productives personnelles ou matérielles est fondée sur un mélange complexe d'héritage, de chance et d'effort, probablement dans cet ordre d'importance[1].

Dans l'article par lequel ils introduisaient la *fonction de production* qui porte leur nom, l'économiste Paul Douglas et le mathématicien Charles Cobb embrayent sur le même thème par une mise en garde contre une interprétation trop optimiste de la théorie de la productivité marginale, qu'ils concluent ainsi : « car si le capital peut être productif, il ne s'ensuit pas que le capitaliste l'est toujours[2]. »

« Capitalism and Freedom » écrit par l'économiste américain bien connu, Milton Friedman est un plaidoyer pour le capitalisme. Si certaines pages exposent le même argument que Mankiw, une vision différente et plus crédible y est également présentée : « Dans une société de marché, la fonction opératoire de la rémunération selon le produit n'est pas d'abord distributive mais allocative[3]. » Autrement dit, plutôt que d'honorer le mérite, la rémunération stimule les producteurs à donner le meilleur d'eux-mêmes et elle optimise l'allocation des ressources.

Considérer l'égalité et l'efficacité comme des objectifs mutuellement exclusifs entre lesquels le choix est inexorable est devenu l'un des principaux poncifs libéraux. Il a le statut d'évidence à propos de laquelle il n'y a même plus à

---

[1] F. Knight, «The Ethics of Competition», *The Quarterly Journal of Economics*, 1923, vol. 38 n°3, respectivement p. 596 et p. 598 (ma traduction).

[2] C. Cobb, P. H. Douglas. «A Theory of Production» in *American Economic Review*, 1928, vol 18 n°1 (supplément), p.164 (ma traduction).

[3] M. Friedman, *Capitalism and Freedom*, The Chicago University Press, 2002, p. 166 (ma traduction).
Friedman est le fondateur de l'école *monétariste* qui est une réaction libérale contre le keynésianisme prônant l'intervention de l'Etat.

s'interroger. A la base de cette croyance, il y a ce théorème économique incontestable : si les forces du marché s'exercent librement, un investissement qui — directement ou indirectement — répond mieux aux besoins des consommateurs rapporte plus qu'un investissement qui leur est moins favorable. Comme l'homo economicus préférera toujours un investissement qui rapporte plus, il prendra les décisions qui maximisent l'utilité sociale. Mais transformer cette loi économique en la maxime " l'inégalité rapporte à l'économie " est un raccourci outrancier, malheureusement très courant. On le retrouve dans l'article susmentionné de Mankiw. L'auteur y évalue l'opinion assez répandue que la redistribution est une question de préférence politique et qu'à ce titre, elle se situe hors du champ d'investigation des économistes. Cette idée, qu'il ne partage pas, il la rapporte ainsi :

> Nous économistes pouvons essayer d'estimer le coût de la redistribution, c'est-à-dire l'impact négatif sur l'efficacité causé par les tentatives d'avoir plus d'égalité. Mais en dernier ressort, fixer le point idéal du tradeoff entre efficacité et égalité vient des préférences politiques à propos desquelles comme économistes, nous devons être agnostiques[1].

L'important dans cette tirade, au-delà de la thèse de Mankiw, c'est que ledit *tradeoff* est un postulat, qu'il est présenté comme allant de soi. Comme si l'incitation était le seul ressort de l'efficacité et comme si la corrélation entre l'inégalité et l'incitation était parfaite.

Le décalage entre profit et efficacité est courant. Illustrons-le avec cette voie royale de la profitabilité qu'est la réduction des coûts. Deux voies y mènent : la première consiste à mieux organiser la production, mieux travailler, améliorer la technique, diminuer les gaspillages. La deuxième consiste à diminuer le coût unitaire du travail, le tarif salarial. Les moyens

---

[1] G. Mankiw, art. cit. p. 290.
Je me permets de laisser le terme anglais *tradeoff* qui un terme très prisé des économistes.

ne manquent pas : délocaliser le lieu de la production, importer une main d'œuvre originaire de pays à bas salaires, remplacer les bons contrats de travail par des contrats précaires... Seule la première voie fait reposer la rentabilité sur l'efficacité. Celui qui tire son profit du deuxième mode opératoire ne se paye pas sur l'accroissement du produit mais en modifiant la distribution à son avantage.

Il n'est pas douteux que l'égalité absolue est incompatible avec les nécessités de l'incitation. Une certaine inégalité peut s'avérer propice à la production. Mais comme toute chose, l'inégalité a aussi sa productivité marginale qui décroit. Une inégalité aussi radicale que celle qui caractérise notre société, non seulement ne nourrit pas l'efficacité mais elle l'entrave. Comme l'écrit l'économiste Joseph Stiglitz :

> Nous pourrions avoir davantage d'égalité, dit-on volontiers à droite, mais au prix prohibitif d'un ralentissement de la croissance et d'une baisse du PIB. La réalité est diamétralement opposée : nous avons un système qui œuvre nuit et jour à faire passer l'argent du bas et du milieu vers le haut de l'échelle mais il est si inefficace que les gains des riches sont très inférieurs aux pertes des classes moyennes et des défavorisés[1].

L'inégalité a considérablement augmenté depuis les années 1980, surtout aux Etats-Unis. Mais voit-on des indices que l'économie s'en trouve plus dynamique et mieux gérée que pendant les "golden sixties" quand régnait le plein emploi et la croissance ? Des revenus élevés peuvent avoir un effet incitatif mais l'excès d'inégalité peut aussi démoraliser et décourager ceux qui n'en profitent pas. De plus, tous les revenus de la classe dominante ne témoignent pas d'une vertu incitative. Dans l'ouvrage « Le prix de l'inégalité », Stiglitz montre que la recherche de rentes représente une part importante de l'intervention des riches dans l'économie. Si un Etat désire

---

[1] Stiglitz, op. cit., p. 22.

effectivement user de la fiscalité pour réduire les inégalités, il dispose là d'une veine facile à exploiter. Stiglitz l'explique :

> Taxer le travail et l'épargne peut affaiblir de bonnes incitations ; taxer les 'rentes' en revanche, ne va pas faire disparaître leur support- la terre, le pétrole ou d'autres richesses naturelles. Ces ressources resteront à disposition, et si on ne les extrait pas aujourd'hui, ce sera demain[1].

Le loyer foncier n'est qu'une manière parmi beaucoup d'autres d'engranger des rentes. Voici deux autres exemples. Les droits d'auteur restent dus jusque 70 ans après le décès du créateur, dus à des personnes souvent sans mérite dans la création à la source du droit[2]. Il arrive fréquemment qu'un rachat d'entreprise génère une rente, partagée entre l'acheteur et le vendeur, notamment le rachat d'une start-up par une grande entreprise. L'entreprise acquéreuse accroît son ubiquité qui la rend incontournable, un avantage que les acteurs concernés appellent pudiquement " synergie ". Le vendeur se voit gratifier d'un prix qui incorpore partiellement cet avantage abusif et qui lui évite les soucis futurs de faire survivre l'entreprise qu'il a créée.

La justification tant éthique qu'économique d'un revenu est donc très variable en fonction de sa nature et du contexte. Le programme économique et fiscal des partis de gauche doit en tenir compte. Puisque la fiscalité brasse déjà une part élevée du revenu national, il s'impose de la diriger vers les cibles les plus opportunes. Par exemple d'exercer la pression sur les rentiers plutôt que sur les entrepreneurs : les premiers possèdent quelque chose d'utile, les seconds sont des gens utiles. C'est d'ailleurs la raison pour laquelle l'Etat pourrait, s'il le voulait, remplir parfaitement la fonction du rentier mais pas celle de l'entrepreneur. J'y reviendrai. A la différence des revenus entrepreneuriaux, les rentes génèrent des inégalités qui

---

[1] Stiglitz, op. cit., p. 81.

[2] Le raccourcissement drastique de ce délai devrait figurer au programme de tout parti de gauche.

profitent à leur détenteur sans que les moins favorisés en bénéficient indirectement. Elles ne sont donc pas conformes au critère de Rawls (cf. supra).

Le rentier riche sera toujours courtisé parce qu'il est riche mais son image n'est pas des plus enviables. Il ne suscite ni attachement ni admiration. Ainsi le grand économiste anglais John Maynard Keynes préconisait une politique maintenant les taux d'intérêt à un bas niveau. Il voyait d'un bon œil sa conséquence sociale à long terme : ce qu'il appelait « l'euthanasie du rentier »[1]. Précisons que Keynes, adhérent au Liberal Party, n'était pas socialiste.

Dès qu'on aborde la répartition des revenus, le mot " méritocratie " vient à la bouche des défenseurs de l'inégalité. Pourtant, tous les revenus de la classe possédante ne découlent pas du mérite. Rien n'est plus éloigné du mérite que l'héritage. Ceci n'empêche pas les libéraux qui chantent les louanges du mérite d'être tout aussi et même peut-être plus attachés à l'héritage. Cette contradiction, toute flagrante qu'elle est, ne semble pas les gêner. Sandel remarque : « Lorsque (les inégalités) sont justifiées, elles le sont généralement avec des arguments méritocratiques. Personne ne dit que les riches devraient être riches parce qu'ils ont des parents riches[2]. » Néanmoins, dans la vie réelle, les parents riches, ça aide, et même beaucoup. Ceux qui défendent politiquement le maintien de ces privilèges de naissance truffent leurs discours d'éloges à la méritocratie. La glorification du mérite, son exaltation n'ont d'égale que l'attachement aux avantages immérités. L'intérêt passe avant les principes ; ceux-ci serviraient-ils à faire diversion ?

---

[1] J.M. Keynes, *The General Theory of Employment, Interest and Money*, London, Macmillan, 1936 (trad. fr. de J. de Largentaye, *Théorie générale de l'emploi, de l'intérêt, de la monnaie*, Paris, Petite bibliothèque Payot, 1971, pp. 369-370).

[2] Sandel, Tyrannie du mérite, op.cit., p. 189

Si la société voulait véritablement instaurer la méritocratie, il faudrait commencer par abolir l'héritage, ce que tous les " méritocrates " font mine d'ignorer. Il est temps de regarder en face cette institution capitale mais taboue. Le livre précité de Piketty y contribue ; il apporte des données très intéressantes sur l'importance de l'héritage et son évolution historique. Il en ressort que l'héritage est loin d'être une institution mineure. En fait, la place de l'héritage suit la courbe en U déjà mentionnée. L'auteur introduit le concept de *flux successoral* : il s'agit de la somme des successions et donations d'une année. En France, en 2010, ce flux valait 15% du revenu national et 20% du revenu disponible des ménages (graphiques 11.1 et 11.8)[1]. C'est certainement plus en 2020. On comparera ces chiffres avec le *taux d'épargne*, une variable clé en économie politique de par son rôle de créateur de capital. Il avoisine les 10% du RN ; une part de cette épargne provient d'ailleurs des revenus du patrimoine hérité. En 2010, le capital hérité représentait environ les deux tiers du capital privé (en ce compris le patrimoine immobilier). Les projections l'estiment à 70% en 2020 et à 80% en 2030-2040, alors qu'il n'était que de 40% dans les années 1970 (graphique 11.7)[2]. Piketty constate aussi une certaine déconcentration de l'héritage. La part des héritages moyens et moyens-gros augmente par rapport à celle des très gros héritages. Si on divise la population ayant vécu ces deux derniers siècles en tranches par année de naissance, il est possible d'estimer pour chaque tranche la proportion de la population qui reçoit un héritage supérieur à ce que l'individu représentatif de la moitié la moins riche gagne en une vie de travail. La fameuse courbe en U s'invite à nouveau. Pour la génération née vers 1970-1980, les projections sont de 12-14% (graphique 11.11)[3].

Parallèlement, la moitié de la population européenne doit se contenter d'un héritage presque symbolique. Par l'héritage, on hérite de la propriété ... ou de l'absence de propriété. Par

---

[1] Piketty, op. cit., p. 604 et p. 641.

[2] Ibidem, p. 638.

[3] Ibidem, p. 671.

l'héritage, une génération transmet l'inégalité de la société aux générations suivantes.

Quels arguments invoque-t-on en faveur de l'héritage ? Le plus courant : s'y attaquer, ce serait attaquer l'institution de la famille. Mais que vaut la famille si elle a besoin de l'héritage pour exister ? Et comment appeler les familles où les parents n'ont pas de patrimoine matériel à léguer. Bertrand Russel rapporte deux autres arguments qui ne le convainquent guère. D'une part, l'héritage est « regardé par la plupart des gens comme un doit naturel ». Mais lui n'y trouve comme seules bases que l'instinct de possession et l'orgueil familial. Ensuite, « il est parfois dit que sans la motivation de l'héritage, les hommes ne travailleraient pas aussi bien. » Russel doute de l'importance de cette motivation, notamment chez les capitaines d'industrie plus attirés par le goût du pouvoir et de l'aventure industrielle. Selon lui, l'inconvénient d'une légère baisse de cette incitation ne compenserait pas les avantages de la relégation de la classe des rentiers.

Milton Friedman argumente d'une toute autre façon : ceux qui dénoncent les inégalités causées par les différences d'héritage sont souvent plus indulgents vis-à-vis des inégalités dues aux différences de capacité. Et il demande : « Y a-t-il une plus grande justification éthique pour ce que rapporte à l'individu une voix particulière très demandée que pour le profit élevé de celui qui hérite de la propriété[1] ? » Il pose là une question importante à laquelle je désire répondre. Mais préalablement, il me faut attirer l'attention sur deux aspects critiquables de l'énoncé de sa question. Le premier est accessoire par rapport au fond : Friedman identifie trop directement nos qualités personnelles à un héritage génétique, qui n'est qu'un facteur parmi d'autres. Le second : Friedman fait fi du large débat philosophique qui a entouré l'idée "nous ne méritons pas nos talents". Considérons maintenant sa question ; ma réponse personnelle est tout simplement "oui". Les avantages que nous tirons de nos qualités personnelles me semblent en effet plus justifiés. Simplement, le terme « éthique » présent dans sa

---

[1] Friedman, op. cit. p. 164.

question n'est pas le plus judicieux. C'est plutôt une affaire de psychologie que de morale. Une personne normale sent plus ses capacités faire partie de son être que sa propriété matérielle. Illustrons-le avec une conjecture dystopique (de la science-fiction). Mettons l'individu moyen devant l'alternative entre être exproprié ou être lobotomisée pour éliminer une de ses qualités personnelles. Son choix est facile à prévoir, me semble-t-il.

Revenons au principe, assez accepté en théorie, qu'il faut rémunérer les individus en fonction de leur mérite. Sur le plan économique, le mérite est généralement reconnu à deux qualités humaines : le talent et l'effort. De façon générale, MERITE s'oppose à CHANCE. Un bénéfice, ou bien on l'a mérité, ou bien on l'a obtenu par chance. Une analyse plus minutieuse montre que la question est plus complexe. En fait, la chance et le mérite s'interpénètrent. Voyons comment, successivement pour le talent et l'effort.

Rappelons-nous l'argument de Friedman qui reconnaissait au talent une origine externe au même titre que l'héritage matériel. Qu'ils soient hérités des parents, qu'ils soient le fruit d'un apprentissage privilégié ou qu'ils résultent du hasard importe peu ; nous avons toujours plus de mérite quand nous faisons usage de nos talents que lorsque nous les laissons dormir. Par contre, nous n'avons aucune responsabilité dans leur présence en nous. Les posséder est une chance, non un mérite. Et dans la mesure où l'apprentissage joue, les enfants des familles riches ont plus de chances d'en jouir.

Pour qu'un individu tire profit d'un talent dont il est doué, une condition extérieure à l'individu est nécessaire : que le résultat du talent intéresse le public. Un footballeur de niveau moyen gagnera plus qu'un champion de tir à l'arc, simplement parce que son sport est plus populaire. Le footballeur, mérite-t-il le goût du public pour son sport, dont il encaissera le bénéfice ? L'intérêt du public pour de tel ou tel type de talent est affaire de culture ou de mode. Les goûts du consommateur sont aléatoires dans une large mesure. Ce qui importe, c'est que ces goûts sont une donnée exogène, pas qu'ils sont aléatoires, ce qu'ils ne sont d'ailleurs pas toujours. Les goûts du public sont en effet sujets à un déterminisme. L'arme de ce déterminisme est le marketing et tout particulièrement la publicité commerciale. Cette forme de pression sociale favorise les comportements grégaires. Le cas du cinéma et du show business illustre bien cette forme de grégarité. Le succès déjà acquis motive l'engouement envers chanteurs et acteurs au même titre que leur talent. C'est l'effet boule de neige. La promotion des films joue largement sur cette tendance : les noms connus à l'affiche servent d'appel.

Plus encore que le talent, l'effort semble le vecteur du mérite par excellence. S'il y a de la peine, il y a du mérite. Et c'est vrai : tout effort est méritoire. Mais ici aussi, la chance intervient avec l'effet de rendre certains efforts plus méritoires que d'autres. Car l'effort répond à un incitant et c'est souvent la chance qui place l'incitant sur le chemin individuel. Prenons un professionnel qui a repris l'affaire de ses parents et qui se donne à fond pour la faire prospérer. Indiscutablement le mérite est présent. Comparons son cas avec celui d'un glandeur, élevé par des parents incapables et peu attentionnés. Beaucoup jugeront : « aucun mérite ». Certes, mais l'incitation à l'effort n'était pas la même. Un jugement juste, peut-il ignorer cet état de fait ?

Du point de vue de l'effort, les producteurs peuvent être rangés en trois catégories : ceux qui accomplissent des efforts parce que la vie leur offre gracieusement des opportunités, ceux qui ne font pas d'efforts par manque d'opportunités, et ceux qui se créent eux-mêmes des opportunités permettant de recueillir le fruit de l'effort.

La vertu du talent et de l'effort est forcément un peu dévalorisée par cette immixtion de la bonne fortune. Des philosophes comme John Rawls et Michael Sandel ont intégré cette considération dans leur réflexion. Mais il serait exagéré de mettre le talent et l'effort sur le même pied que l'héritage matériel. Concluons sur l'effort et le talent avec Sidgwick, dont nous avons vu que la complexité du mérite l'avait fait battre en retraite et qui maintenant constate l'absurdité de la condition humaine : « Il semble n'y avoir aucune justice à faire *A* meilleur que *B* et ensuite sur cette base le rendre plus heureux[1]. »

Sandel soulève un problème moral lié au mérite et plus précisément à la méritocratie, qui ajoute encore de la complexité : l'*hubris méritocratique*. Pour les personnes qui n'ont pas « réussi » socialement, l'assimilation du succès au mérite représente une humiliation. C'est surtout vrai si les individus du haut de l'échelle, fiers de leur mérite, en arrivent à mépriser ceux du bas. Il y a là de quoi rendre très déprimante la vie de ces derniers, plus que si le succès était réputé dû au hasard. Comme le précise Sandel, cette thèse qui lui est chère, il la doit à Michael Young, l'auteur aujourd'hui oublié du livre « The Rise of Meritocracy » paru en 1958. Paradoxalement, le terme « méritocratie », dont se gargarisent aujourd'hui les libéraux, a été inventé par cet auteur qui voulait dénoncer ses effets moraux. L'*hubris méritocratique* nuit au sentiment d'appartenance à une même communauté ; il peut se révéler pathogène pour la cohésion sociale.

Chargeons encore un peu la barque de la complexité. Ce sont les individus qui sont méritants ou ne le sont pas, mais ce sont les ménages qui profitent des rémunérations. La vie familiale mélange les revenus mérités et les revenus non mérités, au point qu'il est souvent impossible d'établir une séparation nette. Par exemple si l'individu *A* gagne plus que l'individu *B* parce qu'il est plus méritant, les enfants de *A* et son conjoint seront également plus gâtés, sans égard pour les mérites respectifs.

Les considérations qui précèdent ne visent pas à théoriser sur ce qui est méritoire et ce qui ne l'est pas. S'il fallait résumer la problématique du mérite en une phrase, on pourrait conclure : " c'est affreusement compliqué. " C'est précisément cette complexité qui est l'aspect le plus notable. Celui qui projette de réformer la société ne peut se permettre d'ignorer cette

---

[1] Sidgwick, op. cit., p. 258.

complexité. Pour un gouvernement aspirant à une justice irréprochable, le problème est insoluble. Il faut donc admettre que le meilleur système récompense le mérite mais pas complètement et qu'il ne sanctionne pas totalement le défaut de mérite ; il s'agit nécessairement d'un compromis.

La meilleure politique vise le "juste milieu" entre l'excès d'inégalité caractéristique de la société existante et l'excès d'égalité qui découlerait de la poursuite obsessionnelle de celle-ci. Deux types de déviation contraires écartent la rémunération du mérite : ne pas privilégier celui qui est plus méritant ; ou bien reléguer au bas de l'échelle celui qui ne l'est pas moins. La première résulte d'une trop grande égalité, la seconde découle inévitablement de ce qu'un système inégalitaire ne peut pas tenir compte de toute la complexité du mérite. Mille et une raisons rendent impossible d'éviter complètement l'une et l'autre. Mettre en état d'infériorité celui qui ne le mérite préjudicie plus que le refus d'un privilège à celui qui l'aurait mérité. L'aversion pour le sentiment d'infériorité fait partie intégrante de la nature humaine.

Voyons comment Sidgwick arrive à la même conclusion. Après l'avoir tenté sur des dizaines de pages, il conclut à l'impossibilité de déduire directement une règle de justice du principe utilitariste. Ce qui l'amène à se rabattre sur cette conclusion qui surprend son lecteur : en l'absence d'autres motifs, la distribution égalitaire est à préférer. Elle se fonde sur cet argument : « parce que (les hommes) ont une aversion pour tout type d'infériorité aux autres, qui est encore intensifiée quand la position inférieure semble déraisonnable[1]. »

Selon une conception assez répandue, le système idéal assure l'*égalité des chances* mais assume l'inégalité en fin de course. En athlétisme, tous les candidats sont sur la même ligne de départ, ce qui offre la certitude que le premier arrivé est bien le plus rapide. Certains transposent cette idée à la société et à l'économie. Mais il est plus facile de s'assurer que tous les

---

[1] Sidgwick, op. cit., p.418.

athlètes partent sur la même ligne que d'égaliser les chances dans la « compétition » sociale. Les pages qui précèdent ont montré l'extrême complexité du facteur *chance* et laissent présager qu'égaliser ces chances est une gageure impossible. Il serait encore plus difficile d'établir l'égalité des chances que l'égalité pure et simple. Est-ce de l'exagération ? La réponse dépend de ce qu'on entend par *égalité des chances*. Si on prend les mots pour ce qu'ils disent vraiment, si l'égalité des chances, c'est quand les chances sont EGALES, alors il n'y a pas d'exagération. Mais certains adeptes autoproclamés de l'égalité des chances se contentent de savoir qu'il y a un ascenseur social qui a parfois fonctionné. C'est un peu court. S'ils présentent l'*égalité des chances* comme une alternative à l'égalité, comme une contrepartie qui justifie l'inégalité qui en résultera, une *égalité des chances* au rabais ne fait pas le poids. Il faut alors offrir réellement autant de chances à tous les enfants qui naissent. Quand on connaît l'influence exercée par le milieu familial, il est évident qu'un tel résultat n'est réalisable que moyennant l'abolition de la famille. Il paraît plus sage d'accepter une certaine inégalité des chances qui sera corrigée par un système de rémunération moins méritocratique, toujours dans cette optique de compromis que je préconise. Il n'en reste pas moins que toute politique tendant à égaliser les chances est bonne à prendre, même en admettant que la réalisation parfaite de cet objectif est impossible.

L'égalité des chances est une condition de la justice, qu'elle mène ou non à l'égalité économique. Comme je le montrerai plus loin, l'inégalité des chances prévalant aujourd'hui explique pour une part l'inégalité économique. Mais l'égalité des chances dépend plus de l'égalité économique que vice-versa. En fait, elles se soutiennent mutuellement tout en étant l'une et l'autre inaccessibles, sauf à prendre des mesures extrêmes comme l'abolition de la famille, que presque personne ne souhaite. Dans une politique (efficace) de réduction des inégalités, l'égalité des chances joue comme un turbo : elle profite de son énergie et la lui rend démultipliée.

Pédagogues et sociologues ont abondamment scruté l'inégalité des chances dont sont victimes les jeunes des classes défavorisées. Je ne ferai pas l'injure au lecteur de le penser ignorant du biais social qui affecte la sélection scolaire. Les données chiffrées sont aisément disponibles. La situation varie d'un pays à l'autre et évolue dans le temps. Des efforts ont été réalisés qui ont amélioré la situation dans beaucoup de pays. Ces efforts portent le plus généralement sur l'institution scolaire. Les résultats se heurtent à une limite. Ce seuil est assez compréhensible puisque le fond du problème se passe ailleurs qu'à l'école.

Les méritocrates aiment à penser qu'ils doivent leur succès à leurs capacités innées. « Bien sûr, les différences d'aptitudes entre individus existent à tous les échelons, mais elles sont bien davantage le produit de la hiérarchie que sa source. »[1] Les épidémiologistes Kate Pickett et Richard Wilkinson rapportent les résultats de nombre d'expériences et d'études dans leur ouvrage « Pour vivre heureux, vivons égaux ».

> On ne compte plus les travaux mettant en évidence les dégâts cognitifs subis par les enfants qui vivent dans la pauvreté. Ils prouvent de façon convaincante que ces déficits sont dus à une vie familiale moins stimulante et plus stressante, elle-même conséquence de la pauvreté[2].

Les études révèlent un accroissement des problèmes mentaux, sanitaires, d'addiction, d'isolement qui frappent les parents défavorisés. Ces problèmes affectent la qualité de l'éducation qu'ils peuvent prodiguer.

Les enfants nés dans des familles aisées sont exposés pendant leurs premières années à un vocabulaire plus riche.

Contrairement à celles d'enfants de milieux favorisés, les performances scolaires des enfants pauvres diminuent entre le début de la scolarité et les étapes scolaires suivantes. Cette constatation dément l'idée que les différences seraient innées.

Ce ne sont d'ailleurs pas seulement les résultats des enfants pauvres qui dénotent par rapport aux autres. C'est toute la

---

[1] Pickett et Wilkinson, op. cit., p.238.
[2] Ibidem, p. 228.

pyramide des revenus qui se reflète dans celle des performances cognitives des enfants et des jeunes.

9.

Inégalité versus *exploitation*

Il fut beaucoup question d'inégalité dans les chapitres qui précèdent. Beaucoup d'intellectuels socialistes se réclament du marxisme ou ont été influencés par lui. Le terme « inégalité » est très peu présent dans l'œuvre de Karl Marx. Ce théoricien aborde la question sous une autre perspective, dont les concepts fondamentaux sont l'*exploitation* ainsi que son corrélat, la *classe sociale*. Le dictionnaire définit l'exploitation d'un homme comme le profit excessif qu'en tire celui qui l'emploie.

Comparons les mérites de ces deux approches. Présentons d'abord brièvement la théorie marxiste de l'exploitation et relevons ses faiblesses. Marx l'expose dans son ouvrage « Le Capital » qui servira de fil rouge à mes explications. Il se compose de trois « livres » ; le premier paru en 1867 est le seul qui fut publié du vivant de l'auteur. Marx base ses réflexions sur un substrat théorique existant élaboré par ceux qu'il appelle les " économistes classiques " : Adam Smith, David Ricardo, John Stuart Mill et leurs disciples.

La théorie marxiste de l'exploitation est connue sous l'appellation « théorie de la plus-value ». Le livre I s'ouvre sur la *théorie de la valeur* qui en constitue les prolégomènes. Une théorie de la valeur est une théorie qui explique les déterminants de la valeur des biens ; mais qu'est-ce que la valeur ? Les économistes classiques en distinguaient deux concepts. La *valeur d'usage* d'un bien est le niveau d'utilité qu'il apporte à son possesseur ; il est forcément subjectif. La *valeur d'échange* est la quantité d'autres biens qu'on peut obtenir sur le marché contre le bien à valoriser. Elle est

OBJECTIVE puisqu'observable à partir des transactions. Elle est également RELATIVE puisque l'échange porte par définition sur plus d'un bien[1]. En quelque sorte, c'est le prix, si ce n'est que le terme « prix » est habituellement réservé à la forme monétaire de la valeur d'échange.

Selon les économistes classiques, la valeur d'échange d'un bien est proportionnelle au nombre d'heures de travail[2] nécessaires à sa production dans des conditions standard. Pour reprendre l'exemple bien connu de Smith, s'il faut deux fois plus de travail pour chasser un castor qu'un daim, le castor s'échangera contre deux daims. Cette explication est appelée *théorie de la valeur-travail*. En réalité, les économistes classiques n'ont pas exposé cette théorie de façon aussi claire et univoque que Marx l'affirme. Notamment, Smith et Ricardo semblaient considérer que depuis l'avènement du capitalisme, la valeur-travail n'est qu'une approximation de la valeur d'échange[3]. Il n'empêche, « Le Capital » endosse la valeur-travail sans réserve. Marx répète à l'envi l'argument décisif selon lui : deux biens de nature différente n'ont qu'une seule caractéristique mesurable commune : être le résultat d'un travail d'une certaine durée.

Pourquoi la valeur-travail intéresse-t-elle tant Marx ? Parce qu'elle mène à la déduction que seul le travail crée de la valeur d'échange, quoiqu'il est admis que les autres facteurs concourent à la valeur d'usage. Mais le travailleur est privé d'une partie de la valeur d'échange de son produit, qui devient du profit. Comme tout bien, le travail a une valeur d'échange : le nombre d'heures nécessaires pour produire les biens de

---

[1] Ce qui crée l'illusion que chaque bien a une valeur d'échange indépendante, c'est que parmi les biens échangés, l'un d'eux, la monnaie sert habituellement d'étalon. Mais la quantité de monnaie nécessaire pour obtenir tel bien est un rapport, comme toute valeur d'échange.

[2] Y compris le travail cristallisé dans les intrants (matières premières et amortissement des équipements).

[3] Ricardo était bien conscient que la quantité de capital nécessaire à la production et que l'intérêt qu'il coûte doivent influencer la valeur d'échange.

consommation qui entretiennent l'ouvrier. Et une valeur d'usage qui le singularise : il est capable de produire plus de valeur d'échange qu'il n'en a lui-même. On peut donc découper la journée de travail du salarié en deux parties : le *travail nécessaire* à son entretien et le *surtravail* qui produit le profit. La valeur produite par le surtravail, Marx l'appelle *plus-value*. Il y a *exploitation* parce que le prélèvement de la plus-value par le capitaliste prive le travailleur d'une partie de la valeur qu'il a produite. Le ratio entre la plus-value et le salaire représente le *taux d'exploitation*.

Tout ceci compose le début du livre I. Suivent des centaines de pages, parfois très intéressantes, traitant de la production et du capital. Et puis au livre III, tout bascule. On découvre qu'en régime capitaliste, le prix du marché diffère de la valeur-travail. En fait, Marx n'exprime là qu'une évidence. Il expose alors une nouvelle explication du prix, basée sur la *péréquation du taux de profit*. C'est un principe que partagent la plupart des économistes des diverses écoles jusqu'à aujourd'hui. Les capitaux investis dans les différentes branches doivent rapporter le même taux de profit. Ce n'est évidemment qu'une tendance ; elle s'explique ainsi : s'il y a des écarts, la concurrence fera migrer les capitaux des secteurs moins profitables vers les secteurs à taux de profit élevé et finalement le taux de profit s'égalisera du fait de l'adaptation des prix. Marx appelle *prix de production* les prix des biens, résultant de ce processus. Il faudrait un hasard impossible pour que les valeurs-travail coïncident avec les prix de production. Donc, nous dit Marx, la concurrence REDISTRIBUE la plus-value entre les secteurs de façon à établir les prix de production.

Au fond, n'aurait-il pas été plus simple d'expliquer directement que le prix égale le coût de production plus une marge qui assure le taux de profit commun, ce qui revient au prix de production ? La valeur-travail intervient inutilement dans le modèle. La plus-value est le rejeton d'un concept inutile. Marx a beau clamer que le profit moyen n'est que de la plus-value redistribuée, il n'y a pas de plus-value sans valeur-travail et la valeur-travail est vide de sens.

Les principaux économistes du XXᵉ siècle se sont peu intéressés à l'économie marxiste, sans doute par dédain de toute théorie qui n'appartient pas au paradigme néoclassique. Paul Samuelson est une des rares exceptions. Ce maestro de l'économie mathématique, met en pièces l'exploitation marxiste dans un article ad hoc. S'y trouve la confirmation que l'analyse de la valeur au livre I du *Capital* est un « détour inutile[1] ». Dans un essai consacré à l'économie marxiste, Joan Robinson, économiste hétérodoxe majeure et ancrée à gauche, écrit à propos de la valeur travail qu'elle « lui semble un exemple remarquable de comment une notion métaphysique peut inspirer une idée originale bien qu'en soi elle est entièrement dénuée de signification opérationnelle[2] ».

La théorie marxiste de l'exploitation est un échec. Ceci ne suffit pas à démontrer que les salariés ne sont pas exploités. Un autre auteur pourrait présenter un nouveau concept d'exploitation plus solide. Mais personnellement, le concept d'exploitation ne me convainc pas. Le concept d'inégalité me paraît plus fécond, plus riche en potentiel d'explication de ce qui est injuste dans la société.

Marx a voulu donner le dernier mot à la science, plus précisément l'économie politique. Il dénonçait le sentimentalisme. La justice n'est pas affaire de bons sentiments. D'où ce paradoxe : le nom de Marx est attaché aux luttes pour une société plus juste, mais dans le cénacle de la philosophie sociale, il est de ceux qui ont peu cogité et argumenté sur les principes qui fondent la justice. C'était inutile puisque la science, c'est-à-dire lui, avait démontré que le capital exploite le travail. Cette même science avait aussi démontré que les contradictions internes du capitalisme le condamnent. Le capitalisme a élevé les forces productives de la société à un niveau trop élevé par rapport à sa capacité de les

---

[1] P. Samuelson, « Understanding the Marxian Notion of Exploitation: A Summary of the So-Called Transformation Problem Between Marxian Values and Competitive Prices », *Journal of Economic Literature*, 1971, p. 421 (ma traduction).

[2] J. Robinson, *An Essay in Marxian Economics*, London, Macmillan, 1966, p. xi (ma traduction).

gérer, ce dont les crises de production sont un symptôme. C'est ce que Marx appelle la contradiction entre le développement des forces productives et l'appropriation privée de la richesse. Le capitalisme a produit l'arme fatale, ladite contradiction, et il a enfanté la classe qui l'abattra, le prolétariat. Dans ces conditions, pourquoi s'encombrer d'une théorie de l'équité ?

La citation qui suit illustre le mépris de Marx pour le discours sur la justice. Invité à commenter le nouveau programme du Parti Social-Démocrate allemand, Marx relève une phrase qui exige « un partage équitable du produit du travail ». Il critique ainsi cette expression qu'il qualifie de « pompeuse » :

> Qu'est-ce que le 'partage équitable' ? Les bourgeois ne soutiennent-ils pas que le partage actuel est 'équitable' ? Et, en fait, sur la base du mode actuel de production, n'est-ce pas le seul partage 'équitable' ? Les rapports économiques sont-ils réglés par des idées juridiques ou n'est-ce pas, à l'inverse, les rapports juridiques qui naissent des rapports économiques ? Les socialistes des sectes n'ont-ils pas, eux aussi, les conceptions les plus diverses de ce partage 'équitable'[1] ?

S'il est vrai que l'expression « partage équitable » manque de rigueur, on ne peut pas mettre au crédit de Marx d'avoir contribué à clarifier les principes qui fondent l'équité d'un partage. Cela dit, l'objectivité scientiste de Marx est une posture. Elle cache (mal) que Marx est avant tout un indigné. L'indignation se lit entre les lignes, même dans « Le Capital ».

Chez Marx, le concept d'exploitation est directement lié à celui de classe sociale. Il y a une classe exploiteuse, les capitalistes et une classe exploitée, les prolétaires. A côté d'elles, il existe bien des petits artisans et des petits paysans indépendants, mais le capitalisme se chargera de faire disparaître ces témoins des sociétés précapitalistes. L'histoire n'a donné raison à Marx que

---

[1] K. Marx, F. Engels. 1973. Manifeste du parti Communiste 1848. Critique du programme de Gotha 1875, Paris, Le Livre de Poche, 1973, p. 78.

partiellement : le capitalisme les a effectivement éreintés mais il semble y avoir un seuil sous lequel leur présence ne descendra pas. Restant cohérent dans sa conception de l'exploitation, Marx s'est montré conscient que le capital exploitait également ces classes par le crédit prédateur, mais comme il les estimait destinées à disparaître, il a considéré le fait comme négligeable.

Opposer simplement les entrepreneurs capitalistes et les salariés est un peu léger. Dans la société capitaliste, il est possible d'occuper une position qui n'est ni capitaliste ni salariée et il est possible d'être les deux à la fois puisque le fractionnement du capital permet aux salariés de détenir un compte en banque ou quelques titres. Le nombre de sous-groupes socio-professionnels augmente lorsqu'on approfondit l'analyse : les fonctionnaires, les chômeurs, les cadres dirigeants... Les concepts de *classe exploitée* et *classe exploiteuse* ne sont pas adaptés à cette diversité. Une théorie de l'exploitation satisfaisante devrait être capable de rattacher tous les sous-groupes à une des deux classes en fonction d'un critère unique valable pour tous. Mieux, elle devrait pouvoir désigner qui exploite qui dans toute situation particulière et ce, sur base d'une définition cohérente de l'exploitation ; elle devrait être à même de cartographier l'exploitation. Par exemple, le chômeur, par qui est-il exploité, s'il l'est ? Le CEO qui est un salarié : comment se situe-t-il par rapport à l'exploitation ? A mon avis, c'est mission impossible. Marx s'est aventuré sur un terrain marécageux. Certains auteurs présentent l'exploitation comme une relation entre la société et les individus plutôt que comme une relation entre individus. La société produit une masse de plus-value. Y contribuer revient à être exploité, y puiser revient à être exploiteur. Cette conception alternative, moins exigeante, ne résout que très partiellement le problème soulevé.

Le concept d'inégalité me semble receler moins de pièges. Il fait preuve de plus de souplesse. Contrairement à l'exploitation marxiste, il ne prétend pas être scientifique. L'exploitation est un PROCESSUS ; à ce titre, sa définition doit permettre de stipuler quand le fait a lieu ; l'inégalité échappe à cette nécessité parce qu'elle est un ETAT. Des termes comme *classe dominante*, *classe dominée*, *classe favorisée*, *classe défavorisée* ou *classe nantie* apparaissent dans le présent ouvrage. Ici, prévaut une conception purement pragmatique des classes, qui les débarrasse de toute relation quintessentielle à l'exploitation. De par l'inégalité qui y règnent, notre société comporte bel et bien une classe dominante et une classe dominée. Une classe moyenne vient s'intercaler entre elles. Ces classes se composent chacune d'une variété de sous-groupes. Le flou qui entoure les limites de ces classes doit être accepté comme inévitable. Il faut renoncer à ranger précisément tout individu dans une de ces trois classes, de façon indubitable et incontestable. L'impossibilité de préciser si tel patron de PME, appartient à la classe dominante ou à la classe moyenne ne disqualifie pas cette distinction, pas plus que l'impossibilité de dire si dix-huit degrés c'est chaud ou froid ne disqualifie les concepts de chaud et de froid.

Comme expliqué précédemment, l'objectif de la gauche doit être la réduction des inégalités. Que cette réduction aboutisse à une société sans classes ou non n'est plus la question essentielle. Les réformes qui seront préconisées dans les chapitres ultérieurs n'aboutiront certainement pas à ce résultat. Les classes leur survivront. Notamment, il y aura toujours de la place pour les travailleurs indépendants[1] et les petits patrons. Mais la société sera pacifiée grâce à la réduction des inégalités. L'opposition entre les classes sera adoucie.

Renoncer au concept d'exploitation a également l'avantage d'éviter la stigmatisation de la petite épargne. Si l'intérêt est le fruit de l'exploitation, le petite épargnant est un exploiteur qui

---

[1] En ce qui concerne les travailleurs indépendants sans employés, il n'y a aucune opposition d'intérêt fondamentale entre cette classe et celle des salariés, que l'on se place dans l'optique de l'*inégalité* ou du point de vue de l'*exploitation*. Concernant les petits patrons, le second point de vue les désigne comme exploiteurs. Du point de vue de l'inégalité, il faut considérer pour eux un potentiel d'enrichissement assez élevé, mais s'il s'agit de créateurs d'entreprise et non simplement d'héritiers, la société a besoin de leurs talents. C'est un cas d'inégalité justifiée par le mérite.

a la caractéristique de n'être qu'un petit exploiteur. A quoi bon une telle conception alors que beaucoup de salariés au revenu modeste sont détenteurs de comptes d'épargne ? La théorie basée sur l'inégalité se centre sur l'essentiel : l'observation qu'il existe des écarts énormes entre les grandes et les petites fortunes.

La conception de Marx et celle qui est présentée ici se rejoignent toutefois en ceci que " son " exploitation et " mon " inégalité ont la même cause : la propriété capitaliste des moyens de production. La causalité doit être formulée ainsi : l'inégale répartition de la propriété entraîne l'inégale répartition du revenu. On objectera qu'il est des situations avantageuses occupées par des agents qui ne sont pas nécessairement eux-mêmes propriétaires, comme les CEO et les cadres supérieurs. Mais eux aussi doivent leur avantage au système de propriété. Indirectement. Face aux travailleurs salariés et aux actionnaires, ils ont leur salaire déterminé de façon à induire l'alliance vers le bon côté. Seul un salaire élevé leur permet de s'identifier avec le capital.

L'économiste américain d'inspiration marxiste John Roemer développe une analyse critique, à charge et à décharge, du concept d'exploitation dans son très intéressant article « Should Marxists be interested in Exploitation ? »[1]. Après avoir montré l'invalidité de la théorie de la plus-value, il prouve que la condamnation morale de l'exploitation ne peut se passer de critères éthiques qui sont extérieurs à son concept. Le problème fondamental, conclut-il, c'est l'inégale répartition de la propriété :

> Lorsque je prétends que la théorie de l'exploitation est sans fondation, je ne considère pas que le capitalisme est juste. Je crois que le capitalisme est injuste à cause de la très inégale propriété des moyens de production. (...) Cette inégalité n'est pas nécessairement coextensive

---

[1] Vu le rôle joué central de l'exploitation dans la doctrine de Marx et l'attachement de celui-ci au concept de plus-value, il me paraît absurde de se qualifier de " marxiste " si on n'y adhère pas.

avec le transfert de plus-value des travailleurs vers les capitalistes et pour cette raison il est inapproprié de fonder une morale égalitaire sur la mesure technique de l'exploitation[1].

Si le système de propriété est la racine de l'inégalité, une conclusion est inéluctable. A long terme, l'inégalité résistera à toutes les attaques qui s'arrêtent au seuil de la propriété. Un resserrement de l'éventail des revenus qui se veut solide et efficace passe par une réduction de l'inégalité patrimoniale. Le gouvernement qui se contente de redistribuer les revenus que le système de propriété inégalitaire a primodistribués est toujours en position de faiblesse ; il est constamment réduit à mendier. Les adversaires de la redistribution ne manquent d'ailleurs pas de lui afficher le mépris qu'ils en éprouvent. L'inégalité doit être combattue à sa source ; la redistribution doit s'opérer au moins partiellement en amont du flux de revenus.

Puisque l'exploitation de l'homme par l'homme est un abus de position dominante, il est facile de comprendre en quoi elle apparaît comme condamnable. Mais si c'est l'inégalité qui est mise en avant, au nom de quoi la condamner ? Les raisons ne manquent pas et nous en avons déjà rencontré ou effleuré dans les chapitres précédents. Pensons aux dégâts psychologiques de l'*hubris méritocratique* et à leurs effets sur la cohésion sociale, sur lesquels Sandel attire notre attention. Nous avons vu que Stiglitz considère l'inégalité excessive comme un frein au progrès économique. Nous avons aussi relevé à la fin du chapitre précédent que l'inégalité met à mal une des composantes de la nature humaine, l'aversion pour le sentiment d'infériorité. Ce sont surtout les conséquences de cette aversion qui seront développées ici. Un livre paru récemment nous

---

[1] J. Roemer, « Should Marxists Be Interested in Exploitation? », *Philosophy and Public Affairs*, 1985, vol. 14 n°1, p. 33 (ma traduction).

aidera : « The Inner Level »[1] des épidémiologistes anglais Kate Pickett et Richard Wilkinson, que les paragraphes suivants résument brièvement.

Diverses études ont cherché à déceler l'effet de l'inégalité sur le bonheur. Nous avons vu au chapitre 5 que sont conduits à l'échelle internationale et de façon régulière des sondages d'opinion sur la perception individuelle des questions sociales. Certaines de ces enquêtes posent des questions comme « Evaluez votre bonheur sur une échelle de 0 à 10. » Il est alors possible aux sociologues statisticiens de corréler niveau de bonheur et niveau d'inégalité par pays. Est-on plus ou moins heureux dans un pays plus inégalitaire ? En général, les études tendent à déceler une corrélation inverse entre ces deux variables. Personnellement, je ne puis réprimer un certain scepticisme envers les sondages où l'on demande aux gens s'ils sont heureux. L'étude de Pickett et Wilkinson évite cette difficulté, car elle croise les données relatives à l'inégalité avec des problèmes médicaux, psychologiques ou sociaux plus circonscrits et plus observables. La prévalence de ces problèmes dans un pays en dit plus sur le bonheur qu'un sondage parmi ses citoyens.

Pickett et Wilkinson s'appuient sur une multitude d'études préexistantes. Sur base de régressions par pays, voici quelques variables détériorées par l'inégalité :

— L'indice de santé et l'espérance de vie
— La réussite scolaire
— La participation à la vie associative ou la politique locale
— La tendance à l'empathie entre les membres de la communauté
— L'indice de bien-être des enfants

La mobilité sociale (position sociale des personnes par rapport à celle de leurs parents)

---

[1] Cf. supra (trad. cit.).

La diffusion de la culture classique, qui tend à devenir un marqueur de classe dans les sociétés plus inégalitaires

Les problèmes suivants sont aggravés :
— La mortalité infantile
— Les maladies mentales
— Les addictions (drogues, alcool...)
— L'obésité
— La violence (taux d'homicide) et le taux d'incarcération
— Les grossesses précoces
— Les comportements narcissiques

On constate également une corrélation positive entre le degré d'inégalité et les dépenses publicitaires en % du PIB. Les annonceurs savent que la population est alors plus portée sur la consommation ostentatoire.

Ces problèmes sont dits *affectés d'un gradient social* en ce sens qu'ils deviennent plus prégnants à mesure qu'on descend dans l'échelle sociale. Mais la dégradation des indices touche la population dans sa globalité.

Les auteurs identifient le mécanisme mental à l'œuvre dans la genèse de ces divers dommages : *la menace d'évaluation sociale* est source de stress et d'anxiété. Or dans les sociétés plus inégalitaires, la tendance à la comparaison de statut et la croyance que le statut reflète la valeur intrinsèque de la personne sont plus ancrées. Contrairement à une idée courante, le stress est plus répandu dans le bas de l'échelle sociale que chez les leaders, car c'est le sentiment d'absence de contrôle qui en est le facteur majeur. Les auteurs écrivent : « Plus une société est hiérarchisée, plus l'idée que nous sommes classés en fonction de notre mérite intrinsèque est profondément ancrée et plus chacun en vient à douter de sa valeur[1]. » D'où des comportements visant à faire impression comme la consommation ostentatoire, le souci des apparences... Le sentiment de compétition est stimulé et la cohésion sociale en

---

[1] Pickett et Wilkinson, trad. cit., p. 46.

souffre, de même que le sentiment d'empathie. C'est ce stress qui, demandant une compensation, est à l'origine de beaucoup d'addictions. Les études montrent que les enfants des catégories moins nanties ressentent et intègrent le stress de leurs parents.

L'être humain est hypersensible à la comparaison sociale et manifeste une aversion marquée envers l'état d'infériorité. Cette caractéristique trouve sa cause dans notre histoire primitive. Les auteurs l'expliquent dans un très intéressant chapitre anthropologique.

Notre histoire a vu se succéder trois périodes :

1— La première voit l'humain émerger progressivement du groupe des grands singes ; il se différencie d'eux tout en conservant certaines similitudes dans les mœurs et l'organisation sociale. C'est l'époque de la hiérarchie à outrance basée sur la force, où le mâle dominant dans la tribu se sert en premier de la nourriture ainsi que des femmes pour assurer la reproduction. Les individus inférieurs sont en permanence sur le qui-vive pour éviter de susciter l'ire des dominants. L'étude des groupes de chimpanzés révèle une tension permanente génératrice d'anxiété.

2— Il y a environ 250.000 ans, les hommes commencent à chasser le gros gibier, ce qui les oblige à coopérer et leur apporte une certaine sécurité alimentaire. Ainsi commence une période d'égalité. Le groupe instaure des règles pour dissuader les individus de rechercher la domination. Les chasseurs-cueilleurs font montre d'une éthique de l'égalité. La nouvelle crainte des individus est d'être mis au ban de la société.

3— La phase actuelle a commencé avec le développement de l'agriculture il y a 8 à 10.000 ans. Elle est marquée par le retour de l'inégalité.

Le cerveau de nos contemporains garde l'empreinte des deux époques antérieures. L'angoisse de la comparaison sociale et le stress de l'état d'infériorité sont un legs de la première ; la peur du rejet et une certaine aversion pour l'injustice nous sont léguées par la deuxième. La nature humaine, fruit de cette évolution est contradictoire. Elle associe la compétition avec la coopération et la bienveillance.

10.

Théories de la justice

Depuis des temps reculés, des philosophes et des réformateurs imaginent et proposent des modèles de cité idéale. Dès le IVe siècle avant notre ère, Platon nous présentait sa république. Au XVe siècle, Thomas More exposait l'*Utopie*, dont le langage fera un nom commun. Tommaso Campanella, William Godwin, Johann Gottlieb Fichte, François Fourier, Pierre-Joseph Proudhon et bien d'autres proposèrent également des représentations de ce que devrait être la société bonne. Ce qu'ils préconisent est souvent une forme soit de communisme, soit de travail coopératif. Il s'agit là de modèles d'organisation sociale et plus d'un omet d'analyser les raisons qui en font un progrès de la justice. Est alors sous-jacente l'intuition que l'égalité et le partage sont vertueux et que la propriété privée corrompt l'homme.

Certains auteurs dissertèrent bien sur des éléments de justice, mais fragmentairement. La propriété privée fut un sujet parmi les plus abordés. Certains la défendirent, certes avec modération, tels Aristote, Saint Thomas d'Aquin et bien plus tard Proudhon[1]. L'esclavage trouva les faveurs notamment d'Aristote et de Saint Augustin. Plus tard, comme nous l'avons vu, des philosophes valorisèrent tel ou tel caractère de leur modèle de contrat social. Quant à l'égalité, Rousseau nous en offrit une définition très séduisante : « que nul citoyen ne soit

---

[1] L'auteur de la sentence « la propriété, c'est le vol » développa au cours de sa carrière plusieurs théories de la propriété sans cohérence entre elles.

assez opulent pour en pouvoir acheter un autre, et nul assez pauvre pour être contraint de se vendre[1]. »

David Hume, économiste écossais et philosophe des lumières, est le principal apôtre du libéralisme d'avant le XIXᵉ siècle. Dans son vocabulaire, « justice » est employé comme synonyme de loi qui légalise et organise la propriété privée. « Le bien de l'humanité est l'unique objet de toutes ces lois et régulations. (…) Il est nécessaire à la paix et l'intérêt de la société que les possessions de l'homme soient séparées… »[2] Cette législation (relative par exemple à la prescription, à la transmission de la propriété) est tellement rationnelle qu'il est peu probable que la nature ait pourvu l'homme des instincts nécessaires à son élaboration. Hume est également un grand pourfendeur de l'égalité. Les leçons de l'histoire et le bon sens donnent à voir qu'elle est impossible. Et si elle était possible, ce serait encore pire ; vu l'inégalité des capacités, « l'inquisition la plus rigoureuse est requise pour détecter toute inégalité lors de son apparition ; et la juridiction la plus sévère pour la punir et la redresser[3] ».

Mais il faut attendre le XIXᵉ siècle pour voir la justice faire l'objet d'une analyse rationnelle dans le cadre d'un système de pensée cohérent. C'est ainsi que nous en arrivons à nos quatre philosophies introduites au chapitre 6 et qui seront développées dans les pages qui suivent. Elles ne sont pas les seules philosophies analytiques de la justice[4]. Leur importance plus grande vient de ce qu'elles sont devenues des écoles de pensée. Elles ont encore des disciples aujourd'hui.

---

[1] J-J. Rousseau, *Du contrat social*. Paris, Garnier Flammarion, 1966, p. 88.

[2] D. Hume, Enquiries concerning the Human understanding and concerning the principles of Morals, Oxford University Press, 1902, p. 192 (ma traduction).

[3] Ibid. p.194

[4] Le lecteur intéressé trouvera une recension non exhaustive d'autres théories de la justice dans le très intéressant ouvrage de Philippe Van Parijs « Qu'est-ce qu'une société juste ? »

Le marxisme

Comme nous l'avons vu, Marx a élaboré une philosophie de l'histoire plutôt qu'une philosophie de la justice : le capitalisme est condamné par l'histoire plus que par l'éthique, peu présente dans l'argumentaire marxiste. Une faiblesse de cette conception est que le recul temporel peut amener à constater que l'histoire n'emprunte pas le chemin prévu.

Avec l'exploitation, Marx a créé un boulevard à controverses. C'est le plus souvent sur ce point que sa théorie est attaquée. Que la critique soit posée en des termes " en vertu de quels principes moraux, l'extraction du surtravail est condamnable ? " ou en des termes " l'extraction du surtravail, est-elle vraiment de l'exploitation ? ", elle revient toujours à contester l'idée que les capitalistes ne méritent pas leur rémunération.

De la conception marxiste, il semble qu'on peut inférer cette prémisse implicite : *le travailleur a droit à l'intégralité de son produit*. C'est précisément parce qu'il ne le reçoit pas que Marx considère qu'il est exploité. Mais pour Marx, " son produit " signifie la *valeur d'échange* de son produit. Marx n'a jamais contesté que le capital participe à la création de *valeur d'usage*. Et comme les économistes classiques, il sait qu'il n'y a pas de valeur d'échange sans valeur d'usage. Indirectement, le capital participe donc à la création de la valeur d'échange. La théorie marxiste de l'exploitation renferme là une contradiction.

En vue de démontrer l'exploitation, le recadrage de Knight déjà mentionné " on ne rémunère pas les facteurs de production mais leurs détenteurs " surclasse l'argumentaire marxiste. Il neutralise l'argument libéral qui met en avant l'accroissement de la productivité du travail rendue possible par le capital. La contribution du capital n'est pas nécessairement le mérite du capitaliste alors que la contribution du travail est toujours celui du travailleur. La vision knightienne implique une distinction : certains propriétaires offrent leur capital à la suite d'un effort d'épargne alors que d'autres offrent ce dont la chance les a nantis. Le second type semble une forme de parasitisme et donc d'exploitation. La masse de la rémunération du capital doit être passée au crible pour séparer le bon grain de l'ivraie. Ceci nous ramène à notre réflexion sur le mérite. Dans le meilleur des cas, le concept d'exploitation est donc une porte d'entrée vers une réflexion plus profonde sur les principes de justice.

Dans la « Critique du programme de Gotha », Marx énonce pourtant un principe de répartition qu'il juge idéal : de *chacun selon ses moyens, à chacun selon ses besoins.* Mais on remarque vite que la répartition idéale ne fait qu'exprimer la perfection d'une société idéale. Marx se projette ici dans la société communiste. Celle-ci suppose la propriété commune des moyens de production mais bien plus encore. Pour le comprendre, il faut avoir à l'esprit un élément essentiel de la théorie marxiste : la distinction entre le socialisme et le communisme. Celui qui n'a pas saisi certains caractères pour le moins surprenants de la société communiste n'a pas compris le marxisme.

> Dans la phase supérieure de la société communiste, quand auront disparu la subordination asservissante des individus à la division du travail et, par-là l'opposition entre le travail intellectuel et le travail manuel ; quand le travail sera devenu non seulement un moyen de vivre mais encore sera devenu lui-même le premier besoin de la vie ; quand avec le développement diversifié des individus, leurs forces productives jailliront avec force- alors seulement l'horizon étroit du droit bourgeois pourra être dépassé et la société pourra écrire sur son drapeau : De chacun selon ses moyens, à chacun selon ses besoins[1].

Le principe *de chacun selon ses moyens, à chacun selon ses besoins* implique un accroissement si prodigieux de la productivité sociale que l'abondance de la production devient réalité. On est là dans un autre monde. Pour sentir l'altérité radicale de ce monde, qu'on pense à cette autre évolution fantastique : il n'y aura plus d'Etat puisque la fin de

---

[1] Marx, Gotha, op.cit., p.84.

l'opposition entre les classes le fera " dépérir ", Et le socialisme est précisément la phase où après la collectivisation des moyens de production, tous ces changements se déploient progressivement.

Marx propose donc un principe de répartition qui ne fonctionne que dans une société d'abondance. S'il devait effectivement advenir une économie d'abondance écologiquement supportable, il faudrait être sadique pour récuser le principe *à chacun selon ses besoins*. Mais un siècle et demi après le programme de Gotha, qui croit encore à l'abondance[1] ? Chaque progrès technique crée autant de besoins qu'il en assouvit.

Que propose Marx en attendant le régime d'abondance ? Le principe *à chacun selon son travail*. Chacun a droit à un produit équivalent (en nombre d'heures standard) au produit de son travail, déduction faite des prélèvements fiançant l'accumulation du capital, les dépenses publiques et les transferts. Marx reconnaît lui-même que ce principe n'est pas juste : « Ce droit égal est un droit inégal pour un travail inégal. » Marx dit même de ce droit égal[2] qu'il est un « droit bourgeois ». Il justifie ainsi cette perspective immédiate peu séduisante : « Le droit ne peut jamais être plus élevé que la structure économique de la société et que le développement culturel qui s'y rattache[3]. »

A chacun selon son travail aura au moins fait gagner aux travailleurs la valeur de la consommation des possédants en régime capitaliste. Marx n'analyse pas suffisamment le « droit inégal pour un travail inégal ». L'hétérogénéité du travail sujet à la spécialisation rend difficile l'évaluation objective de la contribution de chaque travailleur dans une économie qui est planifiée et qui doit donc se passer de la compétence

---

[1] Parenthèse amusante : sous Khrouchtchev, on discutait au parti communiste soviétique pour savoir quand l'URSS atteindrait le communisme.

[2] La répétition des termes « droit égal » s'explique par leur présence dans une proposition du Programme de Gotha que Marx était amené à critiquer.

[3] Marx, Gotha, op.cit., pp. 82-83

évaluatrice du marché. Il n'explique pas sur quelle base établir une échelle salariale.

L'utilitarisme

Il s'agit d'une conception philosophique née en Grande-Bretagne, fortement implantée chez les intellectuels britanniques au XIXe siècle, notamment chez de grands économistes, tant classiques que néoclassiques, comme John Stuart Mill ainsi que son père James Mill, William Stanley Jevons, Francis Edgeworth...

Le père de cette doctrine est Jeremy Bentham (1748-1832). Son ouvrage « Une introduction aux principes de la morale et de la législation » en jette les bases. Le premier chapitre commence avec cette constatation : « La nature a placé l'humanité sous le gouvernement de deux souverains maîtres, la peine et le plaisir[1]. » Nous sommes entièrement déterminés par leur influence de laquelle nous ne pouvons nous soustraire. En même temps, « ils sont le standard du bien et du mal. » La doctrine s'articule autour d'un principe fondamental, le *principe d'utilité*, qui approuve ou désapprouve les actions de l'individu ou du gouvernement en fonction de ce critère : augment-t-il ou diminue-t-il le bonheur général ?

D'une action privée ou collective, on peut dire qu'elle est juste (right) si elle est conforme au *principe d'utilité*. Selon Bentham, ce principe est un postulat. Il est au début de la chaîne des preuves : tout doit être prouvé en fonction de lui. Il ne peut et il ne doit donc pas être prouvé lui-même. Bentham considère que ce principe est du simple bon sens et qu'on ne peut le contester que par ignorance.

---

[1] J. Bentham, *An Introduction to the Principles of Morals and Legislation.*, Kitchener (Ontario), Botoche books, 2000, p. 14 (ma traduction).
https://historyofeconomicthought.mcmaster.ca/bentham/morals.pdf

Pour optimiser les décisions qu'il prend, le gouvernement doit pouvoir évaluer la force des plaisirs et des peines qui en découlent. La force d'un plaisir ou d'une peine que ressent une personne est fonction de ces six propriétés : l'intensité, la durée, le niveau de certitude, la proximité, la fécondité (probabilité d'être suivie d'une sensation de même signe) et la pureté (probabilité de ne pas être suivie d'une sensation de sens contraire). Pour un groupe, la force des sensations positives ou négatives dépend des six mêmes critères plus le nombre de personnes impliquées.

Bentham détaille la procédure à appliquer pas à pas pour calculer la valeur (ici synonyme de force) positive ou négative d'une action ou de n'importe quel objet (par exemple la propriété privée). D'abord, individu par individu, additionner tous les plaisirs qu'il en tire. Puis additionner toutes les peines qu'il en subit. Calculer le solde positif ou négatif. Additionner les soldes de tous les individus.

Pour Bentham, la mesure et l'addition de ces sensations positives et négatives semble une évidence. C'est de la simple arithmétique.

Il n'y a pas de proportion directe entre la force de la cause et la force du plaisir ou de la peine ressentis. « La disposition qu'a toute personne de ressentir telle ou telle quantité de plaisir ou de peine du fait d'une cause d'une force donnée, est ce que nous nommons le degré ou le quantum de sa sensibilité[1]. » Cette sensibilité pour chaque type de sensation diffère d'une personne à l'autre. La sensibilité d'une personne dépend de ses qualités personnelles. Bentham passe ainsi en revue trente-deux caractéristiques : âge, santé, religion, sexe, profession, caractère, race, situation matérielle...

Bentham est condescendant voire méprisant envers la femme : « sur le plan de la force et de la robustesse du corps, sur le plan de la quantité et de la qualité de sa connaissance, sur le plan de ses capacités intellectuelles et de la fermeté d'esprit,

---

[1] Ibidem, p. 42.

elle est généralement inférieure. »[1] Ses inclinations sympathiques ou antipathiques sont moins conformes au *principe d'utilité* que celles de l'homme. Le même dédain se manifeste quand Bentham examine le rang social : « Ceteris paribus, le quantum de sensibilité se révèle supérieur dans les rangs plus élevés que dans le bas[2]. » Traduisons : les brutes du bas de l'échelle sont incapables de goûter au raffinement des meilleurs plaisirs.

Deux reproches sont généralement formulés à l'adresse de l'utilitarisme :

D'abord un reproche formel : il semble naïf de penser que tous ces plaisirs et peines se mesurent, se comparent et s'additionnent aussi simplement. Comme nous l'avons vu, les économistes ont renoncé à mesurer l'utilité. Les plaisirs de l'utilitarisme sont encore plus complexes et hétérogènes. Les comparaisons et additions devraient donc être bannies a fortiori. L'utilitarisme traite la valorisation des plaisirs et des peines avec trop de légèreté. Sen montre que la satisfaction des désirs dépend de facteurs extrinsèques par rapport au besoin considéré. Il donne l'exemple des personnes vivant dans la précarité qui adaptent leurs désirs à ce que leur situation leur permet d'espérer. Autre exemple : que pèse le plaisir d'une cigarette quand je peux à la fois avoir envie de fumer et souhaiter arrêter de fumer ?

Ensuite une critique de fond : l'utilitarisme ne se préoccupe que de la somme de l'utilité et pas du tout de sa répartition entre les membres de la communauté. Par exemple, entre une première répartition entre cinq personnes qui attribue les quantums d'utilité en 5+4+2+0+0 et une seconde qui attribue 2 à chacun, l'utilitarisme préfère la première, sans égard pour les deux individus maintenus en état de privation. Le principe d'utilité n'empêche donc pas que certains individus ou certains groupes soient carrément sacrifiés au bénéfice de la majorité.

---

[1] Ibidem, pp. 52-53.
[2] Ibidem, p. 54

De façon générale, les penseurs utilitaristes adhèrent au libéralisme économique. Dans son ouvrage de philosophie morale, Sidgwick cherche à savoir si le bonheur est mieux promu par le libéralisme ou par l'égalitarisme, En faveur du second, nous avons vu qu'il faisait de l'aversion de l'homme envers le sentiment d'infériorité un argument égalitariste. En faveur du libéralisme, il remarque qu'il est préférable que chacun se préoccupe de son intérêt plutôt que de celui des autres, en vertu de deux arguments libéraux courants : chacun connaît mieux ses besoins lui-même et l'intérêt individuel stimule l'énergie. Il estime aussi que l'utilitarisme ne peut que soutenir la liberté. Puis il s'interroge : vaudrait-il mieux que les riches distribuent leur richesse superflue aux pauvres ? Sa réponse est plutôt négative. Le bonheur est mieux assuré si chacun sait qu'il doit compter sur ses propres forces, ce qui amène Sidgwick à un distinguo entre le malheur causé par l'imprévoyance et les revers imprévisibles. Le calcul utilitariste commande de ne pas inciter à l'imprévoyance, mais l'empathie et la générosité sont justifiées envers les victimes qui ne sont pas responsables de leur malheur. Comme le montre sa question, Sidgwick n'échappe pas à cet aveuglement qui porte les libéraux à discuter de la redistribution mais pas de la répartition primaire. Quant à la phrase « compter sur ses propres forces », elle pose question : est-ce là ce que font l'héritier, le rentier ? Les *propres forces*, sont-elles comparables pour un enfant de riche et un enfant de la classe défavorisée ?

John Stuart Mill est un cas particulier. Son utilitarisme est moins aveugle. Libéral, il l'est mais avec une distanciation " centriste ". Il est aussi un des seuls à son époque à affirmer l'égalité des genres.

John Rawls

En 1971 paraît « Théorie de la justice » de John Rawls, professeur de philosophie à Harvard.

> Ouvrage long et aride dont les éditions de poche connaissent depuis vingt ans un succès exceptionnel, traité de philosophie le plus lu du XXe siècle, point de départ d'une littérature secondaire si abondante qu'après deux décennies à peine il est devenu totalement impossible d'en faire un relevé exhaustif, la *Théorie de justice* de John Rawls constitue, même pour l'observateur extérieur, un phénomène tout à fait étonnant[1].

L'ouvrage de Rawls a pour objet non pas la société juste mais la justice en soi. Il n'échafaude pas un modèle d'organisation qu'il considère comme l'organisation sociale juste. Il définit les principes en fonction desquels on peut considérer que telle ou telle organisation est juste ou ne l'est pas. Cette démarche est pleine de sagesse. S'interroger sur le sens de la justice paraît un préalable à un débat fructueux sur le choix d'un type d'organisation sociale.

Avant d'analyser plus en détail ses propositions, épinglons les deux qui ont fait sa réputation :

- Il condense la justice telle qu'il la défend en deux principes complémentaires : l'un d'eux, baptisé « principe de différence » est devenu célèbre. Il considère que des inégalités ne sont défendables que lorsqu'on peut démontrer qu'elles profitent indirectement aussi aux moins favorisés.
- De quelle source les deux principes tirent-ils leur légitimité ? Au-delà du fait qu'il en est l'auteur, Rawls montre qu'ils seraient choisis dans ce qu'il appelle « la position originelle », une assemblée fictive des membres de la communauté où les participants délibèrent alors qu'ils sont dans l'ignorance de la situation qui sera la leur dans la vie réelle.

---

[1] P. Van Parijs, *Qu'est-ce qu'une société juste ?* Paris, Editions du Seuil, 1991, p. 69.

Voyons maintenant les principes de justice tels que Rawls les expose [1] :

Premier principe : « Chaque personne doit avoir un droit égal au système total le plus étendu de libertés de base égales pour tous, compatible avec un même système pour tous. »

Rawls examine longuement les diverses libertés qui sont à intégrer dans le paquet de droits premiers. La condition du partage égal de ce stock de libertés exclut certaines d'entre elles, notamment certaines formes de propriété des moyens de production et la liberté absolue en matière de contrat.

Deuxième principe :

Les inégalités économiques et sociales doivent être telles qu'elles soient :

- a) Au plus grand bénéfice des plus désavantagés, dans la limite d'un juste principe d'épargne, et
- b) Attachées à des fonctions et des positions ouvertes à tous, conformément au principe de la juste égalité des chances.

Rawls complète le *principe de différence* par l'égalité des chances. Il précise clairement qu'il ne s'agit pas simplement d'un droit formel mais qu'elle implique que la société mette en place les procédures pour égaliser effectivement les chances.

Le duo de principes est assorti d'un système de priorités :

- a) Le premier principe l'emporte sur le second. « Les libertés de base ne peuvent être limitées qu'au nom de la liberté. »
- b) « Le second principe de la justice est lexicalement antérieur au principe d'efficacité et à celui de la maximisation de la somme totale d'avantages ; et la

---

[1] J. Rawls, *A Theory of Justice*, Harvard University Press, 1971 (trad. fr. de C. Audard, *Théorie de la justice*, Paris, Editions du Seuil, 1997, p.341).

juste égalité des chances est antérieure au principe de différence. »

On voit que la théorie de Rawls combine savamment la liberté, l'égalité et l'efficacité. Rawls prétend que tant des systèmes sociaux à propriété privée que des systèmes socialistes sont susceptibles de respecter ses principes, pour autant qu'ils soient adéquatement organisés.

Sans surprise, la proposition de Rawls fit couler beaucoup d'encre. Un premier différend a trait à l'objet sur lequel le principe de différence doit s'appliquer. Autrement dit, l'objet dont la répartition sera ou non jugée juste. Le plus simple serait qu'il s'applique au revenu. Mais Rawls place la barre plus haut. A cette fin, il crée le concept de *biens premiers*, « qui sont tout ce qu'on suppose qu'un être rationnel désirera, quels que soient ses autres désirs ». Plus loin, il tente une énumération : « les droits, les libertés et les possibilités offertes, les revenus et la richesse[1] ». Rawls s'écarte de l'utilitarisme et de la théorie microéconomique de l'utilité en ce qu'il considère que ce n'est pas le résultat, le bonheur qu'il faut répartir justement, mais les moyens permettant aux individus de se le procurer par leur propre attitude. En conséquence, la société n'a pas le devoir de satisfaire un individu qui aurait des goûts particulièrement dispendieux : l'individu est responsable de ses goûts.

Pour appliquer le principe de différence, il faut pouvoir classer les allocations de biens premiers de la meilleure à la moins bonne, selon un indice agrégeant les différents éléments constituant ce panier composite. Rawls considère cette difficulté comme mineure, mais tous les auteurs ne partagent pas son optimisme. Comme le remarque Roemer, si tous les individus n'ont pas les mêmes préférences, il sera impossible d'établir un classement unanime. Sen émet une autre critique : Rawls se focalise trop sur les biens premiers objectifs et pas assez sur ce qu'ils permettent aux individus de réaliser dans leur vie, compte tenu de leur situation personnelle (par exemple

---

[1] Ibidem, pp. 122-123.

le fait d'être porteur de handicap). D'où son concept de « capacités de base » qu'il présente comme une alternative.

Une autre difficulté, relevée par Van Parijs, concerne la définition des « plus désavantagés » : quel critère privilégier, tant qualitativement (car l'inégalité est multifactorielle) que quantitativement (le 1%, les 10%, les 20% les plus pauvres ?).

Ces diverses critiques sont plutôt de nature technique et ne contredisent pas le formidable apport des principes de justice de Rawls à la réflexion sur la justice.

Venons-en à la *position originelle*. Les participants doivent sélectionner à l'unanimité les principes de justice les plus désirables parmi un éventail de systèmes philosophiques proposés, dont font partie notamment le double principe de Rawls et l'utilitarisme. Que le choix soit objectif exclut que les participants ne votent pour telle option parce qu'ils la pensent avantageuse à leur intérêt personnel. La solution de Rawls, c'est « le voile de l'ignorance ». Les participants doivent ignorer les facteurs qui contrarient l'objectivité. Rawls leur fait ignorer :

— leur place future dans la société (richesse des parents...) ainsi que la distribution de probabilité d'occuper les différentes places ;
— leur dotation en capacités innées (force physique, intelligence, talent artistique) ;
— leur propre conception du bien (leurs tendance idéologique) ;
— leur psychologie (traits de caractère) ;
— la génération à laquelle ils appartiendront (pour les questions environnementales).

C'est comme si avant leur naissance, les âmes élaboraient ensemble le type de société[1] dans laquelle elles seront incarnées afin que leur vie se passe dans le contexte le plus valorisant.

Le fait que cette assemblée soit irréalisable n'enlève rien à l'intérêt de la démarche. Toute personne voulant émettre un

---

[1] Plus précisément les règles de justice qui s'imposeront à elle.

avis objectif sur la justice devrait — me semble-t-il — faire l'effort intellectuel de s'abstraire de sa propre situation.

Quelle caractéristique du double principe de justice de Rawls se révèle déterminante pour convaincre les âmes participant à la position originale ? L'accent mis sur la justice ainsi que le désir d'inclusion de tous dans le bien-être économique donnent à penser que Rawls s'appuie sur un fort sentiment solidariste. Rawls a de la sympathie pour ce type de sentiment[1] mais ce n'est pas à lui que sa démonstration fait appel. Les interlocuteurs ne se veulent entre eux ni du bien ni du mal. C'est le souci égocentré de son propre bien-être qui conduit le participant à la position originelle à préférer le double principe, à la manière de l'homo economicus. *Le principe de différence* est ce que les mathématiciens appellent un *maximin*. Il revient à sélectionner le système dont la position sociale la moins enviable est plus satisfaisante que la position correspondante de tous les autres systèmes. Le maximin est donc pour l'individu une espèce d'assurance contre une position sociale pénible. Chacun a la garantie que même au bas de l'échelle, il ne sera pas sacrifié. L'aversion pour le risque est la motivation du choix.

La théorie de Rawls sera attaquée sur ce point, notamment par l'économiste utilitariste John Harsanyi. Selon la *théorie de l'utilité espérée*, très populaire auprès des économistes néoclassiques, l'agent rationnel mis en situation d'incertitude, choisit l'option qui maximise l'espérance mathématique (la moyenne attendue) de son utilité. Il devrait donc accorderait une attention égale à toutes les positions sociales plutôt que de se focaliser sur la plus mauvaise. Rawls s'est défendu en insistant sur l'importance du risque en jeu : il ne s'agit pas ici d'un billet de loterie qu'on paierait sans gagner de lot mais de la qualité de toute une vie, ce qui justifie une attitude pleine de prudence[2].

---

[1] Il prône ce sentiment dans la société réelle, pas dans la position originelle.

[2] Kenneth Arrow a contre-argumenté que la *théorie de l'utilité espérée* inclut déjà l'aversion pour le risque. Cet argument ne me

A mon avis, l'argument de Harsanyi découle d'une mécompréhension. La demande rawlsienne que les moins favorisés bénéficient des effets corrélatifs de l'inégalité n'implique pas que les positions d'au-dessus n'en profitent pas. Ce sont les moins nantis qui avaient le moins de chances d'en profiter, d'où la préoccupation à leur égard. D'autre part, la décroissance de l'utilité marginale fournit un motif supplémentaire à la focalisation sur les plus défavorisés : un revenu donné a plus d'utilité pour eux[1].

A mon avis et c'est aussi ce que pense Roemer, une des principales faiblesses de la théorie rawlsienne est que les participants à la position originelle ignorent trop d'informations. Cette ignorance sert à ramener la discussion à un problème d'incertitude mais elle rend l'exercice irréaliste. Il paraît souhaitable de réintroduire les opinions philosophico-politiques individuelles et un peu de sentiment dans les esprits participant à la position originelle, faute de quoi il nous est impossible de nous identifier à ces êtres trop désincarnés. La théorie de Rawls n'a de sens que si leur choix est aussi le nôtre.

---

paraît pas valide. L'économiste français Maurice Allais avait montré que la *théorie de l'utilité espérée* tend à sous-estimer cette aversion.

[1] On peut certes critiquer la comparaison interpersonnelle d'utilité incluse dans cette affirmation, mais du fait de la loi des grands nombres, elle est juste en moyenne.

11.

Théories de la justice (suite)

Le libertarisme

Le libertarisme est une doctrine qui place la liberté (incluant la propriété privée) au-dessus de toutes les autres valeurs. Il réclame l'Etat minimal, voire son abolition et il rejette toute préoccupation pour la distribution des revenus. Cette doctrine est assez bien implantée aux Etats-Unis depuis la fin des années soixante-dix et elle le doit peut-être au retentissement d'un livre paru en 1974 : « Anarchie, Etat et utopie » du philosophe américain Robert Nozick. Le libertarisme a un précurseur au XVIIe siècle en la personne du philosophe anglais John Locke. C'est l'ouvrage de Nozick qui nous servira de fil rouge.

Les anarchistes de gauche rejettent l'Etat et la propriété privée des moyens de production. Les libertariens sont en quelque sorte des anarchistes de droite ; eux-aussi rejettent l'Etat mais ils vénèrent la propriété privée. On a beaucoup parlé de « l'Etat gendarme » qui était le modèle politique du libéralisme au XIXe siècle. Cet Etat n'intervient pas dans l'économie et les affaires sociales mais il protège les personnes et les propriétés contre les délits et il veille à la bonne exécution des contrats. La question que se posent les libertariens est : un Etat minimal du type *Etat gendarme*, n'est-ce pas déjà trop d'Etat pour nous qui y sommes allergiques ? Ils sont divisés sur la réponse. Le point de départ du raisonnement libertarien est l'*état de nature* lockéen[1], tout entier fait de liberté et de propriété privée. Les

---

[1] Cf. chapitre 7.

plus extrémistes, comme Murray Rothbard, rejettent tout Etat, aussi sommaire soit-il, parce qu'il ne peut que trahir la loi naturelle, c'est-à-dire la loi de l'état de nature. Dans la première partie de son ouvrage, Nozick montre que la morale naturelle est mise en difficulté aussi bien par l'absence d'un Etat minimal que par son existence. Pour sortir de cette contradiction, il élabore un scénario rationnel mais imaginaire par lequel l'Etat minimal émergerait de l'état de nature sans contrevenir à la loi naturelle. Ce scénario sera critiqué par Rothbard.

La partie de l'ouvrage qui nous intéresse le plus est celle où l'auteur contredit toutes les raisons qui incitent la politique à aller au-delà de l'Etat minimal, par exemple au nom de la justice.

Comment Nozick définit-il une distribution juste ? C'est une distribution de la propriété qui résulte :

— D'acquisitions qui respectent le principe de la juste acquisition

— De transferts de propriété qui respectent le principe du juste transfert.

Examinons-les tour à tour. Concernant l'ACQUISITION, le cas diffère selon qu'il s'agisse des produits de l'activité humaine ou des ressources naturelles non créées par l'homme.

— On acquiert légitimement le bien dont on est le producteur.

— Quant à la terre, aux sources d'eau, aux richesses du sous-sol, Nozick défend le droit du premier arrivé. On a droit à ce qu'on découvre. Nozick consacre pas mal de pages à cette question. La propriété des dons de la nature est un sujet qui a fait couler beaucoup d'encre avant et après Nozick qui, lui, s'inspire de Locke. L'analyse de cette problématique est reportée au chapitre suivant.

La légitimité du TRANSFERT lui vient du libre consentement des parties. Il y a trois modes de transfert justes : l'échange (achat-vente), le don et le legs.

Une telle théorie n'accorde manifestement aucune place aux taxes et aux transferts de l'Etat.

Nozick distingue les théories de la justice en deux catégories : les théories *finales* et les théories *historiques*. Les premières fixent un modèle auquel doit répondre la répartition pour être déclarée juste, par exemple *à chacun selon ses besoins*. Les secondes fixent des conditions auxquelles les processus de répartition doivent répondre. Les premières visent le résultat, les secondes le chemin qui y mène. La plupart des politiques égalitaristes sont finales, la théorie de Nozick est historique.

Un défaut commun entache toutes les théories *finales*. Supposons, dit Nozick, que pour la théorie finale X, on ait atteint une répartition juste. La vie continue et les acquisitions et transferts justes auront vite fait de bousculer la répartition qui de juste deviendra injuste. Il ne sera donc possible de maintenir une distribution juste finale que par un système d'obligations et d'interdictions. « La société socialiste devrait interdire les actions capitalistes entre adultes consentants[1]. » Outre les actions typiquement capitalistes, l'égalitarisme doit interdire les dons et héritages car ils accumulent de la richesse dans certaines mains : la famille devient une gêne pour ces systèmes car elle favorise ces actions que Nozick qualifie d'actes d'amour.

Nozick met le doigt ici sur des problèmes bien réels, mais il ne prend pas le recul nécessaire. Lorsque la société agit selon une valeur, elle dégrade la situation par rapport aux autres valeurs. La condition humaine est ainsi faite qu'il y a des renoncements auxquels nos choix, quels qu'ils soient, nous condamnent. Certains individus sont plus sensibles à tel renoncement, d'autres à tel autre. Comme je l'ai déjà expliqué, il est préférable de poursuivre une combinaison de plusieurs valeurs ; elle ne satisfera pleinement personne mais elle paraît plus supportable que l'intégrisme dans une valeur, tel que Nozick le pratique avec la liberté.

---

[1] R. Nozick, Anarchy, *State, and Utopia*. Oxford, Blackwell, 1974, p.163 (ma traduction).

A propos de l'héritage, Mill écrit :

> Je ne peux admettre qu'il soit obligé vis-à-vis de ses enfants, simplement parce qu'ils sont ses enfants, de les faire riches sans la nécessité d'un effort. Les parents ont l'obligation envers la société de tenter de faire de leurs enfants des membres honorables de celle-ci et se doivent de prodiguer aux enfants, dans la mesure où ça dépend d'eux, l'éducation et les moyens qui les rendront capables de réussir leur vie par leurs propres efforts[1].

L'invocation de l'amour parental dans l'argumentation de Nozick me paraît avoir un caractère encore plus spécieux que celui relevé par Mill. D'abord en pensant à tous les parents aimants qui n'ont pas de biens matériels à léguer. Mais il y a plus important : le cadeau le plus bienveillant que les parents peuvent offrir à leurs enfants, n'est-ce pas la possibilité de vivre dans un monde juste et apaisé plutôt que de les voir dotés de privilèges dans un monde injuste ?

Outre l'interdiction d'actes capitalistes entre adultes consentants, l'Etat dispose d'une autre option pour atténuer l'inégalité : la fiscalité. Mais cette méthode ne plaît pas plus à Nozick, qui ne voit pas de différence entre taxes, expropriation et travail forcé :

> La taxation des revenus du travail est à mettre sur le même pied que le travail forcé (...) ; prendre le gagne-pain de n heures est comme prendre n heures de la personne ; c'est comme obliger la personne de travailler n heures pour un autre but[2].

Quand Louis XIV prélevait des impôts, c'était pour financer le luxe de sa vie parasitaire et de celle de sa cour. Nozick fait fi de ce que les impôts actuels financent en grande partie des services publics. Les opinions divergent quant à ce que

---

[1] J. S. Mill, Principles of Political Economy with some of their Applications to Social Philosophy, London, Longmans, Green and Co, 1919, p. 22 (ma traduction).

[2] Nozick. op. cit., p. 169.

devraient être ces services, mais au moins, l'impôt n'est pas sans contrepartie, ce qui le distingue du travail forcé. Et même dans le cas des transferts en faveur des pauvres, les riches bénéficient d'un avantage compensatoire, comme Mankiw l'a admis (cf. supra).

L'impôt frappe le revenu du travailleur laborieux qui préfère l'argent au loisir. Par contre, il épargne le loisir de celui qui est plus attiré par le temps libre. C'est illogique, remarque Nozick. Il a raison. C'est parfaitement illogique. Mais renoncer à cette taxe illogique frappant des personnes nanties de la faculté contributive, n'entraîne-t-il pas des problèmes autrement plus douloureux : l'inhumanité de laisser les pauvres croupir dans leur misère ou la stupidité d'abandonner les services publics ? Une faute courante chez les auteurs libertariens est l'incapacité de mesurer adéquatement la souffrance infligée par diverses causes : la souffrance engendrée par une atteinte à la liberté qu'ils dénoncent (par exemple, devoir payer des taxes), la souffrance induite par leurs propositions (par exemple, celle que cause la pauvreté due à l'abandon des politiques sociales), la souffrance inhérente à un état qui leur sert de comparaison (ici, le travail forcé). Ce défaut est révélateur d'un travers plus profond. Le libertarisme est indifférent au bonheur et au malheur humains. Il se raccroche à un postulat théorique : la prééminence absolue de la liberté sur toute autre considération.

Par les taxes et autres prélèvements, les systèmes de justice finaux mettent la main sur le produit de certains pour l'allouer à d'autres ou pour financer des actions que la personne taxée n'a pas personnellement choisies. Nozick l'interprète ainsi :

Ce processus par lequel ils prennent ces décisions vous concernant fait d'eux un propriétaire partiel de vous.

> (Les principes de justice distributive finaux) entraînent une mutation de la notion libérale classique de la propriété de soi vers une notion de droits de propriété (partiels) dans d'autres personnes[1].

---

[1] Ibidem, p. 172.

Non. Nous ne sommes pas nos biens et nos biens ne sont pas nous. Il peut être désagréable de voir son revenu obéré par les impôts, mais, heureusement, notre personne reste intacte. Cette affirmation est gratuite et absurde. Le citoyen d'une dictature totalitaire pourrait se sentir dépossédé de sa personne. Nozick se montre incapable de penser comme s'il était vraiment dépossédé de soi.

Divers auteurs, dont Rawls, se fondent sur l'intrication du hasard dans le talent pour relativiser son mérite (cf. chapitre 8). Nozick rétorque qu'il faut accepter que le hasard influence nos vies indépendamment du mérite. Certes. Il serait en effet absurde et d'ailleurs impossible de vouloir éradiquer le hasard complètement. Des événements aléatoires de natures variées affectent nos vies et il semble logique que la façon dont la société traite ces situations doit dépendre de leur impact. Un argument de Friedman dans son ouvrage précité m'aidera à clarifier ce point. Supposons, écrit-il, un groupe de quatre personnes qui se promènent dans la rue ; l'une d'elle trouve un billet de 20 dollars sur le trottoir. Friedman récuse l'idée que les trois autres auraient le droit de l'obliger à partager ou qu'elle aurait l'obligation morale de le faire. L'affirmation de Friedman me paraît admissible dans ce cas, parce qu'il s'agit d'une chance qu'on peut qualifier d'*anecdotique*. A contrario, imaginons une société où le revenu des habitants dépendrait uniquement des billets de loterie qu'ils trouvent dans la rue. On aurait affaire à de la chance *systémique*, une chance qui détermine la qualité de la vie des individus. Les privilèges de la naissance en sont un exemple de chance systémique. Elle paraît difficilement justifiable et la société a la capacité de la modérer.

Nozick s'élève également contre l'idée qu'un partage doit nécessairement être juste. Ceux qui me critiquent lorsque je partage un gâteau en parts inégales ne s'offusquent pas du traitement discriminatoire entre les gérants de cinéma lorsque je vais voir le film chez l'un plutôt que chez l'autre. Je n'ai pas à justifier, dit-il, l'usage que je fais de mon argent, vis-à-vis des zélateurs de la justice. Comme souvent, Nozick tire d'une proposition correcte des déductions erronées ou outrancières.

Si de façon systématique et répétée, je donne à un enfant une portion de gâteau moindre sans justification, ne s'agit-il pas d'une forme de maltraitance psychologique ?

Dans le même genre d'argumentation, on trouve ce questionnement qui concerne l'égalité des chances : pour m'épouser, ma femme a peut-être repoussé quelqu'un de moins beau. Nozick demande : peut-on m'obliger à payer la chirurgie esthétique aux moins beaux ; ou la collectivité, peut-elle forcer les plus beaux à subir une opération qui les enlaidit pour assurer l'égalité des chances ? On retrouve à nouveau cette confusion entre ce qui concerne les personnes et ce qui concerne les biens (les revenus que rapportent les talents), une frontière qui semble ne pas exister pour Nozick. Mais l'exemple absurde de la chirurgie esthétique fait apparaître en anamorphose des faits réels comparables qui ne sont pas absurdes. Dans les pays civilisés, la sécurité sociale finance régulièrement des opérations chirurgicales et d'autres traitements pour réparer les défauts physiques de ceux qui naissent avec un handicap, sans que personne n'y trouve à redire.

Nozick, après ça, tente de culpabiliser « les égalitaristes ». Son arme pour y arriver est l'un des sept péchés capitaux : l'envie.

La personne envieuse, si elle ne peut pas (aussi) posséder une chose (talent etc.) qu'un autre a, préfère que cette autre personne ne l'ait pas non plus. L'homme envieux préfère que ni l'un ni l'autre ne l'ait plutôt que les autres l'ayant alors que lui ne l'a pas.

Nozick trouve ce sentiment, cette émotion incompréhensible. Ne devrait-on pas plutôt se féliciter de la réussite des autres ?

> Comment les activités d'un autre, ou ses caractéristiques, peuvent-elles affecter mon amour-propre ? Mon amour-propre, le sentiment de ma valeur, ne devraient-ils pas dépendre seulement de faits me concernant ? Si d'une certaine façon c'est moi que

j'évalue, comment des faits relatifs à d'autres personnes peuvent intervenir[1].

Comme Nozick le remarque, c'est une tendance humaine fondamentale de se comparer aux autres. A son avis, le problème de fond est une espèce de complexe d'infériorité que cette comparaison induit chez certaines personnes se sentant moins douées. Dans ce cas, si la tendance à la comparaison persiste, aucune réforme sociale ne parviendra à améliorer l'amour-propre de ces personnes.

Nozick limite son analyse à la question des capacités individuelles. Il prétend d'ailleurs que la comparaison afflige le plus lorsque le succès de l'autre découle de son talent plutôt que d'autres facteurs. Cette affirmation est en contradiction avec les données des sondages réalisés dans le cadre des études sociologiques évoquées au chapitre 5[2].

Nozick commet dans cette réflexion sa faute habituelle. Il ramène un problème social au niveau de la personne individuelle. Dès lors, tous les facteurs sociaux sont gommés. En réalité, l'être humain, tous les êtres humains et pas seulement les égalitaristes, se livrent à ces comparaisons. Celles-ci portent sur les récompenses aussi bien que sur les capacités. Il faudrait être très borné pour prétendre que ces récompenses sont toujours distribuées en fonction du mérite. L'être humain est fait de forces et de faiblesses qu'il faut pouvoir analyser sans condescendance. Pickett et Wilkinson ont diagnostiqué nombre de dysfonctionnements sociaux suscités par l'inégalité (cf. chapitre 9). C'est que notre espèce y est très sensible. Comme ils l'ont montré, notre histoire ancienne n'y est pas étrangère.

---

[1] Ibidem, pp. 239-240.

[2] A. Alesina, P. Giuliano. *Preferences for Redistribution*, NBER Discussion Papers, Working paper 14825, 2009, www.nber.org/papers/w14825, p. 21.;

I. Grosfeld, C. Senik. "The emerging aversion to inequality ", *Economics of transition*, 2010, vol. 18, p. 4.

Nous avons vu précédemment comment la *theory* of *social choice* américaine caricature le débat politique. Nozick joint sa voix à cette politologie réductrice. Il s'interroge : pourquoi les 51% des électeurs les moins riches ne votent-ils pas des mesures de redistribution radicale à leur avantage au détriment des 49% plus riches ? Mais il connaît la réponse : il y a une majorité de rechange : les 51% les mieux lotis contre les 49% du bas. Tout dépend de si les 2% du milieu s'allieront avec le 49% du haut ou les 49% du bas. Il se fait que ceux du haut ont plus à leur offrir. CQFD. Que de facteurs négligés ! Le graphique de la répartition des revenus à la forme d'une toupie et non d'un cylindre ; l'inégalité n'est pas que pécuniaire ; les groupes socioprofessionnels (salariés, indépendants, cadres…) ont chacun une culture propre créant des solidarités ; des facteurs éthiques ou idéologiques (voire raciaux ou religieux) interviennent dans les votes.

Le libertarisme est généralement perçu et c'est certainement son souhait, comme une théorie célébrant l'individu ; en face de celui-ci, la société, toujours prête à raboter ses droits, est l'adversaire. Mais derrière les belles phrases, reconstituons la société idéale selon Nozick. L'individu risque d'y être fameusement malmené. Les caprices du hasard n'ont pas de contrepoids. L'individu a juste le droit d'accepter la distribution de la propriété telle qu'il la trouve ainsi que les règles d'acquisition et de transfert si bien spécifiées par Nozick. S'il n'est pas servi par la chance, le pauvre individu se trouve face à un Etat amputé de ses fonctions sociales, l'Etat-gendarme, qui veille jalousement sur la propriété d'autrui. Lorsque son biotope social est caractérisé par ce type d'individualisme, l'individu réel peut se sentir écrasé.

La critique communautariste

Tout individualisme n'est donc pas entièrement individualiste. Le chapitre 7 avait exposé l'individualisme méthodologique qui caractérise toutes les philosophies libérales. L'individu y fait son entrée dans la vie sociale comme un Robinson, libre et vierge de toute détermination, mais désireux de nouer les contacts avec d'autres individus également libres pour pratiquer des échanges qui augmenteront son utilité, ce qui constitue son but suprême. De toute évidence, le libertarisme s'intègre dans cette tradition. Même si c'est moins évident, la philosophie de Rawls également. C'est avec cette mentalité que « son » individu réfléchit dans la position originelle.

Deux philosophes critiquent cette conception individualiste : Michael Sandel et Alasdair MacIntyre regrettent l'absence d'une composante essentielle de l'être humain : la dimension communautaire. Considérant à la fois Rawls et Nozick, MacIntyre voit leurs individus « comme si nous avions fait naufrage sur une île déserte avec un groupe d'autres individus, chacun d'eux étant un étranger pour moi et pour tous les autres[1]. »

Les deux philosophes s'inspirent de l'éthique aristotélicienne de la vertu civique. Sandel conteste même cette maxime libérale endossée par Rawls que l'Etat doit rester neutre en matière de morale sous prétexte que l'adhésion à une conception morale serait une affaire privée.

> La liberté de choix, même exercée dans des conditions équitables, n'est pas un fondement adéquat pour une société juste. Plus encore, je crois que la recherche de principes de justice neutres est peu judicieuse[2].

Nous sommes porteurs d'une identité sociale, même d'une multitude d'identités : familiale, du village, de la nation... Ces histoires sont intrinsèquement liées à celle de notre vie, parfois dès avant notre naissance. C'est ce qui justifie, par exemple, que des Allemands d'après-guerre, qui n'ont forcément pas de sang sur les mains, peuvent adresser des excuses au peuple juif pour des crimes auxquels ils n'ont personnellement pas pris part.

---

[1] A. MacIntyre, After *Virtue*. Indiana, University of Notre Dame Press, 2007, p. 250 (ma traduction).

[2] Sandel, Justice, trad. cit. 324.

Sandel n'est pas moins demandeur de justice sociale que Rawls, mais ses motifs diffèrent. « Un écart trop grand entre les riches et les pauvres sape la solidarité que la citoyenneté démocratique requiert[1]. » Les pauvres et les riches vivent dans des mondes séparés. Il faut améliorer la qualité des services publics pour y faire revenir la classe aisée qui a pris l'habitude des services privés.

MacIntyre relève un autre point sur lequel Rawls et Nozick se rejoignent. L'homme de la rue considère que le mérite est un pilier de la justice. S'il est à droite, il mettra en évidence le mérite des entrepreneurs ; s'il est à gauche, il regrettera que le mérite de la classe ouvrière n'est pas récompensé. Mais « ni la démonstration de Rawls, ni celle de Nozick n'accordent cette place centrale ou simplement une place quelconque au mérite dans les revendications concernant la justice ou l'injustice[2]. » L'explication de cette omission nous ramène à l'idée précédente : la communauté est la grande absente de leurs démonstrations. Or :

> La notion de mérite ne trouve une assise que dans le contexte d'une communauté dont le lien premier est une compréhension partagée à la fois du bien de l'homme et du bien de la communauté et où les individus identifient leur intérêt premier à ce double bien.[3]

Il ne peut y avoir de mérite que par rapport à la réalisation d'un objectif poursuivi en commun.

Nozick ne juge une distribution que sur son passé, son origine, restant indifférent au résultat ; Rawls au contraire ne considère que le futur, peu intéressé par les efforts qui furent nécessaires pour y parvenir. Comment l'un et l'autre pourraient-ils intégrer le mérite dans leur théorie !

A mon avis, la conception communautariste complète celle de Rawls plus qu'elle n'en disqualifie les fondements. La théorie

---

[1] Ibidem, p. 39.
[2] MacIntyre op. cit., p. 249.
[3] Ibidem, p. 250.

de Rawls a le mérite de montrer qu'un discours rationnel peut associer liberté et égalité. La vertu du communautarisme est de souligner qu'elles doivent partager la scène avec une troisième valeur : le sentiment d'appartenance communautaire.

La question du *constructivisme*

Observons le processus par lequel s'instaure la justice chez Rawls. La position originelle d'abord. On y voit les principes de justice se construire progressivement par la raison. Le voile de l'ignorance protège la raison d'incursions irrationnelles. Les principes une fois établis, la justice doit être mise en œuvre dans la société réelle. Il revient à la politique au sens le plus noble du terme de traduire ces principes en lois. Nouvelles discussions, négociations. Nouveaux votes. La construction de la justice s'approfondit et se concrétise de la sorte. Ce mode d'élaboration des institutions par la volonté et la raison s'appelle le *constructivisme*.

Comme Rawls le note lui-même, il transpose en philosophie politique et sociale le type de démarche qui fut celui d'Emmanuel Kant en philosophie morale. Avant Kant, les hommes pensaient que des règles morales ne pouvaient émaner que du ciel. Kant a, au contraire, démontré que la raison pouvait produire par elle-même des principes de morale qui ont un caractère absolu. Kant parle d'*impératif catégorique*. Le principe est : « *Agis uniquement d'après la maxime qui fait que tu peux vouloir en même temps qu'elle devienne une loi universelle.* »[1] Kant écrit encore : « La volonté n'est donc pas seulement soumise à la loi ; mais elle y est soumise de telle sorte qu'elle doit être regardée également comme instituant cette loi et comme n'y étant avant tout soumise que pour cette

---

[1] E. Kant, *Fondements de la métaphysique des mœurs*. Trois rivières (canada), Éditions Les Échos du Maquis, 2013, p. 35. https://philosophie.cegeptr.qc.ca/wp-content/documents/Fondements-de-la-Métaphysique-des-moeurs.pdf

raison¹ ». Selon Kant, raison, volonté, autonomie et liberté se conjuguent. Comme l'écrivait Jean-Jacques Rousseau dont Kant était un admirateur, « L'obéissance à la loi qu'on s'est prescrite est liberté². »

Le constructivisme social n'est pas propre à Rawls. D'une certaine façon, est constructiviste, toute tentative d'organiser les activités économiques par une autorité se référant à des principes établis par la volonté humaine consciente. On comprend que la gauche aura tendance à être plus constructiviste que la droite, même s'il ne faut pas sous-estimer la construction qui est à la base de l'individualisme, comme le remarquait Hume³.

Le constructivisme a un adversaire acharné en la personne de Friedrich Hayek. Beaucoup de partisans du capitalisme voient dans leur système l'aboutissement d'une loi naturelle, autrement dit l'inverse d'une construction de l'esprit humain. La position de Hayek va dans ce sens mais avec une nuance. Dans son ouvrage « La présomption fatale », il élabore une espèce de matérialisme historique de droite comme Marx avait élaboré un matérialisme historique de gauche. Le second était censé nous conduire au communisme ; le premier a amené le marché et continue à le consolider.

Hayek réexplique les avantages du marché qui ont contribué à sa dominance. Ce qui nous intéresse, c'est la philosophie de l'histoire qui explique comment ce système s'est imposé. Car Hayek l'admet, sa dominance ne signifie pas qu'il est nécessairement bon, encore moins qu'il soit juste et même pas qu'il récompense les mérites individuels. Pour gagner, un système social ne doit pas viser le bonheur des membres de la communauté. Le triomphe couronnera le système qui sera

---

[1] Ibidem, p.44
[2] J-J. Rousseau, *Du contrat social*, Paris, Garnier Flammarion, 1966, p. 56.
[3] Cf. le chapitre précédent.

capable d'assurer la survie du plus grand nombre d'êtres humains.

L'évolution historique est le lieu d'une sélection compétitive entre les formes d'organisation sociale. Les groupes humains qui perdurent sont ceux qui ont les coutumes les plus profitables. Dans cette évolution sélective, il n'y a rien de génétique ; ce n'est pas non plus l'instinct qui domine la raison. Le moteur, c'est l'essai-erreur et l'imitation de ce qui se révèle efficace ailleurs. Le processus est largement inconscient. L'esprit ne guide pas les choix. Au contraire, il en est le produit. L'apprentissage est un élément essentiel du processus. Se construit ainsi à travers les siècles une tradition empirique.

Hayek constate que certains, au nom de principes moraux, sont tentés de contester cette tradition, résultat de l'évolution. Danger ! crie-t-il. C'est l'avenir de la civilisation qui est en jeu. Demander que les changements futurs soient justes, c'est demander que le progrès s'arrête. Jusqu'à présent, la raison n'a fait que suivre l'évolution, mais depuis les lumières, les hommes investissent plus de confiance en elle. Mais il est utopique de s'imaginer qu'à l'avenir, elle pourrait devenir sujet. Autrement dit, la tradition historique a fait ses preuves, le constructivisme non ; il est dangereux de souhaiter qu'il prenne à présent le relai.

Sur la manière dont certaines formes d'organisation se font, se défont, en éliminent d'autres, la description de Hayek comporte certainement une part importante de vérité. Sans doute sous-estime-t-il le rôle que la volonté consciente a joué dans l'émergence du capitalisme. La pensée libérale a fortement imprégné la politique européenne aux XVIIIe et XIXe siècles. Il est d'ailleurs difficile de démêler ce qui construit consciemment de ce qui avance intuitivement ; les deux processus sont fort imbriqués.

Hayek offre lui-même un argument aux constructivistes. Il reconnaît que dans le domaine de la famille, la tradition a battu en retraite face à une nouvelle modernité, réformatrice sinon révolutionnaire, et consciente d'elle-même (Mai 1968 et ses effets). Il l'explique par le moindre enracinement de la tradition familiale en comparaison avec la tradition économique, mais cette justification est peu convaincante si l'on considère le poids de l'institution familiale dans toutes les sociétés. De quoi donner de l'espoir au constructivisme économique.

Peut-on imaginer un développement dialectique de l'esprit qui le rendrait apte à prendre le relai de l'évolution spontanée à la Hayek ? Il est impossible de prouver que oui comme il est impossible de prouver le contraire. Ce qui est incontestable, c'est que la mentalité sociale (culture, idéologie, valeurs morales) n'a pas cessé d'évoluer, alors même que la mentalité de l'individu humain reste égale à elle-même en traversant les millénaires. L'homme ne doit pas changer pour que la culture et la société changent. Ne se dégage-t-il pas sur le long terme, à travers des soubresauts aléatoires, une évolution culturelle qui attache de plus en plus d'importance à l'humain, du moins depuis les lumières ? J'admets que déceler des tendances dans l'histoire est un exercice téméraire. La tendance que j'envisage n'implique pas que la société s'est améliorée, encore moins que l'homme s'est amélioré. Par contre la conscience sociale me paraît grandir par sa capacité à ressentir des scrupules et de l'empathie. Quelles pourraient être les conséquences sociales d'une telle évolution ?

12.

Légitimité de la propriété foncière privée

La légitimité de la propriété privée est un thème très débattu en philosophie sociale. Mais la propriété du sol représente un débat à l'intérieur du débat. Les arguments qui soutiennent mon droit à la propriété d'un bien que j'ai produit deviennent inopérants lorsqu'il s'agit de justifier l'appropriation d'un bien qui est, selon les croyances, un don de Dieu ou un don de la nature.

Le sol et le sous-sol ont une importance économique considérable. C'est une évidence dans le cas de l'agriculture. Mais tous les produits industriels que nous consommons ou dont se servent les producteurs ont emprunté leur matière à la nature. Le sol rend aussi des services directement aux consommateurs en supportant les logements et en procurant l'agrément d'un jardin. Le revenu du sol s'appelle la rente foncière. Le loyer perçu par le bailleur qui met sa terre en location est de la rente mais le loyer que l'usager de la terre évite quand il en est propriétaire est aussi de la rente, certes invisible.

Dans nos sociétés, la plus grande partie de la terre est propriété privée. On y est tellement habitués qu'on en oublie que c'est un fait historique et contingent. Il y a une alternative : la propriété collective du sol, communale ou étatique. Propriété collective ne signifie pas usage collectif. Si l'Etat est propriétaire des terres agricoles, il n'en découle pas que les fermiers sont regroupés en kolkhozes. Simplement, ils paient la rente à l'Etat, c'est-à-dire à la collectivité des citoyens, au lieu de la payer à une personne privée.

Pourquoi tant de terres sont-elles privées ? Traçons la genèse de cette situation. Parmi les propriétaires actuels, beaucoup l'ont achetée à quelqu'un qui l'a achetée à quelqu'un qui... D'autres en ont hérité de quelqu'un qui en a hérité de quelqu'un qui... On remonte inévitablement vers ce concept fondamental : l'*appropriation originelle* encore appelée *appropriation primitive*. La question devient : à quel titre, à une période plus ou moins reculée, des individus étaient-ils en droit de soustraire à l'usage par autrui, des terres auparavant inoccupées ? Des dizaines de milliers de pages se sont remplies d'arguments défendant ou critiquant cette appropriation. A mon avis, cette problématique occupe une place excessive dans la littérature, car les philosophes concentrent leur attention sur l'appropriation pacifique de terres auparavant inoccupées. Qui connaît l'histoire sait que peu de terres ont échappé à l'appropriation violente à un moment ou à un autre et souvent à plusieurs reprises. Comme l'écrit Bertrand Russel : « La propriété privée de la terre n'a pas de justification, si ce n'est historiquement par le pouvoir de l'épée[1]. »

Entrons néanmoins dans ce débat et voyons successivement les arguments pour et les arguments contre l'appropriation privée.

POUR la propriété privée du sol

La propriété privée du sol a pour principaux apôtres les libertariens ainsi que leur précurseur John Locke.

Dans son « Traité du gouvernement civil », Locke s'échine à démontrer qu'en mêlant son travail à la terre, l'homme en fait légitimement sa propriété. Comme il admet qu'à l'état brut, non travaillé, la terre est à tout le monde, Locke nous convie à une transsubstantiation, celle que le travail exerce sur la terre.

---

[1] B. Russel, *Principles of Social Reconstruction*, London, George Allen & Unwin LTD, 1916, p. 125 (ma traduction).

On croirait lire un traité d'alchimie. Son effort a quelque chose de pathétique car la transsubstantiation prend difficilement. Suivons son cheminement :

> Encore que la terre et toutes les créatures inférieures soient communes et appartiennent en général à tous les hommes, chacun pourtant a un droit particulier sur sa propre personne, sur laquelle nul autre ne peut avoir aucune prétention. Le travail de son corps et l'ouvrage de ses mains, nous le pouvons dire, sont son bien propre. Tout ce qu'il a tiré de l'état de nature, par sa peine et son industrie, appartient à lui seul : car cette peine et cette industrie étant sa peine et son industrie propre et seule, personne ne saurait avoir droit sur ce qui a été acquis par cette peine et cette industrie, surtout, s'il reste aux autres assez de semblables et d'aussi bonnes choses communes.
>
> Un homme qui se nourrit de glands qu'il ramasse sous un chêne, ou de pommes qu'il cueille sur des arbres, dans un bois, se les approprie certainement par-là. (...). Je demande donc : Quand est-ce que ces choses qu'il mange commencent à lui appartenir en propre ? Lorsqu'il les digère, ou lorsqu'il les mange, ou lorsqu'il les cuit, ou lorsqu'il les porte chez lui, ou lorsqu'il les cueille ? Il est visible qu'il n'y a rien qui puisse les rendre siennes, que le soin et la peine qu'il prend de les cueillir et de les amasser. Son travail distingue et sépare alors ces fruits des autres biens qui sont communs ; il y ajoute quelque chose de plus que la nature, la mère commune de tous, n'y a mis ; et, par ce moyen, ils deviennent son bien particulier.
>
> Dira-t-on qu'il n'a point un droit de cette sorte sur ces glands et sur ces pommes qu'il s'est appropriés, à cause qu'il n'a pas là-dessus le consentement de tous les hommes ? (...) Si un tel consentement était nécessaire, la personne dont il s'agit, aurait pu mourir de faim,

> nonobstant l'abondance au milieu de laquelle Dieu l'a mise (...) Ainsi, l'herbe que mon cheval mange, les mottes de terre que mon valet a arrachées, et les creux que j'ai faits dans des lieux auxquels j'ai un droit commun avec d'autres, deviennent mon bien et mon héritage propre, sans le consentement de qui que ce soit. Le travail, qui est mien, mettant ces choses hors de l'état commun où elles étaient, les a fixées et me les a appropriées[1].

L'affirmation que celui qui a mêlé son travail à la terre doit devenir propriétaire du produit du travail DANS SON INTEGRALITE a l'apparence de l'évidence mais seulement l'apparence. Admettons que le producteur obtienne légitimement la propriété du produit que son travail retire de la terre ; en quoi est-ce dès lors problématique qu'il doive rémunérer la communauté qui fait office de propriétaire de la terre ? Locke ne peut ignorer que des milliers de landlords reçoivent un loyer de la part de paysans, ce qui n'empêche pas ceux-ci de vendre leur récolte sur le marché et d'en vivre. La raison qu'il invoque, la complication du consentement public, est peu crédible. Une communauté organisée rationnellement est capable de prélever cette rente sans que la lourdeur des formalités ne conduise les producteurs à la famine et au trépas.

> Mais la principale matière de la propriété n'étant pas à présent les fruits de la terre, ou les bêtes qui s'y trouvent, mais la terre elle-même, laquelle contient et fournit tout le reste, je dis que, par rapport aux parties de la terre, il est manifeste qu'on en peut acquérir la propriété en la même manière que nous avons vu qu'on pouvait acquérir la propriété de certains fruits. Autant d'arpents de terre qu'un homme peut labourer, semer, cultiver, et dont il peut consommer les fruits pour son entretien,

---

[1] J. Locke, *Two Treatises of Government*, 5ᵉ éd. 1728 (trad. fr. de D. Mazel, *Traité du gouvernement civil*, Institut des Libertés, éd. Electronique par J-M. Tremblay, 2002), p. 32.
www.institutdeslibertes.org/wp-content/uploads/2013/09/Locke_traite.pdf.

> autant lui en appartient-il en propre. Par son travail, il rend ce bien-là son bien particulier, et le distingue de ce qui est commun à tous (...) Le créateur et la raison lui ordonnent de labourer la terre, de la semer, d'y planter des arbres et d'autres choses, de la cultiver, pour l'avantage, la conservation et les commodités de la vie, et lui apprennent que cette portion de la terre, dont il prend soin, devient, par son travail, son héritage particulier. Tellement que celui qui, conformément à cela, a labouré, semé, cultivé un certain nombre d'arpents de terre, a véritablement acquis, par ce moyen, un droit de propriété sur ses arpents de terre, auxquels nul autre ne peut rien prétendre, et qu'il ne peut lui ôter sans injustice.

Même pour quelqu'un qui est convaincu par l'appropriation intégrale du produit, le passage de celui-ci à la propriété de la terre semble fumeux. La répétition de la thèse tient lieu de démonstration.

> D'ailleurs, en s'appropriant un certain coin de terre, par son travail et par son adresse, on ne fait tort à personne, puisqu'il en reste toujours assez et d'aussi bonne, et même plus qu'il n'en faut à un homme qui ne se trouve pas pourvu. Un homme a beau en prendre pour son usage et sa subsistance, il n'en reste pas moins pour tous les autres : et quand d'une chose on en laisse beaucoup plus que n'en ont besoin les autres, il leur doit être fort indifférent, qu'on s'en soit pourvu, ou qu'on ne l'ait pas fait[1].

Le dernier paragraphe a de quoi étonner. Il s'explique par ce principe que Locke énonce par ailleurs : le gaspillage étant contraire à la loi du Créateur, aucun homme ne peut devenir propriétaire d'une terre plus grande que celle dont il peut consommer le produit. Dans pareil système foncier, il y a en effet de la terre pour tout le monde, sauf en cas de

---

[1] Ibidem, p. 34.

surpopulation. Mais la propriété foncière telle que notre monde la pratique et telle que celui de Locke la pratiquait, ne correspond pas à cette spécification. La propriété y est plus concentrée parce que coexistent la grande propriété, la petite et la non-propriété.

La dernière ligne droite de son raisonnement en modifie fondamentalement les implications. Il ne vaut que pour une société de petits propriétaires qui la travaillent eux-mêmes. Si tel est le cas, on pardonnera les failles discursives. Sauf celle-ci : Locke oublie d'expliquer pourquoi quand son valet mêle son travail à la terre, il ne devient pas propriétaire du produit (ni de la terre). S'agit-il d'un paralogisme ou révèle-t-elle un sophisme plus profond par lequel l'auteur justifie une chose acceptable pour en défendre une autre qui l'est moins.

Locke est resté la référence des libertariens. Rothbard et Nozick le citent abondamment. En fait, Rothbard se contente de reformuler Locke. Il compare le producteur à un sculpteur. Le sculpteur marque la glaise de son empreinte personnelle. La matière est devenue l'incarnation de l'idée du sculpteur. De deux choses l'une, dit Rothbard, ou bien la sculpture appartient au sculpteur, ou bien tous les habitants de la planète ont un droit égal sur la sculpture. Très bien, mais ma question est : qu'est-ce qui empêche le sculpteur, futur propriétaire indiscuté de la sculpture, de payer à la communauté un prix raisonnable pour la matière empruntée ?

La réponse de Rothbard revient à l'idée saugrenue de Locke que s'il n'est pas propriétaire de la matière et donc du sol dont il l'extrait, le producteur devrait s'adresser individuellement aux milliards d'habitants de la planète pour obtenir leur accord sur son emprunt à la nature.

> En pratique, à nouveau, il est de toute évidence impossible pour toute personne dans le monde d'exercer

> la possession effective de son quatre-milliardième de chaque part de la surface terrestre[1].

L'origine de cette conception aberrante est celle-ci. Pour les libertariens, l'Etat est le mal absolu. Ils ne peuvent donc accepter qu'il serve d'intermédiaire entre le producteur et le reste de la population. Dans ce monde sans Etat, il faut alors obtenir les milliards d'accords individuels. C'est là le fond du problème.

> Toutes ces ressources sont données aux individus et non à la 'société', qui est une abstraction qui n'existe pas réellement. Il n'existe pas d'entité appelée 'société' ; il n'y a que des individus interagissant[2].

Revoici Robinson Crusoé, l'homme représentatif selon les libéraux.

Confier la propriété de la terre à la société reviendrait selon Rothbard à l'offrir à des oligarques, des bureaucrates gouvernementaux. Le lecteur trouvera au chapitre 14 une proposition de réforme foncière qui n'enrichira aucun oligarque : l'appropriation collective de la rente foncière pourrait enrichir toute la population par la réduction des impôts ou par le versement d'un dividende.

Rothbard pousse son raisonnement jusqu'au bout de sa logique très particulière, sans se soucier de son réalisme :

> De ce fait, si un individu ne peut posséder la terre *originale*, il ne pourra pas non plus au sens plein du terme posséder le fruit de son labeur. Le fermier ne peut posséder sa récolte de blé s'il ne peut posséder la terre sur laquelle le blé pousse[3].

Passons sur la fausseté évidente de cette affirmation. Demandons-nous pourquoi le qualificatif « originale » est

---

[1] M. Rothbard, *For A New Liberty*. Auburn, The Ludwig von Mises Institute, 2006, p. 41 (ma traduction).
[2] Ibidem, p. 41.
[3] Ibidem, p. 42.

accolé au mot « terre ». Selon mon interprétation, parce que Rothbard sait que beaucoup de paysans ne sont pas propriétaires de la terre qu'ils travaillent. Rothbard doit éviter que l'explication de cet état de fait ne remette en cause la théorie libertarienne dans son ensemble. Il est donc sous-entendu que le paysan non propriétaire ou un de ses ancêtres, après une appropriation primitive légitime, a vendu ladite terre. Dans l'optique libertarienne, un contrat entre individus consentants modifie légitimement la répartition ORIGINALE des propriétés.

Nozick est plus subtil et tente d'améliorer la théorie de Locke. Il doute que mêler son travail à la terre suffise à légitimer la propriété. Il se rend compte que si la terre n'est pas abondante dans une région, accorder la propriété d'un terrain à son découvreur ou son premier occupant peut nuire à la situation des autres habitants. Par exemple, ceux-ci seraient privés d'eau si le terrain abrite la seule source des environs. Locke pensait résoudre le problème en limitant fortement la taille des propriétés. Nozick envisage une autre solution : le découvreur ne devient le propriétaire légitime qu'à condition d'indemniser les personnes préjudiciées en leur payant une compensation. Il va même plus loin puisqu'il semble exclure qu'une appropriation soit légitime si elle comporte le monopole d'une ressource vitale. Il appelle « clause lockéenne » l'ensemble des dispositions qui ménagent des droits pour les voisins d'une terre susceptible d'appropriation par son découvreur.

La difficulté principale consiste à estimer le préjudice à indemniser. Par rapport à quelle « ligne de base » le calculer ? Nozick s'avoue un peu impuissant face à cette question :

> Cette question de la fixation de la ligne de base requiert une recherche plus détaillée que nous ne pouvons le faire ici. Il serait désirable d'avoir une estimation de

l'importance économique générale de l'appropriation originelle...[1]

En quoi l'estimation globale aiderait-elle à évaluer des préjudices particuliers ? Quoi qu'il en soit, Nozick n'est pas aussi dubitatif sur tous les aspects de la question. Il distingue deux façons d'envisager la dégradation de la situation d'un tiers à cause de l'appropriation primitive :

— La version FAIBLE : le tiers ne peut plus utiliser librement le bien.

— La version FORTE : le tiers ne peut plus profiter lui-même des avantages de la propriété du terrain déjà approprié.

Selon lui, c'est la version faible de la dégradation qui doit déterminer le calcul de la compensation, affirmation qu'il ne prouve pas. Mais entre la version faible et la forte, il y en a une troisième que la position de Nozick lui impose d'ignorer : si une terre devient propriété privée, les individus membres de la communauté perdent l'opportunité d'obtenir une part du revenu collectif permis par la propriété commune. Comme ses coreligionnaires, Nozick a du mal à concevoir que la propriété commune se combine avec l'exploitation privée moyennant loyer.

Et le préjudice continue dans les générations futures, ce dont Nozick ne tient pas compte. Les héritiers du premier occupant devraient continuer à indemniser les héritiers des premiers préjudiciés, car la relation de profit-préjudice se transmet de génération en génération tant que dure l'appropriation,

Analysant la clause lockéenne, Nozick considère qu'elle joue même a posteriori. Si je suis propriétaire d'une source parmi beaucoup d'autres et que toutes les autres viennent à tarir, je cesse d'être le légitime propriétaire de la seule source restante. Selon Nozick, sur base de ce principe, le propriétaire d'une île serait obligé d'accueillir un naufragé.

Voici Nozick embarqué sur un chemin bien plus sinueux et piégé que ce que laissait présumer son principe de base. Nous

---

[1] Nozick, op. cit., p. 177.

avons vu au chapitre 11 qu'il s'enorgueillissait d'avoir une théorie *historique* de la justice, donc immunisée contre les failles des théories *finales*. Les éléments finaux sortis en fanfare par la grande porte rentrent maintenant par le soupirail. Le philosophe belge Philippe Van Parijs constate :

> La théorie 'purement historique' de Nozick souffre donc précisément de cette même 'incohérence' dont il accusait toute théorie configurationnelle ou finale d'être infectée : il est parfaitement possible que l'on n'ait pas vraiment droit à ce à quoi on est censé avoir droit[1].

Le libertarien Israel Kirzner perçoit la faiblesse des théories de Locke et Nozick. La démonstration libertarienne doit trouver une nouvelle voie. Kirzner pense l'avoir trouvée avec sa " théorie de la découverte ". Si une terre encore inoccupée entre comme facteur dans la production, c'est parce qu'un découvreur l'y amène. Pas de terre occupée sans découverte préalable. Et la découverte est tout sauf banale ; il s'agit d'une performance aux effets puissants, voire magiques.

> Chaque découverte est une véritable nouveauté ; elle ne consiste pas en la conversion ou le déploiement d'inputs antérieurs. Il n'y a rien d'inévitable dans un acte de découverte, nous ne pouvons pas ex-post décrire le résultat comme ayant été causé par quoi que ce soit qui existait dans le passé[2].
>
> Le résultat d'un acte de découverte est donc généré entièrement par cet acte[3].

---

[1] Van Parijs, op. cit., p. 144.
[2] I. Kirzner, *The Meaning of Market Process*, London and New York, Routledge, 1992, p.219 (ma traduction).
[3] Ibidem, p.221.

> La justice (d'un titre de propriété ainsi justifié) est alors vue comme s'appuyant sur le caractère créateur de l'acte de découverte[1].

La propriété foncière étant justifiée par tant de puissance créatrice, elle échappe évidemment à la *clause lockéenne*.

> (Elle) ne préjudicie pas aux autres parce que cette ressource n'a jamais existé pour eux. » Le fait que sans la première découverte, ladite ressource aurait été découverte un peu plus tard par d'autres « n'est pas du tout une circonstance pertinente (...) Une fois que j'ai créé l'objet par sa découverte, il n'y a simplement plus moyen pour vous de le créer indépendamment[2].

Emporté par son enthousiasme, Kirzner semble avoir oublié quelle était la question à l'examen. Le problème à résoudre est celui-ci : au fur et à mesure que la société se développe, sous la pression conjuguée de la démographie et de la production, les terres occupées s'étendent progressivement, tant en vue de loger de plus en plus d'habitants que pour accroître l'activité économique. A chacune de ces extensions, la société a-t-elle besoin d'un Christophe Colomb[3] ?

Il est vrai que certaines ressources naturelles comme les minerais sont cachées ; elles doivent donc être découvertes pour être exploitées. La société peut très bien accorder la concession d'exploitation au découvreur sans lui offrir la propriété. L'accorder à titre onéreux ne prive en rien le découvreur des fruits de la découverte. Pourquoi Kirzner a-t-il l'illusion de cette privation ? Parce qu'il s'embrouille dans la distinction entre les rémunérations des différents agents intervenant dans la production ; tout particulièrement, il ne

---

[1] Ibidem, p.223.
[2] Ibidem, pp. 223-224.
[3] Christophe Colomb n'a d'ailleurs pas trouvé une terre vierge. La primo-occupation des Amérindiens ne semble pas leur avoir profité.

trace pas correctement la frontière entre le profit[1] de l'entrepreneur et la rémunération normale du facteur de production *terre*. Le lecteur me pardonnera un détour par l'économie politique. Supposons qu'il y a trois facteurs de production, la terre, le travail et le capital et qu'ils soient rémunérés à la valeur de leur produit marginal. La question est de savoir si en résidu, l'entrepreneur, que nous assimilons au découvreur, recevra un profit net qui récompense sa découverte. La réponse est positive. Certes, la rente différentielle ricardienne absorbe dans des conditions normales tout profit net potentiel au bénéfice du propriétaire foncier, ici la collectivité représentée par l'Etat. Le propriétaire foncier gagnerait alors plus que la valeur de son produit marginal. Mais d'une part, la collectivité ne recherche pas nécessairement l'enrichissement maximal et peut se contenter du produit marginal. Et d'autre part, une concession d'exploitation est un avantage concurrentiel pour l'entrepreneur concessionnaire, ce qui lui permet d'échapper à l'égalisation du taux de profit et, par-là, de se procurer un profit net.

CONTRE la propriété privée du sol

Dans le camp opposé, celui qui conteste la propriété privée de la terre, les trois voix que je crois être les plus notables sont celles de John Stuart Mill, Léon Walras et Henry George. Aucun n'est socialiste. Deux d'entre eux sont même considérés parmi " les pères du libéralisme " : l'économiste classique anglais J.S. Mill et l'économiste français L. Walras, cofondateur de l'école néoclassique.

Mais c'est avec la célèbre tirade de Jean-Jacques Rousseau que je préfère débuter la revue des opposants à la propriété privée du sol.

> Le premier qui, ayant enclos un terrain, s'avisa de dire : *Ceci est à moi*, et trouva des gens assez simples pour le

---

[1] " profit " au sens de profit résiduel après rémunération normale du capital.

croire, fut le vrai fondateur de la société civile. Que de crimes, de guerres, de meurtres, que de misères et d'horreurs n'eût point épargnés au genre humain celui qui, arrachant les pieux ou comblant le fossé, eût crié à ses semblables : 'Gardez-vous d'écouter cet imposteur ; vous êtes perdus, si vous oubliez que les fruits sont à tous, et que la terre n'est à personne'[1].

Le « fondateur de la société civile », c'est ici celui qui fait sortir l'homme de l'*état de nature*, l'état de ce qui sera appelé " le bon sauvage ". Rousseau veut arrêter le progrès, ce qui le distingue des autres opposants à la propriété privée. Qu'on me permette aussi de le répéter : l'état de nature de Rousseau comme celui de Locke sont des fantasmes de philosophe, pas une réalité historique.

Mill écrit que « ce serait le sommet de l'injustice de laisser le don de la nature être accaparé par des individus[2] ». Il est certes préférable que l'agriculture soit exploitée sur une base individuelle, mais des alternatives à la propriété privée existent : l'occupation du sol pour une saison seulement, la redistribution périodique de la terre quand la population augmente, ou l'Etat qui fait office de landlord universel. Du point de vue historique, les deux premiers systèmes ont été pratiqués aux débuts de l'agriculture, notamment le premier par les anciens Germains comme Mill le rappelle.

Mill répète son adhésion au principe général de la propriété privée mais considère que le cas de la terre est fondamentalement différent de celui des biens produits.

---

[1] J-J. Rousseau, *Discours sur l'origine et les fondements de l'inégalité parmi les hommes*, Trois rivières (canada), Les Echos du Maquis, 2011, p. 44.
https://philosophie.cegeptr.qc.ca/wp-content/documents/Discours-sur-linégalité-1754.pdf

[2] Mill, op.cit., p. 227.

> Ce n'est un mal pour personne d'être exclu de ce que les autres ont produit (...) Mais c'est un mal d'être né dans le monde pour trouver tous les biens de la nature accaparés préalablement, sans place libre pour le nouveau-venu[1].

Ce principe ne vaut pas que pour les terres agricoles :

> Quand la terre n'est pas destinée à être cultivée, aucune bonne raison ne peut généralement être donnée pour qu'elle soit propriété privée[2].

Il arrive que l'occupant de la terre fasse des investissements pour améliorer celle-ci. Dans ce cas, il est souhaitable que l'investisseur puisse jouir de ces avantages pendant une période suffisamment longue ; Mill veut bien l'accepter comme un cas particulier où la propriété privée serait admissible. Cette exception ne me paraît pas cohérente car là aussi des solutions alternatives permettent de préserver les intérêts de l'investisseur. L'important, me semble-t-il, est de garantir l'occupation sur le long terme.

Mill, attaché au principe que la terre ne doit pas être propriété privée, semble toutefois se résigner à ce que la société ait instauré ce droit. Ce qui l'amène à plaider pour que sa prévalence soit limitée aux situations les moins dommageables pour autrui. De même, les droits du propriétaire doivent être restreints. La propriété est parfois définie comme *le droit d'user et d'abuser librement de son bien*. Pour Mill, le minimum est de gommer le mot " abuser ".

Walras est encore aujourd'hui considéré comme un des plus grands économistes de l'histoire. On a par contre oublié que lui tenait tout autant à être un réformateur social. Sa grande idée était de supprimer les impôts, de confier à l'Etat la propriété exclusive des ressources naturelles et de compter sur la rente

---

[1] Ibidem, p. 230.
[2] Ibidem, p. 232.

foncière pour financer les dépenses publiques. Il s'en explique dans ses « Etudes d'économie sociale », dans le style très méthodique et peu nuancé qui est le sien :

> THEOREME I- Les FACULTES PERSONNELLES sont, de droit naturel, la propriété de l'INDIVIDU
>
> ... Ici s'applique le principe de l'inégalité des positions qui veut que nous jouissions en proportion de nos efforts[1].
>
> THEOREME II- Les TERRES sont de droit naturel la propriété de l'ETAT
>
> ... Ici s'applique le principe de l'égalité des conditions qui veut que nous puissions tous profiter également des ressources que la nature nous offre pour exercer nos efforts.
>
> ... L'Etat étant propriétaire des terres, sera propriétaire des rentes (Lemme I) et propriétaire des fermages ainsi que des produits, revenus consommables ou capitaux neufs, acquis par lui avec ses fermages (lemme II). Il subsistera au moyen de ces revenus, sans rien demander à l'individu, ni à titre d'impôt, ni à titre d'emprunt (...) Les terres n'appartiennent pas à tous les hommes d'une génération ; elles appartiennent à l'humanité, c'est-à-dire à toutes les générations d'hommes. Si la société était un fait conventionnel et libre, les individus contractant pour l'établir pourraient décider un partage égal des terres entre eux ; mais, si elle est un fait naturel et nécessaire, toute aliénation des terres est contraire au droit naturel, parce qu'elle lèse les générations futures. En termes juridiques, l'humanité est propriétaire, et la génération présente est usufruitière des terres[2].

---

[1] L. Walras, *Etudes d'économie sociale*, Lausanne, F. Rouge, 1896, p.214.
[2] Ibidem, pp. 218-219.

En 1879, l'économiste et journaliste américain Henry George publiait « Progress and Poverty ». Cet ouvrage aujourd'hui oublié fut un best-seller à son époque. C'est l'ouvrage d'économie politique le plus lu au XIXe siècle et il exerça une influence considérable sur l'opinion publique et les politiciens non seulement aux Etats-Unis mais en Europe également.

L'auteur entend résoudre ce paradoxe qu'est la persistance de la pauvreté alors que la croissance de l'économie est impressionnante. D'après George, la cause principale se trouve dans l'accroissement de la part de la rente foncière dans le revenu national. Pour y remédier, il propose de substituer la propriété collective de la terre à la propriété privée. Cette conception l'amène à dénoncer l'injustice de la propriété privée.

> Il ne peut y avoir à la propriété de quelque objet, d'autre juste titre que celui qui est dérivé de la qualité de producteur et qui repose sur le droit naturel de l'homme à lui-même[1].
>
> Les lois de la nature sont les décrets du Créateur. Ils ne comportent aucune reconnaissance de quelque droit sauf celui du travail ; et en eux est écrit généralement et clairement le droit égal de tous les hommes à l'usage et la jouissance de la nature[2].
>
> Quand des non-producteurs peuvent revendiquer en tant que rente une portion de la richesse créée par les producteurs, le droit des producteurs au fruit de leur travail est nié d'autant[3].
>
> Une maison et le terrain sur lequel elle est édifiée sont des propriétés comparables, étant sujets à la possession et sont identiquement classés par les juristes comme

---

[1] H. George, *Progress and Poverty*, New York, D. Appleton and Company, 1881, p. 300 (ma traduction).
[2] Ibidem, pp. 301-302.
[3] Ibidem, p. 302.

> biens immobiliers. Pourtant, en nature et en relations, ils diffèrent largement[1].
>
> Si tous les hommes présents s'accordaient à renoncer à leur droit égal, ils ne pourraient pas effacer les droits de ceux qui les suivront[2].

George considère que la théorie qui fait du premier arrivé le propriétaire légitime est la raison « la plus absurde » sur laquelle fonder la propriété privée du sol. Organiser l'occupation de la terre à une époque en fonction de ce qui s'est passé à une époque lointaine est insensé. Le premier arrivé à un banquet, a-t-il le droit d'empêcher les autres convives de profiter des plats autrement qu'en passant des accords avec lui ?

George remarque comme il est difficile de prendre conscience de l'injustice d'une institution à laquelle on est habitué depuis si longtemps. Pourtant, rappelle-t-il, aux premiers temps, la propriété du sol était collective et c'est par l'usurpation que la propriété privée s'est imposée. « Nulle-part la propriété individuelle sans restriction n'a été adoptée librement. Historiquement comme éthiquement, la propriété privée de la terre est du vol[3]. » L'auteur se livre ensuite à un survol historique des péripéties violentes par lesquelles la propriété privée de la terre a émergé en divers endroits du globe.

John Stuart Mill comprenait clairement l'injustice de la propriété privée de la terre, mais estimait que l'Etat devait indemniser les propriétaires s'il les expropriait. Mill était un penseur intelligent mais timoré. Le voir s'arrêter au milieu du gué n'est pas vraiment étonnant. George lui reproche cette attitude inconséquente et conteste le bien-fondé de cette proposition. Ce qu'on donnerait aux expropriés pour compenser leur privilège perdu, on devrait le prélever sur ce à quoi le peuple a droit. Cela reviendrait à accorder aux

---

[1] Ibidem, p. 303.
[2] Ibidem, p. 304.
[3] Ibidem, p.333.

expropriés un droit sur le produit du travail d'autrui via la taxation nécessaire pour financer l'indemnisation.

Le lecteur l'aura compris, je partage l'opinion des trois derniers auteurs à propos de la propriété du sol. Il me semble inacceptable que la société dise à quelqu'un qui vient de naître : " tu arrives quand le partage est déjà fait. La propriété du sol est à d'autres, elle n'est pas pour toi ". Aucun argument rationnel ne peut justifier la propriété privée du sol. Qu'ont en tête nos contemporains qui en acceptent le principe ? Les arguments des libertariens ? Ce serait bien étonnant. La plupart ne se sont jamais posé la question. Certains se raccrochent à l'idée que *la propriété privée du sol, c'est sacré*, un argument à vrai dire peu probant. Et si elle est sacrée, pourquoi tant de gens en sont-ils exclus ?

Sur les continents de longue civilisation, comme l'Europe, une aristocratie s'est emparée par la force de quasiment toutes les terres tantôt déjà à la protohistoire, tantôt dans l'antiquité, tantôt au moyen-âge, rarement plus tard. Les événements varient d'un pays à l'autre, d'un continent à l'autre. Parfois, il ne s'agissait pas d'une aristocratie mais d'un prince despotique. Il est arrivé qu'une aristocratie perde ses terres au profit d'une autre, parfois même au profit de groupes sociaux appartenant à la classe populaire. Comme suite à la révolution française, une partie des terres de la noblesse et de l'Eglise est devenue la propriété des petits paysans. Mais les prolétaires des villes, enfants et petits-enfants de l'exode rural ne reçurent rien. Les petits paysans reçurent des terres déjà volées. Cette cession, malgré les apparences, ne rétablit pas la justice.

Dans les pays d'outre-mer colonisés par les Européens, des partages de terres se sont déroulés plus pacifiquement, par exemple aux Etats-Unis au XIXe siècle. La méthode alliait le principe du premier arrivant et la supervision par le pouvoir politique. Mais comme l'ont montré Walras et George, ces distributions lèsent les générations postérieures, qui sont aujourd'hui les générations présentes. En outre, les pseudo-premiers arrivants n'ont trouvé des terres prétendument vierges que parce qu'ils en ont chassé les indigènes. Les Amérindiens tenaient à leur terre pour des raisons spirituelles plutôt qu'économiques. A lire Locke, Rothbard et Kirzner, seule la raison économique justifie la propriété.

Du temps est passé. Au cours du dernier siècle, la lutte pour la terre s'est faite moins houleuse, du moins dans les pays les plus avancés. Les accapareurs par l'épée sont morts depuis longtemps. Les propriétaires d'aujourd'hui n'ont pas usé de la violence. De quoi clore le dossier ? Certainement pas. Les effets du vol de la terre sont les mêmes que s'il s'était produit hier. Une part importante de la population en est totalement démunie et entre ceux qui en possèdent, la répartition est très inégale. Il subsiste encore de très grands propriétaires. La nationalisation du sol garde toute sa justification. Les propriétaires d'aujourd'hui sont les héritiers ou les acheteurs de terres qui ont été volées précédemment. Comme l'écrit George, on a affaire à un *recel*. Un recel de bonne foi, certes. Mais en cas de recel, l'objet volé doit toujours être restitué.

Je termine ce chapitre avec le seul argument sensé que j'ai rencontré chez un défenseur de la propriété privée. Chez Nozick plus précisément. Il questionne la rationalité de la propriété commune. Quelle communauté est le propriétaire légitime de quelle terre : l'humanité, la nation, la commune ? Considérons une terre quelconque ; à quel titre telle personne participerait-t-elle à la propriété commune et pas son voisin qui habite de l'autre côté de la frontière ? Je l'ai déjà laissé entendre à d'autres occasions dans cet ouvrage, c'est ma conviction, la condition humaine est telle que nous pouvons faire bien mais nous ne pourrons jamais rien faire parfaitement (de façon indiscutablement parfaite). Supposons qu'il soit légitime d'affirmer que telle direction est celle qui mène vers une forme de bien. Malgré cela, en nous y engageant, nous devrons accepter modestement l'inévitable confrontation avec des éléments douteux, discutables ou aporétiques. C'est ce qui justifie le constructivisme. Dans le cas qui nous occupe, la solution la plus raisonnable est la nationalisation du sol par l'Etat-nation. Cette institution est imparfaite, mais plusieurs facteurs plaident en sa faveur :

— Si l'Etat est démocratique, le statut de copropriétaire du sol en indivision de tous les citoyens ne manque pas de consistance.

— Tout habitant de la planète est le citoyen d'un Etat. Si toute terre appartient à un Etat, aucun habitant de la planète ne sera exclu de la propriété commune du sol.

— Rappelons-nous la théorie communautariste de MacIntyre et Sandel. Les citoyens d'un Etat partagent peut-être des liens spirituels plus solides qu'il n'y paraît.

13.

Un système économique

Réformer la société pour la rendre moins inégalitaire est la vocation de la gauche. Les chapitres précédents ont cherché des soutiens éthiques à cet objectif. La phase suivante de la réflexion porte sur la machinerie, la mécanique à mettre en place. Le niveau d'inégalité dépend du mode de fonctionnement de l'économie, Il nous faut donc dessiner un système économique " idéal ", c'est-à-dire en adéquation avec la justice.

Le terme " idéal " nécessite une mise au point importante. Ce serait une erreur de confondre l'idéal d'un parti avec l'objectif à inscrire dans son programme. Un programme politique ne part pas d'une page blanche. La société a déjà un système économique. Le programme de réformes doit transmuer l'existant en quelque chose de nouveau, quelque chose qu'on souhaite voir coïncider avec l'idéal. A la tâche de définir un idéal s'ajoute celle d'organiser la transition, Il n'est pas exclu que la transition vers l'idéal s'annonce tellement ardue que le programme politique doive le troquer contre un objectif plus accessible. Dans l'optique des réformes, l'existant est un boulet. Il y a donc l'idéal et il y a l'objectif politique ; ils peuvent correspondre comme ils peuvent diverger. Mais dans tous les cas, l'idéal reste l'idéal, même si l'objectif dans le programme s'en écarte. Le cas échéant, le parti doit pouvoir justifier pourquoi l'idéal n'est pas l'objectif. Ce qui suppose une définition suffisamment claire et pertinente de l'idéal et une analyse lucide de la transition.

Le système économique idéal doit satisfaire trois conditions :

— être juste ; j'entends par-là modérément inégalitaire en considérant les diverses dimensions de l'inégalité, pécuniaires ou non, notamment le respect de l'homme au travail ;
— être efficace. L'efficacité concerne aussi bien la sélection des besoins à couvrir que le rapport entre le résultat et les moyens consommés pour le produire ;
— être durable. Préserver l'environnement naturel. Être soutenable sans porter préjudice aux générations futures.

Ces trois conditions ne tirent pas l'économie dans la même direction. L'idéal est donc lui-même un compromis entre des fins concurrentes. Le système idéal est simplement le meilleur compromis. Le présent chapitre se concentrera sur la justice et l'efficacité, réservant la durabilité au chapitre 17.

Tant dans l'opinion publique que parmi les acteurs politiques et les théoriciens, la conception la plus commune postule l'alternative entre deux systèmes économiques, entre lesquels le politique doit choisir : l'économie de marché capitaliste et le socialisme étatiste. Dans le premier, le secteur privé détient l'économie et le marché coordonne les décisions décentralisées ; dans le second, l'Etat centralise la propriété et planifie la production. La dyade antagoniste *Etat* versus *secteur privé* est conçue comme une polarisation linéaire : entre le " tout à l'Etat " et le " tout au privé ", il est possible de varier la proportion entre les deux ingrédients, ce qui donne lieu à une gamme de modèles d'économie mixte.

En fait, ce schéma dualiste est faux de A à Z. Il s'est imposé parce que l'idéologie dominante s'évertue à assimiler des institutions du système socio-économiques qui sont bien distinctes. La compréhension du système économique s'en trouve dévoyée et mystifiée. L'abus d'amalgame et de simplification écarte de l'entendement, de possibles constructions sociales que l'idéologie dominante préfère cacher. A cette taxonomie classique qui est fausse, il me faut maintenant opposer une analyse plus fine, plus profonde et plus complexe.

Tout système économique repose sur un ensemble d'institutions[1]. L'analyser peut se faire en partant soit du tout, soit des éléments. Partir du tout est réducteur. Ce serait comme considérer que l'hydrogène n'est rien de plus qu'un élément de l'eau alors qu'il peut s'allier avec nombre d'éléments. Pareillement, l'analyse du système économique doit partir de ses institutions. Commençons par les classer. J'y verrais quatre grandes classes. Ce qui nous procure quatre critères pour classer les formes d'organisations économiques.

1— LE MODE DE CIRCULATION. Comment les biens et les facteurs de production circulent-ils. Au niveau microéconomique, les institutions qui font circuler les marchandises sont soit le contrat, soit l'instruction du planificateur. Nous avons ainsi caractérisé deux modes de circulation : l'économie de marché et l'économie planifiée. La première est décentralisée, la seconde est centralisée. La monnaie est également une institution de la circulation.

2— LE MODE D'ENTREPRISE. Qui a l'initiative de la création des entreprises, de leur maintien en vie, de leur indépendance et éventuellement de leur liquidation ? Comment cet entrepreneur rassemble-t-il les facteurs de production, le capital, le travail et la terre ? Qui assure la gestion ? Selon qu'il s'agisse de personnes privées ou de l'Etat, nous avons défini deux modes : l'initiative privée et l'initiative publique. Mais chacun d'eux peut s'organiser de multiples façons.

3— LE MODE DE PROPRIETE. Qui est propriétaire de l'entreprise et comment cette propriété s'exerce-t-elle en son sein ? Le propriétaire peut être l'Etat, un particulier ou une association d'individus et même une association entre des individus et l'Etat. La propriété peut être directe ou par l'intermédiaire de titres. L'alternative de base est propriété privée ou propriété collective (ou publique).

4— LE MODE DE REPARTITION. Selon quelles modalités partage-t-on le produit entre l'entrepreneur et les facteurs de production ? Comment le revenu circule-t-il d'un agent à

---

[1] Au sens sociologique du terme.

l'autre entre la production et la consommation ? La *distribution primaire*, se double-t-elle d'une redistribution ?

Un système économique est donc constitué de quatre *piliers* institutionnels. Le système se doit d'être cohérent, ce qui implique que n'importe quel mode de chaque pilier n'est pas compatible avec n'importe quel mode des trois autres. Pourtant de la marge existe, qu'on a trop eu tendance à sous-estimer. Les quatre piliers ont entre eux une certaine indépendance. Les combinaisons faisables sont potentiellement fort nombreuses. L'histoire et la géographie nous en offrent d'ailleurs une belle diversité et il est possible d'en imaginer qui n'ont encore jamais été réalisées. Ce qui nous amène loin du choix binaire entre socialisme et capitalisme. En fait, LE socialisme et LE capitalisme n'existent pas. Il existe toute une palette de l'un et de l'autre, sans que certaines de ces formes puissent objectivement être déclarées plus pures que d'autres.

De quelles institutions est constituée l'économie idéale préconisée ici ? Avant de les détailler, je désire mettre en exergue la particularité essentielle : la combinaison de l'économie de marché avec la propriété collective des moyens de production. En quoi est-ce révolutionnaire ? Après tout, la propriété publique et le marché ont déjà coexisté ; c'est le principe d'une économie mixte. Mais cette coexistence ne constitue pas une véritable combinaison. L'idée ici est de constituer un marché composé d'entreprises publiques. Bien que ma proposition préserve une part de propriété privée, cette économie pourrait être intégralement publique si tel était le souhait. La propriété publique n'entraîne pas la gestion publique. Les entreprises entretiennent leurs rapports entre elles comme le feraient des entreprises privées... mais elles sont publiques.

Cette proposition ne revient donc pas à combiner le capitalisme avec le socialisme. C'est simplement une voie pour construire le socialisme qui diffère d'autres voies auxquelles notre entendement est plus habitué.

L'illusion la plus néfaste du simplisme binaire est la (con)fusion entre capitalisme et économie de marché ainsi qu'entre socialisme et économie planifiée. John Rawls écrit à ce sujet :

> Il est donc évident qu'il n'y a pas de relation essentielle entre le recours à la liberté de marché et la propriété privée des moyens de production (...) cependant cette relation est un hasard historique dans la mesure où, théoriquement du moins, un régime socialiste peut profiter aussi des avantages de ce système[1].

Les qualités du capitalisme lui viennent de l'économie de marché et ses défauts de la propriété privée capitaliste. Les idéologues du capitalisme veulent l'occulter. Que l'idéologie marxiste s'accorde avec l'idéologie libérale sur ce qui distingue le capitalisme et le socialisme ne fait que renforcer la confusion. On y retrouve ce même lien congénital entre le marché et le capital[2]. Pour Marx, marché, marchandise et même simplement argent sont facteurs d'*aliénation*. C'est le Marx philosophe qui leur applique sa théorie du *fétichisme* :

> Pour trouver une analogie à ce phénomène, il faut chercher dans la région nébuleuse du monde religieux. Là, les produits du cerveau humain ont l'aspect d'êtres indépendants, doués de corps particuliers, en communication avec les hommes et entre eux. Il en est de même de produits de la main de l'homme dans le monde marchand. C'est ce qu'on peut nommer le fétichisme attaché aux produits du travail, dès lors qu'ils se présentent comme des marchandises, fétichisme inséparable de ce mode de production[3].

Quant à la puissance de l'argent :

> La perversion et la confusion de toutes les qualités humaines et naturelles, la fraternisation des

---

[1] Rawls, op. cit., pp. 311-312.

[2] Il n'est pas rare que des théories antagonistes s'accordent sur la définition ou les propriétés d'un objet, mais pour en tirer des conclusions opposées.

[3] K. Marx, *Le Capital*, Paris, Editions sociales, 1975, tome I, p. 85.

impossibilités- la force divine- de l'argent sont impliquées dans son essence ou en tant qu'essence générique aliénée, aliénante et s'aliénant, des hommes. Il est la puissance aliénée de l'humanité[1].

Voyons quelle est la combinaison entre les quatre piliers institutionnels la plus recommandable pour construire ce que j'appelle *l'économie idéale* ? Analysons-les tour à tour, voyons les alternatives que chacun présente et justifions chaque fois le choix. Il va de soi que l'analyse qui suit n'est qu'un rapide survol de la complexité des options.

Commençons par le MODE D'ENTREPRISE. Les idées naissent dans les cerveaux des individus. La société a intérêt, notamment dans le sens du *principe de différence* de Rawls, à ce qu'ils puissent transposer leurs idées en création d'entreprises. A la clé se trouvent forcément le profit ou l'échec faisant office d'incitant ou de sanction. Pour autant que la concurrence fonctionne correctement, la recherche du profit conduit les entrepreneurs à rechercher les opportunités les plus favorables aux consommateurs. Ces avantages en matière d'efficacité justifient de protéger et encourager l'initiative privée. La nouveauté consiste à faire travailler l'entrepreneur privé avec des capitaux publics aussi bien que privés ou avec une combinaison des deux. Les réformes devront préserver l'enrichissement des innovateurs. Le système fiscal sera modelé de telle sorte que cette récompense ne bénéficie effectivement qu'aux créateurs et à eux personnellement mais pas à leurs héritiers.

La droite répugne à l'initiative publique car elle retranche des opportunités d'activité et de profit à la classe alliée. Mais une conception pragmatique lui accorde une place lorsque les circonstances le justifient, par exemple lorsque la concurrence ne peut pas être assurée dans un secteur. Elle est communément admise pour les industries en monopole naturel (distribution

---

[1] K. Marx, Manuscrits *de 1844*, Paris, Editions sociales, 1972, p. 122.

d'eau, de gaz...) ou fournissant des *biens publics*. Il n'y a pas de raison de déroger à ce principe.

Dans l'économie idéale, la CIRCULATION des biens n'est pas planifiée mais elle s'opère par les mécanismes du marché. L'Etat veille à ce que la concurrence soit saine et loyale. Les économistes ont montré que ce mode de circulation comporte deux types d'avantages :

— Les avantages de *Pareto* : l'équilibre entre l'offre et la demande simultanément sur tous les marchés optimise la satisfaction de tous les agents économiques par rapport à la situation d'origine, compte tenu de la technologie et des ressources qui sont données (cf. supra).

— Les avantages de *Schumpeter*. Répondre à la demande incite l'entrepreneur à innover. Il crée de nouveaux produits, de nouvelles méthodes de production, de nouvelles formes d'organisation du commerce, il trouve de nouvelles ressources. A mon avis, le plus grand avantage du capitalisme est son impressionnante capacité d'innovation[1].

A tournant des XIXe et XXe siècles, la plupart des socialistes croyaient possible de réaliser la planification uniquement en quantités physiques. En 1922, l'économiste libéral autrichien Ludwig von Mises déclencha une polémique[2] en pointant, à juste titre, l'impossibilité d'organiser rationnellement l'économie sur cette base. Pour être efficace, l'entreprise doit s'engager dans les productions les plus demandées et fixer optimalement leur quantité. Elle doit également pratiquer les méthodes de production les plus économiques. Les calculs nécessaires requièrent l'existence d'un système de prix libres.

---

[1] Joseph Schumpeter manifestait un certain dédain pour la concurrence parétienne. Comparant "sa" concurrence avec cette dernière, il écrit : « Cette sorte de concurrence est plus efficace que l'autre autant qu'un bombardement en comparaison avec l'enfoncement d'une porte » (J. Schumpeter, *Capitalism, Socialism and Democracy*, London, Routledge, 1976, p. 84 — ma traduction).

[2] Cette controverse est connue sous l'appellation « débat sur le calcul socialiste ». Plus d'information dans mon article en ligne « Calcul socialiste et socialisme de marché » à l'adresse URL www.mpra.ub.uni-muenchen.de/89521.

Les économistes socialistes qui lui répondirent se laissèrent convaincre. Parmi eux, Oscar Lange, disciple à la fois de Marx, de Walras et de Pareto, conçut une planification simulant le marché. Léon Walras et Vilfredo Pareto, deux des plus grands économistes néoclassiques, avaient démontré que l'économie concurrentielle comporte un *équilibre général*, c'est-çà-dire un état potentiel où tous les marchés sont concomitamment en équilibre. Le principe de la démonstration consiste à identifier l'équilibre général à la solution d'un système d'équations simultanées, dont les inconnues sont les prix. Dans la solution de Lange, il revient au planificateur socialiste de déterminer les quantités et les prix qui résolvent le système d'équations. Cette idée me paraît inapplicable. Elle ne convainquit pas non plus Hayek. Un marché virtuel ne peut pas remplir l'office d'un marché réel. Ses arguments sont nombreux ; parmi eux, ce qui constitue l'un de ses thèmes de prédilection : le marché (le vrai) agrège les connaissances de terrain, empiriques et circonstancielles réparties dans des milliers de cerveaux individuels. Aucune institution centrale n'est à même de se constituer et de maîtriser un stock d'informations équivalent. Ma conclusion est que l'économie socialiste doit laisser les entreprises fonctionner sans l'intervention d'un planificateur.

Le MODE DE PROPRIETE est le pilier le plus déterminant en matière de justice. La propriété privée capitaliste, malgré l'existence de titres accessibles à la petite épargne, tend à être concentrée. La concentration de la propriété privée est la cause principale de l'inégalité des revenus. Le moyen le plus sûr de faire de chaque citoyen un propriétaire est la constitution d'un capital public. Le capital public appartient à tous ; pour la classe nombreuse de ceux qui n'auraient pas accédé à la propriété capitaliste privée, il fait office de substitut. Certes, le capital public n'est réellement le capital de tous que si la démocratie politique permet à chaque citoyen de peser sur sa gestion et par-là de profiter de sa rémunération.

La propriété collective n'implique pas l'effacement du capital privé. En effet, comme nous l'avons vu, l'économie idéale conserve l'initiative privée et le profit privé ; le réinvestissement de celui-ci engendre le capital privé. L'économie idéale fait cohabiter capital public et capital privé.

" Capital public " est un terme générique, dont les manifestations peuvent revêtir diverses formes. Certaines ont été expérimenté historiquement. Je voudrais ici plaider pour une forme originale, généralement délaissée par les programmes des partis de gauche. A tort. La forme idéale est celle d'un *fonds public de participation* dans les entreprises. L'institution existante qui s'en rapproche le plus est le fonds de pension. Les entreprises dont le fonds public détiendrait des actions auraient généralement un capital mixte public-privé. Elles coexisteraient avec des entreprises en propriété pleinement privée et d'autres en propriété entièrement publique. Toutes ces entreprises conservent leur autonomie de gestion.

L'origine et le développement du fonds public sont un problème de la transition qui sera abordé ultérieurement. A ce stade, je me contente de postuler son existence sans examiner comment il a été constitué.

Ce fonds souscrit aux émissions d'actions et d'obligations des firmes qu'il sélectionne. Un entrepreneur privé sans capital personnel pourrait démarrer une entreprise avec des capitaux investis par ce fonds. Le fonds achète et vend également des titres en bourse, mais son objectif n'est évidemment pas de spéculer. Il n'entend pas non plus s'impliquer dans la gestion des entreprises, même si une influence indirecte pourrait s'exercer via la désignation d'administrateurs.

L'objectif du fonds est patrimonial : qu'une part du capital cesse d'être la propriété des riches pour devenir la propriété de tous. Quel bénéfice en tire la population ? Le partage des dividendes évidemment. De multiples modalités sont concevables. Les dividendes obtenus des entreprises, que le fonds ne réinvestit pas, représentent un revenu considérable disponible pour être distribué, par exemple sous la forme d'une allocation directe et égale à tous les citoyens.

Le mode de désignation des dirigeants du fonds doit comporter des garanties de leur indépendance. Il faut insister sur la séparation entre le fonds public de placement et le budget de l'Etat. Les revenus du fonds pourraient, certes, être mis à la disposition de l'Etat, ce qui lui permettrait de réduire les impôts. Mais l'impact psychologique de la distribution directe aux citoyens me paraît très précieux.

Plutôt que de créer un fonds public unique de taille considérable, une variante consisterait à en créer plusieurs. Ce serait une manière d'instiller de la concurrence dans le système et de déconcentrer le pouvoir économique.

Abordons maintenant le dernier de nos quatre piliers, le MODE DE REPARTITION. Pour les marxistes, " salariat " est un gros mot. Ramener la force de travail à l'état de marchandise serait lui infliger une indignité quasi-absolue. Pourtant, si l'on excepte une économie d'abondance, nous avons vu que Marx ne propose pas d'alternative. C'est normal ; il n'y en a pas. Le travail indépendant, qui conserve une place dans notre " économie idéale ", est, certes, une voie pour s'extraire du salariat mais il n'est évidemment pas généralisable et, de plus, est lui aussi exploitable par des propriétaires prêteurs ou bailleurs.

La marchandisation de la force de travail n'empêche pas nécessairement l'épanouissement professionnel. Une bonne législation peut et doit y concourir, par exemple en excluant les emplois précaires ou en instaurant la cogestion.

L'économie idéale laisse les forces du marché déterminer les salaires, mais réserve à la loi le soin de réguler cette liberté contractuelle (salaire minimum, indexation etc.). La cogestion est un instrument de politique salariale indirecte par la dissuasion qu'il exerce contre les salaires extrêmes vers le haut comme vers le bas. Le salaire fixé de telle façon qu'il équilibre le marché ne mérite pas la défiance. Plutôt que de le manipuler pour augmenter le pouvoir d'achat des salariés, il est préférable de le compléter par le dividende du fonds public de participation. L'économie idéale laisse aux syndicats le même rôle que dans une société capitaliste. Leur action, peut-elle maintenir durablement le salaire au-dessus de son prix de marché ? John Stuart Mill ne le pense pas. Il rappelle l'importance du marchandage dans l'émergence du prix de marché. Selon lui, les coalitions et les grèves sont une technique de marchandage qui permet simplement aux salariés de composer avec les employeurs sans y perdre.

Dans notre économie idéale, le salaire se fixe sur le marché du travail et le marché des capitaux cherche son équilibre en déterminant le taux d'intérêt. Au sens que lui donnent les économistes, l'intérêt concerne aussi bien le capital propre que le capital emprunté : leurs taux diffèrent par la prime de risque qui est incluse. En déterminant la valeur des titres, l'offre et la demande de capitaux déterminent implicitement le taux d'intérêt, car celui-ci correspond au taux auquel il faut actualiser les revenus futurs estimés du titre pour en égaliser la somme avec sa valeur. C'est là une loi fondamentale de l'économie politique. Toute cette mécanique attribue au marché des capitaux un rôle central dans l'économie ; sans lui, le calcul économique qui informe les gestionnaires sur l'opportunité des investissements, serait impossible.

Notre *fonds public de participation* y sera un offreur important, probablement le premier. Il y fréquentera des institutions financières et des particuliers. Il gérera son patrimoine en bon père de famille, mais sur le marché financier, où se négocient des droits à des revenus futurs incertains, il n'y a pas d'achats ou de ventes non spéculatifs. On peut condamner moralement la spéculation sur les denrées alimentaires parce qu'elle produit la faim ou la spéculation immobilière parce qu'elle contrevient au droit au logement. Mais sur le marché financier, la spéculation est à la fois naturelle et innocente.

Les marchés financiers ont donc un rôle positif, mais il serait absurde de prétendre qu'ils le jouent à la perfection, comme essaient de le faire accroire les économistes libéraux. C'est la fameuse théorie de l'*efficience des marchés financiers*. Selon les mots de son concepteur Eugène Fama, « un marché dans lequel les prix reflètent toujours toute l'information disponible est dit efficient »[1]. Les cours de bourse exprimeraient donc toujours le juste prix, tel qu'il résulte de l'égalité mathématique ci-dessus. Seule une nouvelle information peut les amener à varier. Diverses études empiriques démentent ce conte de fées[2]. Les marchés financiers fonctionnent plutôt par soubresauts.

L'efficience des marchés peut être rapprochée d'une autre théorie : *l'hypothèse des anticipations rationnelles*, conçue par l'école des *nouveaux classiques* pour contester le keynésianisme. Elle affirme que l'agent économique intègre toujours dans ses prévisions la totalité de l'information disponible en ce compris les effets des politiques publiques attendues. Cette hypothèse serait peut-être acceptable si la spéculation n'était qu'affaire de prévision. Mais elle est également un jeu où les intervenants sont en concurrence entre eux ; les uns gagneront, les autres perdront. Keynes consacre un chapitre de la *Théorie Générale* à la psychologie boursière, dont il brosse un portrait peu flatteur. Il la compare notamment avec le jeu de la chaise musicale : les joueurs qui anticipent trop tard la survenance d'une baisse ou d'une hausse restent sur le carreau, mais tant qu'elle n'est pas survenue, il y a des gains potentiels à réaliser.

Toute utile qu'elle soit, la spéculation boursière a donc des effets pervers. Les crises économiques de 1929 et 2008 ne sont pas sans lien avec ses excès. Une bonne régulation permet de s'en prémunir assez efficacement. Motivés par les ravages de la crise, la plupart des pays légiférèrent dans les années 1930 pour préserver les institutions financières de la prise de risque excessive. La néolibéralisation des années 1980 a effacé ces

---

[1] E. Fama, « Efficient Capital Markets: A Review of Theory and Empirical Work », *The Journal of Finance*, 1970, vol.25, n° 2, p. 383 (ma traduction).

[2] Le lecteur intéressé trouvera une critique intéressante chez :
- S. Keen, *Debunking Economics. The Naked Emperor Dethroned ?*, London, Zed Books, 2011 (trad. fr. de A. Goutsmedt, *L'imposture économique*, Ivry-sur-Seine, Editions de l'atelier, 2014).
- A. Orléan, *L'empire de la valeur*, Paris, Editions du seuil, 2011.

régulations protectrices. La dérégulation de l'industrie financière a conduit à son hypertrophie par une contreproduction débridée (cf. supra). Celle-ci est devenue une bombe à retardement au milieu de l'économie. La crise de 2008 est une conséquence directe de la dérégulation. Par la suite, les Etat firent montre de velléité régulatrice, mais le secteur financier opposa sa résistance, malheureusement pas sans succès. La mission n'a été remplie qu'à moitié.

L'architectonique de l'économie idéale préconisée ci-dessus préserve une condition importante de l'efficacité économique. Les investissements sont dirigés vers les productions où ils sont le plus rentables. Comme tout administrateur, ceux qui sont désignés par le fonds public ont la responsabilité de partager le profit de l'entreprise entre la distribution aux actionnaires et le réinvestissement. Ainsi que le veut la rationalité économique, cette répartition prend en compte des opportunités d'investissements qui s'offrent dans l'ensemble de l'économie et pas seulement au sein de l'entreprise. Dans un deuxième temps, il revient aux dirigeants du fonds de décider quelle part des bénéfices distribués par les entreprises doit être réinvestie dans l'économie et quelle part sera allouée à la population. En filigrane apparaît ici un choix significatif sur le plan économique : la détermination du taux d'investissement (ou d'épargne) de la société. A leur échelle, les ménages sont face à un choix analogue lorsqu'ils partagent leur revenu entre la consommation et l'épargne. L'économie politique a théorisé à ce sujet : chaque agent est censé rechercher une position optimale à partir de son flux de revenu futur espéré et de sa préférence intertemporelle. Selon la théorie standard, l'équilibre des marchés détermine le taux d'intérêt de façon à l'égaliser à la fois avec le taux de rendement marginal des investissements et avec *le taux de préférence pour le présent*[1]

---

[1] Cette théorie fut introduite par l'économiste américain Irving Fisher au début du vingtième siècle. Elle postule que l'agent préfère une consommation immédiate à une consommation future (cf. supra). L'intensité de cette préférence est appelée *taux de préférence pour le présent*, ou *taux d'impatience*. Si mon *taux*

des ménages. Les gestionnaires du fonds public peuvent égaliser le taux d'intérêt avec le rendement marginal des investissements en les sélectionnant adéquatement. Par contre, il leur est impossible d'égaliser le taux d'intérêt avec la préférence intertemporelle car celle-ci est un facteur personnel qui se manifeste au niveau du ressenti et n'est ni observable ni calculable. Le taux d'épargne résultant de leur choix pourrait donc apparaître comme arbitraire. Un économiste libéral pourrait regretter que le système préconisé ici soit moins optimal que celui résultant exclusivement de décisions privées. Un tel regret est exagéré. L'optimum de l'économie néoclassique est beaucoup plus arbitraire qu'il n'y paraît, puisqu'un facteur contingent, la répartition du revenu, influence considérablement l'état des préférences individuelles.

L'économie idéale telle qu'elle est décrite dans ce chapitre entre dans la catégorie " socialisme de marché ". C'est une catégorie bien connue dans certains cercles d'économistes. Elle fut d'abord utilisée pour qualifier le système d'Oskar Lange (cf. supra) mais à tort, car celui-ci comportait peu de vrais marchés. D'ailleurs très peu d'économistes ont cru au système de Lange. *Socialisme de marché* désigne aujourd'hui des propositions telles que celle qui est soumise ici.

Pour que le lecteur saisisse le caractère constructiviste qui anime le socialisme de marché, je me permets de rapporter un modèle conçu par les économistes américains Pranab Bardhan et John Roemer[1].

---

d'impatience est de 4%, cela signifie qu'il m'est indifférent de détenir 1 euro aujourd'hui ou 1,04 euro dans un an. Dans ce cas, si le taux d'intérêt est supérieur à 4%, j'ai avantage à prêter ; s'il est inférieur, j'emprunte. Si les deux taux sont égaux, l'état du marché correspond à ma préférence.

[1] P. Bardhan, J. E. Roemer. «Market Socialism: A Case for Rejuvenation», *Journal of Economic Perspectives*, 1992, vol. 6 n°3, pp. 101-116 (ma traduction).

Leur construction postule l'existence d'un grand nombre d'entreprises publiques. Les auteurs imaginent un artifice de marché financier permettant de transférer les profits non réinvestis des firmes vers la population.

Chaque citoyen adulte se voit attribuer un portefeuille standard comportant un certain nombre de *vouchers*. Ces vouchers donnent droit à une part des bénéfices des entreprises. En fait, il ne s'agit pas de titres de propriété mais simplement de droits au festin des dividendes. La propriété des entreprises est dévolue à des *fonds mutuels*, dont les représentants siègent dans leurs conseils d'administration. Ce sont ces fonds qui détiennent les actions des entreprises et perçoivent leurs bénéfices. Les vouchers des citoyens concernent donc le deuxième étage de la distribution : les revenus que leur versent les fonds mutuels. Les revenus individuels jouissent ainsi d'une première diversification.

Le portefeuille standard de départ comporte des vouchers de chaque fonds mutuel. Les citoyens peuvent échanger leurs vouchers en bourse, mais il n'est pas possible d'échanger des vouchers contre de l'argent. La bourse est également le lieu où les fonds mutuels échangent entre eux les actions des entreprises.

Ce mécanisme est manifestement pensé pour éviter qu'un placement malheureux (une faillite par exemple) ou au contraire un investissement particulièrement rentable n'aient de répercussion excessive sur les patrimoines individuels. C'est une façon de prévenir la dualisation de la société.

Ce modèle me paraît intéressant. Dans ce même article, les auteurs n'exposent d'ailleurs pas un modèle mais deux ! Le second déplace le rôle joué par les marchés financiers vers un secteur de banques d'affaires. Le constructivisme est affaire de créativité.

Roemer et Bardhan ont mis un point d'honneur à immuniser la gestion de « leur » économie de l'influence du politique. Et pourtant, ils se sont fait reprocher leur faiblesse sur ce point devenu un sujet de débat. La pomme de discorde porte le joli nom de « contrainte budgétaire douce », un concept inventé par l'économiste hongrois János Kornai. L'idée est celle-ci : les entreprises présument que l'Etat ne les laissera pas disparaître en cas de difficulté. Elles relâchent donc leur diligence à équilibrer leurs comptes. Dans un article qui répond à Bardhan et Roemer, les économistes Andrei Shleifer et Robert Vishny affirment carrément que la démocratie politique est incompatible avec l'efficacité économique. Ceci est vrai aussi bien pour le capitalisme que pour le socialisme, mais le problème est évidement plus sensible pour le socialisme puisque l'Etat y détient plus de pouvoir économique. Ils écrivent : « A la lumière de exemples multiples de la tyrannie de la majorité, l'affirmation qu'une majorité élirait un gouvernement œuvrant pour l'efficacité économique est simplement fausse[1]. » Leur référence est la littérature américaine du "choix social", dont j'ai déjà évoqué la misanthropie méprisante. La vision est celle d'une majorité craintive face aux contraintes de l'efficacité, qui impose sa loi à une minorité éclairée. Ce scénario est douteux. La classe ouvrière est celle qui a le plus à craindre de la *destruction créatrice* schumpetérienne mais ses représentants dominent rarement les gouvernements. Les gouvernements de toutes les tendances politiques sont amenés à soutenir des entreprises en difficulté parce qu'en démocratie, gouverner c'est aussi faire des compromis. Il ne s'agit pas d'une faiblesse mais d'une force.

Le problème soulevé par Shleifer et Vishny mérite effectivement notre attention. En fait, il y a deux questions sous-jacentes :

— L'électorat est-il incapable de comprendre les enjeux économiques ?

— Toutes les autres considérations, doivent-elles s'incliner devant l'impératif économique ?

---

[1] A. Shleifer, R. W. Vishny. «The Politics of Market Socialism», *Journal of Economic Perspectives*, 1994, vol. 8 n°2, p. 171 (ma traduction).

Le lecteur sait déjà que ma réponse à la première question est franchement négative. Quant à la problématique de la *destruction créatrice* et du sort des " canards boiteux ", elle est tout sauf simple. Elle a une dimension économique mais elle est éminemment politique au sens noble du terme. Il est peu probable que la meilleure solution ne tienne compte que d'une seule des variables en jeu.

Certains sociaux-démocrates ont préconisé ce qu'ils appellent " la troisième voie ". Le chiffre trois signifie qu'entre les deux voies classiques que sont le capitalisme libéral et le socialisme, voies dénoncées comme extrêmes, il existe une voie qui est forcément meilleure puisqu'elle est médiane, donc modérée. Comme l'a montré mon schéma des quatre piliers institutionnels, cette vision des trois voies est extrêmement réductrice : en dénombrer vingt serait plus proche de la vérité. Une dizaine qui promeuvent l'équité et autant pour organiser l'inégalité. La voie Blair-Schröder[1] est l'une de ces dernières : dans aucun des quatre piliers, elle n'apporte du neuf. Sans doute la forte inégalité n'est-elle pas l'aspiration de la plupart des supporters de la troisième voie. Mais toutes les raisons déjà évoquées rendent les sociaux-démocrates incapables d'obtenir des résultats en adéquation avec leurs aspirations.

A priori, la thèse des trois voies devrait s'opposer à sa concurrente des deux voies. En fait, ces deux conceptions s'appuient sur le même postulat : il existerait DEUX systèmes économiques purs : l'étatique et le capitaliste. La troisième voie ne procède alors que du croisement entre ces deux systèmes. Les puristes des deux extrêmes méprisent cette forme de bâtardise ; les modérés apprécient la sagesse de la voie médiane. Pour quelle raison le débat est-il dominé par tant de

---

[1] Au sein de la famille social-démocrate, Tony Blair et Gerhard Schröder, qui ont dirigé respectivement le Royaume Uni et l'Allemagne lors du passage du XXᵉ au XXIᵉ siècle, se sont montrés particulièrement favorables au capitalisme. Ils ont publié ensemble un manifeste intitulé « La troisième voie » en 1998, qu'il est aisé de trouver sur Internet. Rien dans ce manifeste ne devrait déplaire aux plus conservateurs des libéraux.

confusion ? Parce que les idéologues de tous bords ont fait prévaloir la dichotomie *marché versus Etat* au détriment de la dichotomie *moins d'inégalité* versus *plus d'inégalité*. Et, contrairement à leur présupposé, elles ne coïncident pas. C'est évidemment la deuxième dichotomie qui importe. Les voies pour promouvoir sérieusement l'équité sont multiples et on pourrait en inventer chaque jour une nouvelle. Toutes n'excluent pas l'économie de marché. Par contre, la propriété privée capitaliste leur est indigeste, sauf à petites doses.

La *démocratie économique* est une valeur bien enracinée à gauche. Elle présuppose que la démocratie politique n'est qu'un morceau de la démocratie globale, que le puzzle ne sera complet que si on y ajoute la démocratie économique. La démocratie étant intrinsèquement bonne, la logique recommande de l'étendre à l'ensemble des décisions qui impactent la société ; l'économie ne peut rester à l'écart. Des déclinaisons variées de cette idée se sont fait jour.

Une première conception considère le marché comme l'obstacle principal à la démocratie économique. Les forces du marché sont tantôt perçues comme impersonnelles, tantôt comme la chasse gardée d'une minorité dirigeante hyperpuissante. Dans les deux cas, le citoyen est privé du pouvoir. C'est là que les partisans de la planification économique puisent leur argumentation. Le plan donne au citoyen la maîtrise d'un aspect essentiel de sa vie : ce qui contribue à son bien-être économique. C'est séduisant ; pourtant, il est certain que le citoyen perd plus qu'il ne gagne à prendre ce pouvoir. Les économistes ont abondamment prouvé les avantages du marché. Le lecteur intéressé en trouvera un survol dans l'article « The Competitive Solution » de Hayek[1].

Une deuxième conception considère que si l'Etat n'a pas à gérer lui-même l'économie, il est de son ressort de fixer les

---

[1] F.A. Hayek, *The Competitive Solution*, in F. Hayek (dir), *Individualism and Economic Order*, The University of Chicago Press, 1948.

balises qui empêcheront les gestionnaires de prendre des décisions qui nuisent à l'intérêt général. La démocratie économique s'incarne alors dans la *régulation*.

La régulation peut viser la loyauté de la concurrence, la défense des consommateurs, l'amélioration des conditions de travail ou la protection de l'environnement.

Réguler impose des contraintes à des acteurs autonomes[1], avec pour conséquence courante une hausse du coût de production. Habituellement, les dirigeants d'entreprise forment la catégorie d'agents la plus rebelle contre la régulation. Pourtant, dans une économie de marché qui fonctionne concurrentiellement, le coût final de la régulation est entièrement supporté par le consommateur. Mais il est vrai que le volume des ventes subit une baisse. Par la régulation, les citoyens obtiennent le plus souvent un avantage non économique qu'ils payent en revenu.

La régulation représente une incursion de la démocratie dans le marché sans écraser celui-ci. Ce qui la justifie, ce sont les objectifs qui améliorent le bien-être (au sens littéral) mais que le tout-au-marché serait tenté de les négliger parce qu'ils affectent négativement la productivité.

Une troisième conception de la démocratie économique vise à accorder du pouvoir économique à des individus qui appartiennent à une classe qui en est généralement dépourvue : il s'agit d'impliquer les travailleurs salariés dans la gestion de leur entreprise. Distinguons deux variantes :

Premièrement, l'*autogestion* : elle n'est possible que dans le cas d'entreprises publiques[2]. L'Etat qui est détenteur du pouvoir en délègue l'exercice au collectif des travailleurs. Le concept fut à la mode il y a une cinquantaine d'années. Mais il est contraire à la rationalité économique. Le socialisme qui fonctionnerait sur cette base se détraquerait. Il est important que l'organe qui dirige l'entreprise ait un pied dedans et un pied

---

[1] L'autonomie est résiduelle. Tout ce qui n'est pas expressément obligatoire ou interdit relève de la libre appréciation des acteurs économiques.

[2] Laissons de côté le cas des coopératives.

dehors, ce qui est le cas d'un entrepreneur privé ou d'un représentant de l'Etat. Cet organe doit être capable de sortir des profits hors de l'entreprise s'il est possible de mieux les utiliser ailleurs, ce qu'un collectif de travailleurs ne fera jamais.

Dans leur article susmentionné, Bardhan et Roemer mentionnent deux autres critiques adressées à l'autogestion :

— Les travailleurs prenant part au vote des décisions impliquant l'avenir de la firme pourraient négliger les effets au-delà d'un horizon correspondant à leur présence dans l'entreprise.

— Les projets maximisant le profit par travailleur pourraient être privilégiés au détriment de ceux qui maximisent le profit de l'entreprise, ce qui conduirait à un niveau d'emploi suboptimal.

Deuxièmement, la *cogestion* : des délégués des travailleurs participent avec droit de vote aux réunions du conseil d'administration de l'entreprise. Dans certains pays, les syndicats y sont hostiles car il leur semble contradictoire de faire endosser par les salariés eux-mêmes la responsabilité de décisions susceptibles de coûter aux salariés. En Allemagne, la cogestion est une obligation légale depuis 1976 mais elle ne concerne que les grandes entreprises. La cogestion peut être envisagée tant dans des entreprises privées comme en Allemagne que dans des entreprises publiques.

La cogestion comporte plusieurs avantages :

— D'abord, l'exercice démocratique qu'elle représente ;

— La satisfaction psychologique qu'elle peut apporter aux travailleurs ;

— L'amélioration des décisions. Contrairement à ce que certains aiment à penser, la sagesse ne se concentre pas en quelques têtes.

— Le contrôle des rémunérations des cadres supérieurs.

Sauf dans le cas des coopératives ou dans le cadre de conflits sociaux ponctuels, l'autogestion est plutôt une fausse piste. Par contre, les avantages de la cogestion ne sont pas à dédaigner.

14.

Une propriété collective

Le fonds public de placement

Le chapitre précédent dessinait une économie IDEALE. La pièce maîtresse en était un *fonds public* de participation dans les entreprises. La réflexion était restée théorique ; elle n'a certainement pas fait le tour de la question. Approfondissons-la. Voyons d'abord comment le rédacteur d'un programme de gouvernement pourrait concevoir sa mise en place.

Un tel fonds n'existe dans aucun pays. Le nouveau gouvernement réformateur doit donc le constituer, ce qui suppose de rassembler les moyens financiers nécessaires. Le constituer à partir de zéro nécessite une source de financement externe temporaire. La solution que je préconise est d'affecter les recettes de l'impôt sur les successions à la formation du fonds. Lorsque le fonds aura atteint sa taille adulte, il se fiancera en toute autonomie en réinvestissant une part de ses revenus. La fiscalité est donc la réponse pour la période de transition que le chapitre 13 avait laissée en suspens.

Pour que la fiscalité sur les successions puisse jouer ce rôle, elle doit être sensiblement alourdie. Les taux seraient relevés et approcheraient de cent pour cent dans les tranches supérieures, tout en restant modérés dans les tranches inférieures. Aucune partie du patrimoine ne serait exonérée. Comme c'est déjà le cas dans certains pays anglo-saxons, le taux ne tiendrait pas compte du lien de parenté.

La redistribution des patrimoines est une condition si ne qua non de la justice. Y a-t-il un moment plus propice pour y procéder que le passage d'une génération à la suivante ? La ponction ne retire pas au contribuable de la valeur dont il était en possession. Il n'est redevable à l'Etat de rien de ce qu'il possédait. L'héritage est une manne qui tombe indépendamment de tout mérite. Le taxer ne handicape aucune incitation qui rendrait le système économique plus efficace.

De tous les impôts, celui qui frappe les successions est le plus juste. Mais sa réforme nécessitera un profond travail de pédagogie. Un sondage transnational montre que dans la plupart des pays, la taxation des héritages déplaît grandement à l'opinion. Ce même panel de sondés, répondant à une autre question dans la même enquête, estime que les riches ne paient pas suffisamment d'impôts. Cette contradiction met en lumière la mécompréhension des enjeux impliqués par cet impôt. L'attachement à la famille biaisait probablement la réponse de beaucoup de sondés. La famille n'a pas besoin de l'héritage pour bien fonctionner. D'ailleurs dans une famille sur deux, l'héritage est symbolique. La présente réforme laisse du reste les petites successions presque intactes. La grande majorité des familles gagneront plus avec les dividendes du fonds public de participation qu'elles ne perdront fiscalement.

Les modalités de cette réforme fiscale sont a priori très variables et ce n'est pas le lieu de les discuter ici. Toujours est-il que le but n'est pas de faire mal à quiconque. Les objets à attachement sentimental doivent être préservés. Il est évident aussi que le recouvrement d'un impôt aussi élevé sera difficile en l'absence de dispositions ad hoc : notamment le choix devrait être laissé au contribuable de s'en acquitter en nature ou pécuniairement.

Cette réforme sérieuse de l'impôt des successions a un autre avantage. Elle permet de se passer de l'impôt sur le patrimoine, qui est l'Arlésienne de la politique fiscale. Et lors de ses rares apparitions, il n'est que l'ombre de ce qu'il devrait être. La taxation de l'héritage est préférable sur tous les plans : pratique, éthique et économique.

Le *fonds de participation* constitue son portefeuille :

— en achetant des titres en bourse ;

— en souscrivant à l'émissions d'actions ou d'obligations par des entreprises privées ou publiques. Il devrait œuvrer comme fournisseur de capital à risque aux entreprises débutantes ;

— en obtenant des titres qui représentent le paiement en nature de l'impôt sur les successions.

L'autonomie de ce fonds est une condition de son succès. Ses revenus n'ont pas la vocation de servir de roue de secours pour d'éventuels déficits du budget de l'Etat.

Comme il s'agit d'une richesse collective de tous les citoyens, il faut les intéresser à la gestion du fonds. Ses administrateurs pourraient être élus au suffrage universel. Il doit y avoir une transparence totale sur les avoirs du fonds, sur ses décisions en matière d'investissement et de distribution du bénéfice.

Lorsqu'il aura atteint une taille considérable, le fonds percevra normalement une recette de dividendes assez élevée. Une partie sera réinvestie et l'autre constituera un revenu à mettre à disposition de la population. La solution la plus élégante serait de verser une allocation égale à tous les citoyens. Dire aux citoyens " ce fonds est le vôtre " resterait une affirmation abstraite et peu crédible s'ils n'en profitent pas pécuniairement de façon directe et visible. Il faut que les citoyens soient attachés au fonds, ce qui implique qu'on leur fournisse une raison de l'être.

La proposition de distribuer les dividendes de ce fonds collectif à toute la population, ne m'amène-t-elle pas — involontairement — sur le terrain d'un important débat actuel : celui qui a trait à l'*allocation universelle*, encore appelée *revenu de base* ? L'allocation universelle est un revenu que les pouvoirs publics allouent inconditionnellement à tous les citoyens. Là où elle serait instaurée, elle pourrait se substituer à la sécurité sociale existante tout comme elle pourrait la compléter. La question agite philosophes, économistes et politiciens de tous bords dans beaucoup de pays en Europe et ailleurs. Les dividendes indirects caractéristiques de ma proposition arrivent dans les poches des citoyens à la manière de l'allocation universelle, mais il y a une différence. Leur montant n'est pas forfaitaire ; il dépend des profits des entreprises et de leur politique de dividende, discrétionnaire. Du point de vue économique, c'est préférable. Le problème du financement, souvent allégué par les adversaires de l'allocation universelle, est ici résolu : l'allocation telle que je la propose prend racine sur du dur : elle repose sur le dynamisme de l'économie. En étant propriétaire d'une partie du capital national, la collectivité intervient comme détenteur d'un facteur de production et revendique sa part du gâteau à ce titre.

" Mon " fonds public est une alternative à la nationalisation d'entreprises, la manière de constituer du capital public qui a historiquement la prédilection dans le mouvement socialiste. Son dernier avatar fut la nationalisation en France de quelques grandes entreprises par le premier gouvernement de l'ère Mitterrand (1982).

Qu'il me soit permis de trouver cette politique incongrue. Il saute aux yeux que simultanément nationaliser et indemniser les propriétaires expropriés exclut toute redistribution véritable de la richesse. Il n'est pas acceptable de faire payer à l'homme de la rue un impôt qui sert à indemniser les riches. Certes, dans ma proposition, le fonds achète des titres en bourse et en paie donc la valeur aux capitalistes qui vendent, mais le financement vient principalement d'un accroissement des impôts qui frappe précisément ces mêmes classes. Et le fonds public verse directement un dividende à chaque citoyen.

La justice sociale ne peut donc pas être invoquée. On ne distingue d'ailleurs aucune justification rationnelle. Voulait-on :

— *Peser sur la gestion de ces fleurons nationaux ?* Peut-être, mais pourquoi ? Si l'Etat gérait mieux les entreprises que le privé, ça se saurait.

— *Sauvegarder l'indépendance économique de la nation ?* Ces nationalisations ne faisaient alors pas le poids.

— *Améliorer le sort des salariés de ces entreprises ?* La nationalisation ne les préservait pas de la concurrence mondiale qui incite à toujours réduire le coût du travail.

— *Mieux prendre en compte les intérêts des consommateurs ?* Une bonne régulation aurait fait l'affaire.

A mon avis, on a nationalisé pour satisfaire une certaine gauche frustrée par son impuissance. Disposer de quelques grandes entreprises nationalisées donne à un gouvernement de gauche l'illusion de contrôler quelques leviers alors qu'il ne maîtrise aucune force de l'économie mondialisée et que la justice sociale semble toujours inaccessible. Les marxistes se figurent les nationalisations comme une baguette magique. Elles portent l'espoir — tout à fait vain — de soustraire un pan de l'économie nationale aux forces du marché. Mais ce qui importe vraiment pour la justice sociale, c'est la répartition de la propriété et des dividendes. A cet égard, le fonds de participation public remplit parfaitement son office. Nulle dualisation dramatique de l'économie en un secteur étatique faisant face à un secteur privé. L'Etat s'insinue harmonieusement dans le tissu économique, au profit de la population.

Revenons à la question de l'indemnisation des propriétaires expropriés par le gouvernement de Mitterrand, que mon compte rendu simplifiait trop. En réalité, le *programme commun* de la gauche sous-estimait les valeurs à indemniser, volontairement -je présume. Et il s'est passé ce qui devait se passer. La droite a saisi le Conseil constitutionnel. Celui-ci a censuré le mode d'évaluation des avoirs nationalisés. La loi de nationalisation n'a pu passer qu'après avoir été amendée dans le sens d'une indemnisation plus généreuse. Le Conseil constitutionnel composé majoritairement de personnalités issues des partis qui avaient perdu les dernières élections a imposé une conception inscrite dans des textes anciens révélateurs de la pensée dominante à des époques passées.

Cet épisode illustre parfaitement la réflexion des premiers chapitres relative à l'attitude généralement irrationnelle des partis de gauche. En 1982, la gauche s'est félicitée du vote des nationalisations par le parlement, mais le fait d'avoir reculé sur la question de l'indemnisation est bel et bien une défaite, car toute redistribution de la richesse, même cosmétique, devenait impossible. La stratégie de la gauche française était empreinte de naïveté. Le rejet du projet initial d'indemnisation par le Conseil Constitutionnel était prévisible dès avant les élections. Il fallait donc, en 1981, aller à la rencontre des électeurs avec une solution. Par exemple, annoncer durant la campagne électorale qu'il serait organisé un référendum sur une nouvelle constitution. Et s'il était perdu, convoquer de nouvelles élections. Comme expliqué au chapitres 5, l'électorat doit être conscientisé qu'au travers de la voix accordée à tel ou tel parti, il vote avant tout pour ou contre des réformes. Quel est l'objectif fondamental en politique : occuper le siège du pouvoir (très illusoire) ou réformer la société ? Pour beaucoup de politiciens, la première motivation l'emporte sur la deuxième. Cette forme d'inconsistance est une assurance contre les réformes. Qu'a gagné le peuple français à ce que Mitterrand reste président de longues années pendant que la société se néolibéralisait ?

Cette attitude simplement velléitaire n'est pas satisfaisante. Lorsqu'il y a un abcès, il faut le crever avant de continuer. Quand des réformes profondes sont en préparation, la première tâche consiste à faire admettre la légitimité de ces réformes par l'opinion publique. Avoir 51% des citoyens qui pensent qu'il faut redistribuer sérieusement est plus important qu'avoir 51% des citoyens qui votent pour la gauche. La priorité, c'est que les idées de la classe dominante soient déjà un peu moins les idées dominantes. Cela vaut certainement pour ce paragraphe de la constitution française sur lequel le Conseil constitutionnel s'est basé pour censurer la loi de nationalisation en 1981 et 1982 :

> La propriété étant un droit inviolable et sacré, nul ne peut en être privé si ce n'est lorsque la nécessité

publique, légalement constatée, l'exige évidemment, et sous la condition d'une juste et préalable indemnité[1].

Le pouvoir bourgeois issu de la Révolution Française a fait inscrire la propriété parmi les *droits de l'homme*. Il y a là une imposture. La propriété est une chose trop complexe pour être sacralisée sans plus de nuances. Si l'on considère ce droit dans son intégralité, sans compromis, toute redistribution devient illégitime ; même l'existence de la fiscalité peut être contestée. Les bases d'une société inclusive sont compromises. Le droit de propriété mérite donc une approche pragmatique. Il n'y a pas de droit de propriété sans société, sans un contrat social implicite. Par le droit de propriété, la société adresse aux possesseurs de biens cette garantie : " je déclare votre possession inviolable ". Cet engagement oblige toute la collectivité, donc les non-propriétaires. Pour que le contrat social ne soit pas léonin, il doit y avoir du donnant-donnant. Personne ne doit rester sur le carreau. La propriété privée ne peut pas se limiter à être une propriété " privante ", une cause de privation. Dans une société inclusive, le droit de propriété comporte intrinsèquement ses propres limites par l'action de mécanismes législatifs ad hoc.

Dans une société de classes, exclure toute redistribution patrimoniale au nom du droit de propriété porte atteinte aux droits de l'homme des non-propriétaires au moins autant que redistribuer n'est une atteinte aux droits de l'homme des propriétaires. C'est la raison pour laquelle John Rawls s'est refusé à inclure la propriété privée du capital dans la liste des *libertés de base* garanties par son premier principe de justice.

Cette relativisation du *droit de propriété* illustre parfaitement la réflexion du chapitre 7 relative à l'impossibilité des *droits naturels*. La plupart des défenseurs de ce droit en appellent à son caractère naturel qui le sacralise. Se référant au philosophe

---

[1] La formulation « nul ne peut en être privé » prête à sourire. Qui oserait prétendre qu'aucun Français n'est privé de propriété. Cet article ne s'intéresse évidemment qu'à ceux qui sont propriétaires ; les autres se consoleront en espérant le devenir, mais comme on le sait, il y a beaucoup d'appelés et peu d'élus.

du droit Christoph Menke, Katharina Pistor estime qu'il s'agit là d'une intrusion dans le droit de quelque chose qui lui est extérieur, d'un élément arbitraire. Elle ajoute :

> Menke avance qu'aucun droit civil ne devrait être considéré comme éternellement sacré. Au lieu de ça, tous les droits et toutes les revendications de droits devraient être évalués au regard de leur relation avec les droits des autres - ils devraient être réflexifs[1].

Il faut sauvegarder le droit d'une communauté de contrôler la répartition de la richesse en son sein. Le problème n'est pas la propriété privée en soi mais sa concentration. Si le lecteur passe en revue le présent essai, il constatera que les réformes qui y sont proposées ménagent une place sûre à la propriété privée :

— *La propriété privée du logement personnel.* Le souhait de l'étendre au plus grand nombre sera manifeste au chapitre 15.

— *Le capital privé.* Le chapitre 13 réserve explicitement une place au capital privé dans " l'économie idéale ".

— *L'expropriation pour cause d'utilité publique.* L'obligation morale d'indemniser le propriétaire n'est nulle part remise en cause.

Le droit de propriété ne doit pas être aboli mais repensé.

La propriété du sol

Abordons maintenant ce qui est un vieux problème déjà largement débattu, mais qui est depuis longtemps sous le tapis du débat politique. La terre (le sol et le sous-sol), doit-elle être propriété publique ou propriété privée ? Comme expliqué au chapitre 12, économistes et philosophes se sont opposés sur cette question. Mais le monde politique est resté sourd à ces questionnements. La propriété privée du sol est aujourd'hui l'un des deux supertabous de notre société avec l'héritage. La question est importante du point de vue économique, car la

---

[1] Pistor, trad. cit., p. 333.

rente foncière est l'un des quatre grands types de revenu avec le salaire, l'intérêt et le profit. Jusqu'au début du XXe siècle, elle constituait un des sujets de prédilection des économistes. La rente est très présente dans la société ; bien plus qu'il n'y paraît, car lorsque le propriétaire habite ou exploite son bien, il bénéficie de la rente invisiblement, non pas pécuniairement mais en nature.

Pourquoi la terre produit-elle de la rente ? Parce qu'elle est utile et fertile ? Certes, c'est une condition pour qu'il y ait rente, mais elle ne suffit pas. Il n'y a rente que parce que la terre est rare[1]. Le propriétaire peut jouer les enchères entre ceux qui en ont besoin et n'en disposent pas. Dans les nouveaux pays comme les Etats-Unis au XIXe siècle, la terre libre abonde. Elle n'a dès lors quasiment aucune valeur et aucune rente n'est possible. C'est un fait que les économistes avaient bien compris dès le début du XIXe siècle, même si l'un d'eux, Thomas Robert Malthus, s'obstinait à faire d'elle le prix de la fertilité.

Si l'Etat mettait la main sur la rente foncière, y compris évidemment la rente invisible, il bénéficierait d'un accroissement substantiel de ses moyens financiers et donc de sa capacité de mener des politiques sociales, sans grever l'activité économique. Par exemple, la constitution de notre *fonds public de participation* s'en trouverait fortement accélérée. Pour la gauche, la nationalisation du sol est une revendication naturelle. La légitimité de cette nationalisation a été justifiée au chapitre 12. La suite du présent chapitre expose une proposition concrète en vue de sa mise en application. Seule la peur des tabous explique le mutisme de la plupart des partis à cet égard, ce qui rend la présente proposition injustement originale.

Toutefois, un parti ne pourra l'inscrire à son programme que lorsque l'opinion aura assimilé le bien-fondé de cette nationalisation : le programme de gouvernement ne peut jamais être en avance sur l'opinion publique. La priorité doit donc être

---

[1] *Rare*, au sens économique du terme. Elle n'est pas disponible à souhait.

accordée à sa sensibilisation mais cette tâche revient à l'intelligentsia plus qu'aux partis.

Avant l'exposé de ma proposition, il me faut rappeler une distinction essentielle : ce qu'il y a lieu de collectiviser, c'est la PROPRIETE du sol, pas son EXPLOITATION ou son UTILISATION. Il ne fait aucun doute que des adversaires de cette nationalisation seraient tentés d'alimenter cette confusion fallacieuse. Nulle part dans le présent ouvrage, le lecteur ne trouvera de proposition dans ce sens.

Comment les choses s'organiseront-elles lorsque toute la terre sera devenue propriété publique ? Toute terre est le siège d'une habitation ou d'une exploitation économique, qu'elle soit industrielle, commerciale, agricole, forestière, de loisir... Appelons-les des *usages* de la terre. Les titulaires du droit d'usage avant la nationalisation, c'est-à-dire les propriétaires non bailleurs ou les locataires, le gardent intégralement dans la nouvelle donne. Le droit d'usage est attaché aux installations fixées sur le sol. La propriété privée des bâtiments ne cesse pas d'exister du fait qu'elle est découplée de la propriété du sol. Si A vend sa maison à B, B devient automatiquement propriétaire du bâti et titulaire du droit d'usage du sol. Il en irait de même si A vendait une surface commerciale ou si A donnait sa maison en location à B. L'Etat s'engage à honorer le droit d'usage du sol à celui qui habite ou exploite le bâti présent sur la terre. Le droit civil de certains pays, comme la Belgique, prévoit déjà la possibilité d'être propriétaire d'une construction alors qu'une autre personne est propriétaire du sol. Le cas des terrains non bâtis et non exploités (par exemple en sylviculture) est un peu particulier car la terre ne fait pas l'objet d'un usage. Sans usage, il n'y a pas de droit d'usage qui vaille.

L'usage du sol donne lieu au payement d'un loyer au nouveau propriétaire, l'Etat. Si avant la réforme, le titulaire du droit d'usage payait un loyer à un propriétaire privé, il y a simplement changement de bénéficiaire. Si le titulaire du droit d'usage en était le propriétaire, il commence à payer un loyer à l'Etat. Des mesures transitoires s'imposent de toute évidence.

Il ne serait pas normal de faire payer un loyer à quelqu'un qui vient de payer l'acquisition de son terrain. Le transfert de la propriété à l'Etat a lieu dès le vote de la loi de nationalisation, mais le propriétaire exproprié est dispensé de loyer durant une période de sursis. Elle pourrait s'étendre jusqu'au vingtième anniversaire de l'acquisition du bien à titre onéreux. Vingt ans est ici donné à titre d'exemple ; vu la diversité des situations, la durée sera sans doute fonction de divers paramètres. Passé le délai de vingt ans ou après le décès, le loyer est dû. Si l'acquisition s'est faite gratuitement (don ou héritage), le loyer est dû immédiatement.

Le droit d'usage est assuré d'une certaine stabilité. L'usager d'une terre qui investit pour l'améliorer doit profiter de son investissement assez longtemps pour en amortir le coût. Une occupation aussi stable que possible doit être garantie, mais la garantie perpétuelle n'est pas désirable. Sur le long terme, il faut permettre à un usage plus rentable d'en évincer un qui l'est moins. L'adaptation périodique du loyer est un moyen d'y parvenir. Le paiement du loyer foncier est une condition pour bénéficier de l'usage. La rente foncière publique est une créance qui n'est pas intrinsèquement plus extraordinaire que la fourniture d'eau, de gaz ou d'électricité, la location d'une habitation ou le prêt d'une banque. Une difficulté pourrait survenir si le loyer rend l'usage financièrement inaccessible au propriétaire exproprié. Eviter les expulsions est évidemment une priorité. Les mesures transitoires devront prévoir des mécanismes d'aide.

Un cas particulier serait celui d'un riche héritier vivant dans un manoir sur un très grand terrain dont il usait gratuitement en tant que propriétaire. La réforme le soumet au paiement du loyer. La rente étant proportionnelle à la valeur du terrain et donc dépendante de sa superficie, il pourrait n'être capable de payer le loyer que pour une partie du terrain, celle qui entoure l'habitation. Il pourra renoncer à l'autre partie du terrain sans condition. Le droit d'usage reviendra alors à l'Etat ou à la commune.

Le sol est ce sur quoi les sociétés humaines tiennent debout. Une réforme radicale concernant son statut peut engendrer la crainte du « sens dessus dessous », la crainte d'une société qui perd ses repères et ses fondements. La transition se révélera peut-être un peu compliquée, mais lorsque ses effets se seront stabilisés, les seules implications de la réforme seront pécuniaires. Elle n'entraîne aucun bouleversement de la nature des relations interpersonnelles et des rapports économiques

Ce serait une vision erronée de la réforme de prétendre : « la rente foncière publique est une dépense additionnelle qui réduira le pouvoir d'achat ». Il faut envisager la réforme dans sa globalité. Les vases communiquent et de l'argent qui semblait se dérober revient sous une autre forme. La rente foncière publique contribuera à financer d'autres réformes comme la baisse de la TVA[1] et la constitution du fonds public d'investissement qui rapportera un dividende à tous les citoyens. Ce brassage général laissera évidemment des gagnants et des perdants. Les grands propriétaires perdront plus qu'ils ne gagneront ; les propriétaires moyens seront plus ou moins à l'équilibre ; les petits propriétaires et les non-propriétaires bénéficieront d'un gain net. Finalement, n'est-ce pas cela la redistribution ?

---

[1] Cf. chapitre suivant.

15.

Réduire les inégalités

Chaque parti de gauche s'est donné son propre programme de gouvernement, dont il y a lieu de présumer qu'il vise à améliorer la situation des moins nantis. Les législations existantes varient d'un pays à l'autre et la présente analyse se veut transnationale. Il n'est donc pas question de proposer ici un modèle de programme. Le chapitre présent suggérera néanmoins diverses réformes, grandes ou petites que des partis de gauche pourraient intégrer dans leur programme. Et ne perdons pas de vue que le chapitre précédent plaidait pour deux super-réformes qui, à plus long terme, devraient inspirer tous les programmes de gauche.

Redistribution et fiscalité

Comme expliqué au chapitre 6, une fiscalité qui ponctionne plus les revenus élevés redistribue les revenus du haut vers le bas surtout si les transferts sont plus généreux avec les bas revenus.

La fiscalité n'est pas une veine d'argent inépuisable. A part l'impôt sur les successions, le gouvernement ne peut taxer que le revenu existant et l'impôt doit rester en-deçà du seuil à partir duquel il affaiblirait l'économie. A partir de quel niveau la fiscalité devient-elle trop lourde ? On entend régulièrement, venant de certains milieux (privilégiés) qu'on est à l'os, que l'Etat est déjà trop gourmand. A vrai dire, ces milieux ont exprimé cette même plainte à toutes les époques. Qu'en est-il aujourd'hui ?

Piketty fournit quelques données intéressantes quant à l'évolution de la part des prélèvements obligatoires dans le revenu national[1]. Elle était partout inférieure à 10% avant la première guerre mondiale. Des années 1920-1930 jusqu'aux années 1970-1980, elle a augmenté partout, atteignant environ 30% aux Etats-Unis, 40% au Royaume-Uni, 45% en Allemagne, 50% en France et 55% en Suède. Depuis lors, le taux tend à se stabiliser. Comme le fait remarquer l'auteur, un nouveau boom de la fiscalité est impossible car le boom a déjà eu lieu.

Les réformes fiscales devront donc taxer mieux autant que taxer plus. Sur le papier, taxer mieux ne sera pas difficile, tant l'éthique de l'imposition s'est détériorée au cours des quarante dernières années, notamment sous l'effet de l'évasion fiscale et de la concurrence fiscale à laquelle se livrent les Etats. Aujourd'hui, la classe moyenne est surtaxée et la classe possédante est sous-taxée ; cela se vérifie quasiment partout.

Pour départager les impôts à augmenter et ceux à diminuer, il faut tenir compte de leurs caractéristiques sociales et économiques, très diverses. Ceux qui frappent des rentes ne réduisent pas l'incitation à investir ou à travailler. L'impôt sur les successions, quant à lui, frappe une manne qui tombe du ciel ; aucun prélèvement n'est opéré sur le revenu (sensu stricto) de celui qui en est redevable.

Le « taxer mieux » implique l'arrêt de la concurrence fiscale et l'intensification de la lutte contre la fraude fiscale[2]. L'existence

---

[1] Piketty, op. cit., pp. 757-759.
Comme le rappelle l'auteur, le revenu national se monte à environ 90% du PIB, vu la déduction de la dépréciation du capital.

[2] La lutte contre l'évasion fiscale est pour les gouvernements de droite une épreuve schizophrénique. D'une part, ils doivent faire entrer l'argent dans les caisses de l'Etat ; d'autre part, ils veulent ménager les classes possédantes, celles qui fraudent le plus, dont les partis de droite sont les défenseurs. Cette aporie explique au

de partis transnationaux peut se révéler utile pour assurer la nécessaire coordination à l'échelle de l'UE.

La redistribution des revenus passe par un rééquilibrage du poids de la fiscalité. En supposant a priori une pression fiscale globalement inchangée, les réformes doivent accentuer l'imposition des riches et alléger celle des autres. Cette correction touche principalement deux impôts :

— L'impôt sur le revenu, dont il faut étaler la progressivité.

— La TVA, dont le taux doit être réduit sur un large éventail de produits de consommation.

L'impôt sur les successions ne sera plus mentionné dans ce chapitre. Le lecteur sait maintenant la destination qui lui est réservée.

Améliorer la progressivité de l'impôt sur le revenu nécessite d'élever à la fois les taux marginaux et les seuils de revenu frappés par les taux élevés. Les taux vraiment élevés ne doivent frapper que les revenus vraiment élevés, pas ceux de la classe moyenne. Il est essentiel que la taxation élevée de la grande richesse ait une contrepartie pécuniaire au profit de la majorité des contribuables. Les vases communicants doivent apparaître à l'opinion publique ; sinon elle ne soutiendra pas la réforme.

Ces dernières décennies, les taux marginaux ont été rabotés dans la plupart des pays. Ils devraient être remontés. Comme le rappelle Piketty, des taux « confiscatoires »[1] auraient un précédent historique et il a eu lieu dans le pays où on s'y attendrait le moins : les Etats-Unis. Le taux marginal y est porté à 70% en 1919, redescend à 25% à la fin des années 1920 ; puis Roosevelt, dans le cadre du New Deal le porte à 63% (1933), puis 79% (1937) ; la guerre le fait monter à 88% (1942) puis 94% (1944) ; il redescend ensuite à 90% jusqu'au milieu des années 1960 quand il passe aux environs de 70%. Il restera à

---

moins partiellement l'inefficacité couramment constatée de cette lutte.

[1] C'est son expression.

ce niveau jusqu'au début des années Reagan, commencement de sa chute[1].

La refonte de l'impôt sur le revenu des personnes ne concerne pas que les taux. Dans la plupart des pays européens, les revenus du capital sont moins taxés que ceux du travail. Un élément de ce revenu est tout particulièrement avantagé : les plus-values boursières. Elles forment une part non négligeable des revenus du capital. Les titres à capitalisation n'ont même pas d'autre rapport que la plus-value. La taxation des plus-values pose des questions techniques mais sa complexité n'est pas un obstacle incontournable.

L'impôt sur le revenu des personnes devrait également tenir compte de plus de critères représentatifs de la situation du contribuable. Par exemple, le fait d'être ou non le créateur de l'entreprise pourrait influencer le traitement fiscal des revenus de l'entrepreneur.

En prenant de l'argent dans telle poche plutôt que dans telle autre, la fiscalité agit DIRECTEMENT sur la distribution des revenus. Elle peut aussi redistribuer INDIRECTEMENT lorsqu'elle taxe plus légèrement les pratiques vertueuses que les pratiques antisociales. L'impôt des sociétés se prête parfaitement à ce rôle, car jouer sur les règles de déductibilité permet de taxer désavantageusement les pratiques que la justice commande de dissuader lorsque leur interdiction est jugée excessive.

Un premier cas concerne les emplois précaires. Ainsi la déductibilité pourrait être abaissée ou supprimée sur le travail intérimaire ou mis à disposition par un sous-traitant spécialisé dans la fourniture de main-d'œuvre. De même, les charges parafiscales frappant les contrats à durée déterminée pourraient

---

[1] Piketty, op. cit., p. 815 et p. 818.
L'impôt sur les successions a connu une courbe comparable : le taux supérieur était maintenu entre 70% et 80% des années 1930 aux années 1980.

être rendues plus élevées que celles sur les contrats à durée indéterminée.

Il s'agit d'un encouragement aux bonnes pratiques. Il est des cas où le travail intérimaire et les contrats courts sont justifiés. En augmenter le coût permet de garantir qu'ils ne seront plus utilisés de façon abusive, c'est-à-dire dans le but exclusif d'exercer un pouvoir plus pressant sur la main-d'œuvre.

L'avantage économique de la flexibilité n'est pas discutable. L'avantage social et psychologique de la stabilité de l'emploi et de la sécurité du salaire l'est encore moins. L'excès de flexibilité offre aux entreprises qui le pratiquent un avantage concurrentiel ; le levier fiscal offre à l'Etat un moyen de le contrebalancer. Le niveau de productivité et de richesse atteint par l'économie contemporaine a largement dépassé le seuil à partir duquel il est possible d'humaniser le rapport de l'individu au travail sans mettre en péril le bien-être matériel de la population.

Le travail intérimaire peut se révéler pratique pour l'employeur et parfois aussi pour l'employé. Mais être pratique ne signifie pas rendre heureux. La dimension sociale du travail est, elle, essentielle à l'équilibre de l'individu. Pour le travailleur, c'est un avantage psychologique important de savoir qu'il fait partie de cette communauté qu'est l'entreprise et qu'il n'y est pas simplement un visiteur.

Lutter contre l'inégalité, c'est aussi refuser la dualisation du marché de l'emploi en un secteur protégé et un secteur précaire. Cette inégalité n'est pas plus acceptable par le fait qu'elle avantage certains membres de la classe dominée.

La politique de redistribution peut encore agir sur d'autres déductions fiscales. Par exemple, un plafond pourrait être fixé au-delà duquel la rémunération n'est plus déductible pour le calcul de l'impôt des sociétés. Il n'y a pas de raisons de faciliter la tâche à ceux qui paient des rémunérations indécentes. Il en va de même pour les factures de consultance qui sont souvent un moyen détourné de payer des salaires excessifs. La déductibilité de ces frais devrait être soumise à des conditions.

Certains Etats taxent les avantages en nature plus légèrement que le salaire pécuniaire. Cette discrimination ne répond à aucune rationalité économique. Les firmes ont bien compris qu'il y avait là un moyen de réduire l'imposition de leurs cadres. Les plus hauts salaires profitent le plus des avantages en nature. C'est un moyen de contourner la progressivité de l'impôt sur le revenu. Les achats et locations de voitures et de biens de consommation ne devraient plus être déductibles dans le calcul de l'impôt des sociétés.

Dans le même ordre d'idées, la déductibilité des frais de représentation (hôtel, restaurant, traiteur…) devrait être aménagée de façon à limiter les abus. La vie de palace n'est pas un frais professionnel, c'est un revenu déguisé.

Les factures des fiscalistes sont une autre déductibilité à remettre en question. Que les charges supportées pour gagner un profit ne fassent pas partie de l'assiette taxable est normal. Les charges déboursées pour ne pas être trop taxé sur ce profit sont d'une autre nature.

Dans beaucoup de pays, le taux nominal de l'impôt des sociétés est à un niveau raisonnable, mais les règles de calcul laissent la porte ouverte à une ingénierie fiscale qui vide cet impôt de sa substance. L'impôt des sociétés comporte généralement de multiples possibilités de réduction et d'exonération au-delà de la déduction normale des charges comptables. En les additionnant, des firmes très profitables parviennent à ne devoir qu'un impôt ridiculement bas par rapport à leur bénéfice. Il n'est pas question ici de supprimer ces divers avantages fiscaux. Il est préférable d'instaurer un taux minimum de taxation effective. Lesdits avantages fiscaux ne pourraient faire descendre l'impôt sous un certain seuil exprimé en pourcentage du bénéfice comptable. Par exemple : la moitié ou les deux tiers du taux nominal.

Les entreprises transnationales s'arrangent artificieusement pour que le maximum de revenu soit imposable dans les pays où le taux est le plus bas. Les Etats ont mis en place des dispositifs pour déjouer ces pratiques, mais à l'intérieur de l'UE, seule l'harmonisation complète de l'impôt des sociétés les contrecarrerait efficacement. Cette harmonisation devrait être soutenue par l'ensemble de la gauche européenne.

Parmi les manigances à abolir figure le *ruling fiscal*. En théorie, le ruling vise à offrir au contribuable demandeur une sécurité juridique. L'administration fiscale s'engage sur la façon dont elle appliquera la législation fiscale à une activité future. Une société transnationale en abuse facilement : " vous comprenez que mon investissement dans votre pays dépend de la façon dont vous interprétez la législation " La concurrence fiscale entre les Etats rend ce système très délétère.

Les finances publiques, la dette publique

Les dépenses effectuées par l'Etat et les pouvoirs locaux ou régionaux, comme celles des entreprises privées, sont de deux ordres : les *dépenses courantes* et les *investissements*. Les investissements participent à la création d'un patrimoine durable. Les dépenses courantes de l'Etat, quant à elles, peuvent être classées en deux catégories :

— les dépenses effectives : ce sont les salaires des fonctionnaires, de même que la consommation de services ou l'acquisition de biens non durables auprès des entreprises ;
— les *transferts*, qui sont des sommes d'argent versées à des particuliers ou des entreprises (subventions), en fonction d'un droit qui leur est reconnu légalement.

Pour financer leurs dépenses, les pouvoirs publics disposent de trois moyens :
— l'impôt ;
— l'endettement auprès des ménages ;
— l'endettement monétaire.

L'endettement monétaire DIRECT a lieu quand la banque centrale prête à l'Etat et crée la monnaie nécessaire à cette occasion. L'importance de cette méthode s'est fortement amenuisée en Europe, car le système monétaire mis en place avec l'Euro tend à l'empêcher. Lorsque l'Etat emprunte aux banques commerciales, il y a INDIRECTEMENT création monétaire. Ceteris paribus, ces prêts entraînent l'expansion de la masse monétaire

En cas d'emprunt, le remboursement du principal et le paiement des intérêts sont à charge du budget des dépenses courantes.

Il existe un consensus pour considérer que les dépenses courantes doivent être financées par l'impôt et les investissements par l'emprunt. Si les dépenses courantes dépassent le total des recettes fiscales, il y a déficit budgétaire et celui-ci ne peut être couvert que par l'emprunt, qu'il soit ou non de nature monétaire.

L'endettement de l'Etat a un aspect équivoque : d'une part, comme la dette d'une personne privée, il s'agit d'une somme due dont le remboursement est attendu. D'autre part, si ses comptes sont en déficit, l'Etat doit emprunter pour rembourser les emprunts précédents, ce qui crée alors une espèce de dette perpétuelle, une dette dont la masse est virtuellement sans remboursement. Ce double visage n'est pas sans danger. Les créanciers gardent toujours leur droit au remboursement. Si l'Etat perd son crédit et, par-là, sa capacité d'emprunter, il devient incapable de faire face à ses obligations et tombe en banqueroute. Considérer la dette comme une espèce de capital permanent est donc illusoire. Cette perspective a de quoi inquiéter tout citoyen attaché à son Etat.

Les partis de droite et les partis sociaux-démocrates s'opposent traditionnellement sur la rigueur budgétaire. Les partis de droite, craignant le gonflement de l'Etat, sont attachés à sa frugalité ; ils prônent donc l'équilibre budgétaire. Les partis de gauche dénoncent généralement ce souci de rigueur. Les raisons qui motivent ce rejet sont a priori moins évidentes que les motivations économes de la droite. Après tout, il est possible de financer les dépenses par des impôts. J'entrevois deux explications au comportement laxiste des sociaux-démocrates, la première involontaire, la deuxième volontaire :

— Le désir de mener des politiques favorables aux classes populaires les pousse à accroitre les dépenses publiques mais ils n'osent pas augmenter les taxes dans la même proportion. Et dans les coalitions *droite plus gauche*, les partenaires de droite sont plus réticents à l'accroissement des taxes qu'à celui des dépenses.

— L'empathie pour les chômeurs, combinée avec un penchant étatiste, les a rendus réceptifs à la théorie économique énoncée par John Manyard Keynes pendant la dépression des années 1930, qui recommandait que la dépense publique supplée la faiblesse de la demande privée[1] sans trop d'égard pour l'équilibre des comptes.

Contrairement à un préjugé, l'adhésion aux idées de gauche n'implique pas la complaisance à l'égard des déficits ni même des dépenses publiques. La justice sociale n'a pas besoin d'un Etat prodigue. Mieux vaut baser les transferts sur un patrimoine public solide. C'est une aporie de menacer la santé financière de l'Etat sur lequel on compte pour effectuer la redistribution qu'on souhaite. Pour cacher qu'elle n'ose pas s'attaquer de front à l'inégalité, la social-démocratie dépense pour mettre un baume sur la plaie sociale.

Les sociaux-démocrates semblent assez tolérants à l'égard de l'endettement public, qui est, on le sait, automatiquement engrené aux déficits budgétaires. De tous temps, la dette publique a été une préoccupation des économistes et une pomme de discorde entre eux. Les économistes de droite lui

---

[1] Avant la *Théorie générale* de Keynes (1936), les économistes néoclassiques dominaient la macroéconomie avec des théories qui laissaient très peu de place aux crises de surproduction et au chômage. Arrivée en plein marasme économique, la théorie de Keynes connut immédiatement beaucoup de succès. Mais à partir de la fin des années 1950, les économistes de droite, les *monétaristes* puis les *nouveaux classiques*, attaquèrent le keynésianisme honni pour avoir montré que le marché n'était pas infaillible et que l'intervention de l'Etat pouvait être bénéfique. Les idées pré-keynésiennes furent remises à l'honneur avec de nouveaux habits. L'accent est mis sur l'inefficacité et la nocivité supposées de toute politique visant à soutenir la demande globale.

adressent le reproche bien connu de faire reposer le fardeau des dépenses sur les générations futures. Cette accusation a un fond de justesse mais elle est formulée absurdement. Comme l'a montré l'économiste keynésien Abba Lerner ce qui est transmis à la génération suivante, c'est à la fois la dette et la créance[1] qui sont inséparables. Mais un fardeau est néanmoins transmis à la génération suivante : non pas la dette en tant que telle mais l'opposition d'intérêts entre les détenteurs d'obligations et les contribuables qui paieront le remboursement. Si le gouvernement opte pour le renouvellement perpétuel de la dette, le fardeau de la génération future, c'est la menace sur la solvabilité de l'Etat.

Se passer de la dette publique (y compris pour les investissements) est à la fois possible et favorable à la justice sociale. Puisque les impôts sont quand-même appelés à financer le remboursement des emprunts, autant vaut les faire intervenir en première ligne : on économisera les intérêts, dépense inutile s'il en est. Les intérêts sont un transfert et non une dépense directe, mais c'est un transfert inepte car il n'oriente pas l'argent vers ceux qui en ont le plus besoin. Les sommes en jeu ne sont pas insignifiantes. Actuellement, pas mal d'Etats européens sont très endettés, au point qu'une hausse des taux d'intérêt (présentement bas) représenterait une menace grave.

L'emprunt est le pire mode de financement des dépenses publiques. Quel spectacle navrant que des Etats embourbés dans une crise mettant en cause leur solvabilité ! L'Argentine en a fait l'amère expérience.

La part excessive qu'occupe aujourd'hui l'emprunt dans les finances publiques est un cadeau de l'Etat au secteur financier qui trouve là un débouché facile.

Une politique de gauche sensée tend à financer les dépenses publiques intégralement par l'impôt. Toutefois, la relance

---

[1] L'existence de cette créance née lors de la souscription de l'obligation d'Etat dément que la génération présente s'abstient d'épargner.

économique lorsque l'économie est en phase de récession justifie une exception à ce principe. Mais alors c'est le financement monétaire direct qui doit primer. La banque centrale est (ou devrait être) une institution sœur de l'Etat car elle fournit un service public. L'endettement auprès d'elle représente donc moins une menace sur la solvabilité. Les économistes ne sont pas unanimes quant à savoir si la relance est plus efficace quand le déficit est financé par l'endettement simple ou par la création monétaire. Il paraît logique que l'endettement public non monétaire fait de l'ombre à la dépense privée[1]. L'objection habituelle contre la création monétaire est le risque d'inflation. En cas de récession, cette crainte est infondée. Vu la loi de l'offre et la demande, les prix ne peuvent pas augmenter lorsque le problème est justement que la demande est anémique. Certes, l'inflation peut frapper une économie déprimée quand elle est causée par la hausse des prix à l'importation[2]. Mais même dans ce cas, financer le déficit par la création monétaire n'aggrave pas le problème qui trouve sa cause ailleurs. Le financement du déficit public par la création monétaire directe plutôt que par l'emprunt classique n'est pas tellement en froid avec l'orthodoxie économique puisqu'il est admis par de grands économistes conservateurs : Milton Friedman et James Buchanan[3].

---

[1] Les économistes appellent "effet d'éviction" le phénomène par lequel la dépense publique supplante la dépense privée au lieu de la compléter. Si la dépense publique donne lieu à une création nette de revenu, l'effet d'éviction ne sera que partiel ; mais l'épargne nécessaire pour prêter à l'Etat réduit la consommation et les moyens disponibles pour souscrire à des titres émis par les entreprises. La concurrence entre le privé et le public pour attirer l'épargne peut aussi élever le taux d'intérêt.

[2] C'est ce qui s'est passé dans les années 1970 comme suite à la crise du pétrole.

[3] — M. Friedman, *A Monetary and Fiscal Framework for Economic Stability*, in American Economic Association (éd), *Readings in Monetary Economics*, London, George Allen and Unwin Ltd, 1951, pp. 369-393.

— J. M. Buchanan, Public *Principles of Public Debt: A Defense and Restatement*, Liberty Fund, Indianapolis, 1999.
http://www.econlib.org/library/Buchanan/buchCv2.html

Le libre-échange sous condition

On sait que l'Europe tend à se désindustrialiser, car la production est meilleur marché dans d'autre régions du monde. Si le consommateur est capable d'oublier que ses concitoyens et lui sont également des producteurs, les importations à bas prix ressemblent à la poule aux œufs d'or.

Le principal atout des pays nouvellement industrialisés est le coût de la main d'œuvre, pas parce qu'elle est plus performante mais parce qu'elle est moins exigeante. Cet écart a une double cause :

— Avant l'industrialisation naissante des pays émergents, les habitants vivaient dans une situation matérielle arriérée et précaire. Peu leur suffit donc pour faire l'effet d'un progrès.
— Beaucoup de ces pays sont des dictatures où les droits syndicaux sont bafoués. Les revendications ouvrières ont besoin d'une certaine liberté pour s'exprimer. Mais même les dirigeants de certaines démocraties font le calcul cynique de sacrifier la génération présente de travailleurs à la prospérité future.

La conséquence est une diminution de la demande de travail en Europe, de travail manuel certainement, de travail en général dans les cas les plus problématiques. Le secteur tertiaire se défend mieux, mais il est illusoire de croire que tous les individus sont adaptés au travail non manuel. Les profils sujets aux difficultés scolaires peineront à se faire une place dans le monde tertiaire. Pour eux, la perte de leur débouché naturel qu'est le travail physique est une tragédie.

L'économie politique a démontré l'avantage de pratiquer les échanges internationaux. Soient le pays A et le pays B qui vivaient en autarcie et qui décident d'échanger leurs produits. Le bien-être économique de l'ensemble pays A + pays B va augmenter. C'est même l'une des plus anciennes théories économiques puisqu'elle remonte à Adam Smith (fin du XVIIIe siècle) et David Ricardo (début du XIXe siècle). Il importe quand-même de préciser qu'ils n'ont pas prouvé que ce supplément de bien-être serait équitablement réparti entre les deux pays. Aucun des deux pays ne devrait y perdre, mais le gain de l'échange pourrait être presque entièrement raflé par le pays A ou le pays B. Il faut aussi rappeler que la démonstration de l'avantage du libre-échange est purement économique. Les facteurs autres qu'économiques sont simplement ignorés.

Tout n'est donc pas rose dans le monde du commerce international, C'est ce qui explique le succès des thèses protectionnistes. Tant à gauche qu'à droite, certains se laissent séduire et d'autres les rejettent avec mépris. Plutôt qu'une réponse sans nuance, cette question mérite une approche rationnelle et ouverte. Le libre-échange peut faire office de principe général mais être assorti d'exceptions dûment justifiées.

Il est légitime de se protéger d'importations dont les conditions de production confèrent un caractère déloyal à la concurrence. Ces produits jouissent d'avantages artificiels lorsque la fiscalité, la législation sociale ou la législation environnementale du pays exportateur sont trop laxistes ou complaisantes. Les importations sont alors moins coûteuses que la production locale, non parce que l'exportateur est plus productif mais parce que sa production est moins éthique. La défense la plus souple et la plus efficace consiste à imposer des droits de douane, calculés pour compenser l'avantage indu. Cela n'empêche pas de pratiquer le libre-échange lorsque les conditions d'équité sont satisfaites. Tel est le principe du *libre-échange sous condition*.

L'Union Européenne a hérité de la compétence en matière de commerce international. La gauche européenne devrait faire pression sur les autorités pour qu'elles appliquent le principe du libre-échange sous condition. Ici aussi, l'existence de partis transnationaux pourrait se révéler profitable.

Il serait abusif d'exiger du pays exportateur qu'il respecte les normes européennes si son revenu par habitant est largement inférieur. Les pays pauvres ont le droit de s'industrialiser et ont besoin du marché international pour y parvenir. Comment contourner ce dilemme ? On pourrait établir une grille des exigences minimales quant aux salaires, à la couverture sociale et la protection de l'environnement en fonction du revenu par habitant. Les droits de douane interviendraient en proportion de l'écart par rapport à la norme.

L'application du libre-échange sous condition par l'UE risque de générer des conflits avec les exportateurs de pays visés par la protection douanière, Ils tenteront de mobiliser leur opinion publique nationale et leur gouvernement. Ce genre de situation doit être gérée avec doigté. Lorsque les produits importés sont taxés pour des raisons d'intérêt général comme la santé des consommateurs, la gauche européenne devra se chercher des alliés dans la société civile des partenaires commerciaux. Il semble raisonnable de présumer que le progrès social et la protection de l'environnement ont des partisans également ailleurs que dans l'UE. Il faut que le monde ressente le conflit comme l'opposition, non pas entre deux blocs nationaux, mais entre partisans et adversaires de l'intérêt général par-delà les frontières.

Le droit au logement

Se loger est devenu difficile pour les familles à revenu modeste. Ce poste tend à représenter une part excessive de leur budget. Dans certaines villes sévit une véritable crise du logement. La solution à ce problème peut emprunter deux directions : accroitre l'offre de logements à loyer modéré ou faciliter l'accès à la propriété immobilière.

Les gouvernements mènent depuis longtemps des politiques dans l'une et l'autre de ces directions, mais force est de constater que le problème tend à s'aggraver plutôt qu'à se résoudre. Les mesures les plus courantes dans la panoplie des Etats sont :

— offrir en location des logements publics à destination des ménages à revenus modestes, dont les loyers sont parfois modulés suivant ce revenu ;

— faciliter l'accès à la propriété par des prêts à taux réduit ou par la déduction des remboursements hypothécaires de l'impôt sur le revenu.

Ces deux politiques sont louables et méritent d'être poursuivies. Mais il est évident qu'elles doivent être complétées.

L'idéal serait de convaincre acheteurs, vendeurs, bailleurs et locataires à conclure leurs contrats avec des prix et des loyers « raisonnables ». L'autorité politique devrait mettre en place des incitants à cette fin. Un moyen consisterait à établir une grille officielle déterminant le prix normal ou le loyer normal d'un bien immobilier en fonction de ses caractéristiques et de sa localisation. Les loyers et les prix resteraient libres, mais le respect de la norme donnerait droit à un allègement de la fiscalité : en cas de location, le bailleur serait moins taxé sur le loyer ; en cas de vente, le droit d'enregistrement de la transaction serait réduit et les déductions fiscales liées à l'emprunt hypothécaire seraient augmentées. Il peut sembler paradoxal de sanctionner l'acheteur lorsque le prix est trop élevé, mais les acheteurs fortunés sont souvent responsables des hausses. Les vendeurs trop exigeants seraient touchés indirectement, car les acheteurs se détourneront de leurs biens pour se tourner prioritairement vers ceux dont le prix respecte la norme.

Accorder des avantages inconditionnels aux acheteurs, tel que cela se pratique couramment, n'a pas nécessairement l'effet escompté. Facilitent-ils l'acquisition ou induisent-ils involontairement une hausse du prix au profit des vendeurs ? Conditionner les avantages augmente la probabilité d'obtenir l'effet recherché.

L'impécuniosité de beaucoup d'Etats et de communes limite fortement leur capacité d'offrir des logements publics à toute la population qui en aurait besoin. Le maintien d'un secteur locatif privé est donc nécessaire. Certes, l'accroissement de la part des propriétaires dans la population, parfaitement souhaitable, aurait un effet mécanique rétrécissant l'espace du marché locatif. La politique suivie doit donc être équilibrée.

Il est deux types de situations où des logements existent et pourraient être offerts sur le marché locatif mais ne le sont pas. Le premier cas est celui des habitations offertes sur un autre marché considéré comme plus rentable, par exemple la location touristique[1]. Là aussi, la fiscalité peut être un instrument de la solution, notamment si les revenus procurés par ce type d'affectation sont taxés plus sévèrement.

La plupart des grandes villes connaissent cette situation paradoxale où beaucoup de logements sont inhabités, C'est là notre deuxième type de situation problématique. Et un logement qui ne rapporte rien devient rapidement un logement à l'abandon. Les causes sont multiples : litige (par exemple dans le cas d'une indivision), exigence déraisonnable en matière de loyer, propriétaire incapable d'effectuer une rénovation indispensable... Mais aussi spéculation : des propriétaires laissent « pourrir » leur bien dans l'espoir qu'un promoteur l'achètera cher pour intégrer le terrain dans un grand projet immobilier. La solution, ce serait de taxer un loyer fictif pour les logements inoccupés de façon durable dont le propriétaire ne fait pas montre d'une intention crédible de le louer. Cette disposition rendrait la spéculation moins rentable et accélérerait la mise en location ou la mise en vente des logements.

Pour que l'Etat ou les communes soient en mesure d'appliquer l'imposition des logements vides ou affectés à d'autres fins que le logement familial, ils devraient disposer d'un cadastre complet et à jour des logements présents sur leur territoire, indiquant le type d'occupation.

D'autres dispositions sont à envisager. Par exemple, accorder au locataire la déductibilité partielle du loyer, de son revenu imposable. Il y aurait un double avantage :

— le soutien fiscal au logement cesserait de bénéficier aux seuls propriétaires ;

---

[1] La location touristique n'est problématique et ne doit être dissuadée que dans les zones où sévit la pénurie de logements familiaux.

— le fisc serait informé du montant réel des loyers perçus par les bailleurs.

Autre mesure qui augmenterait l'équité mais qui, cette fois, fâcherait une partie de la gauche : certaines catégories de personnes bénéficient d'allocations sociales, par exemple pour le chômage. Est-il normal que le montant soit identique pour un allocataire qui ne peut se loger qu'en payant un loyer ou un remboursement hypothécaire et pour celui qui se loge gratuitement ? L'allocation pourrait être scindée en une part inconditionnelle et une part conditionnée au coût du logement.

Le sans-abrisme est certainement le problème social le plus grave. Le manque d'un toit est éprouvant par lui-même, mais les vulnérabilités qui en découlent ne le sont pas moins : sans adresse, il n'est pas possible d'exercer ses droits de citoyen ; sans logement, une série d'activités basiques deviennent impossibles : avoir un emploi, élever ses enfants, avoir une vie affective.

C'est une erreur de dissocier le sans-abrisme et la question du logement en général. Le premier découle simplement des failles dans l'application du droit au logement, un droit que certains Etats ont pourtant inscrit dans leur constitution. Si l'Etat mène une politique du logement judicieuse et efficace, le sans-abrisme est impossible.

Aider les SDF à se réinsérer, c'est bien ; empêcher ceux qui ont un toit de le perdre, c'est encore mieux. Ces deux politiques sont certes nécessaires, mais comme dit le dicton, mieux vaut prévenir que guérir. Prévenir est plus facile que guérir et évite de la souffrance. L'effort doit donc aller prioritairement dans cette direction. Pourquoi y a-t-il partout si peu de prévention ? Parce qu'elle obligerait à de la solidarité envers des personnes dont la souffrance n'est pas encore assez visible pour nous émouvoir. La bonne politique veille à mettre en place un filet de sécurité qui rattrape ceux qui sont en passe de basculer. Une attention particulière devrait être accordée aux jeunes adultes en décrochage. Ils sont souvent en rupture familiale, auquel cas celle-ci fait partie du problème. La loi pourrait imposer une obligation d'information à toutes les personnes que leur activité ou leur profession met en contact avec des situations à risque de basculement : notaires, directeurs de maisons de repos, propriétaires bailleurs, avocats, huissiers, fonctionnaires (notamment dans le secteur du chômage) ... Ils auraient l'obligation d'avertir le service social de la commune s'ils traitent une affaire dans laquelle une personne impliquée risque de se retrouver sans domicile. Leur obligation s'arrêterait là mais leur responsabilité pourrait être engagée en cas d'omission.

Pour offrir un hébergement à tous ces cas qui lui seraient signalés ou à ceux qui seraient passés entre les mailles de la prévention, la commune devrait avoir le pouvoir de réquisitionner des logements inoccupés. Elle assumerait les obligations du locataire à l'égard du propriétaire à qui elle verserait un loyer modéré. Ainsi le droit de propriété serait sauvegardé mais il serait aménagé de façon à ne plus entraver le droit au logement. L'absoluité du droit de propriété rend le respect du droit au logement impossible.

16.

Une société moins matérialiste

Ce chapitre commence avec une question qui, à première vue, n'a pas sa place dans un ouvrage politique : *l'argent, fait-il le bonheur ?* Une question bien connue, que presque tout le monde s'est déjà posé, a déjà posée ou a déjà entendu poser. La question a bien une dimension politique. Beaucoup de décisions mettent en balance des avantages économiques et des avantages non économiques. Selon la réponse apportée à notre question, le plateau de la balance ne penchera pas du même côté et la politique menée différera.

Les uns disent "l'argent ne fait pas le bonheur" ; avec un brin de perfidie, leurs contradicteurs répondent "l'argent ne fait pas le bonheur, mais il y contribue". "Argent" signifie ici la richesse en général et la consommation en particulier. La question réelle est donc ou bien "la consommation fait-elle le bonheur ?" ou bien "l'accumulation de richesse fait-elle le bonheur ?"

Je pourrais prétexter la généralité, l'étendue et la complexité de cette question pour m'en défausser. Toutefois, il me semble que la question est en prise directe avec l'objet de mon essai.

Ma réponse commence avec une distinction très commune mais à laquelle je voudrais donner un tour particulier. Distinguons le BONHEUR d'une part et la SATISFACTION ou l'utilité d'autre part. Le bonheur, c'est se sentir fondamentalement bien ; la satisfaction, c'est un ressenti agréable causé par un stimulus plus ou moins identifiable. Beaucoup considèrent le bonheur comme quelque chose de complexe et multidimensionnel dont les dimensions seraient les diverses formes de satisfaction. Celles-ci participent alors au bonheur. Ma vision, au contraire, considère le bonheur et les satisfactions comme des entités quasi-indépendantes. Le bonheur et les satisfactions sont tous deux désirables, chacun en vertu de sa valeur propre. Une telle perspective exclut évidemment que le bonheur soit simplement une somme de satisfactions.

Le bonheur ? C'est quelque chose de tellement personnel, quelque chose qui dépend du caractère de l'individu, donc de son histoire. Il est abstrait, insaisissable, inexplicable, il se manifeste sous des formes si diamétralement différentes que le flash éphémère ou la sérénité constante à travers les aléas de la vie. Parfois on le cherche et il ne vient pas, parfois, il vient sans qu'on le cherche, et parfois il répond quand-même à la recherche. Alors que tout le monde le souhaite, beaucoup de nos choix, de nos actions et de nos inactions nous en éloignent plus qu'ils ne nous en rapprochent. Il n'est donc pas la seule motivation de nos actes ni même peut-être la principale.

Alors l'argent là-dedans ? Rien à voir ! C'est un autre registre. L'argent est un stimulus et le lien entre le bonheur et les stimuli est trop lâche, trop complexe. Le fait d'être un stimulus le rend potentiellement apte à offrir de la satisfaction. Reformulons notre première question : l'argent apporte-t-il la satisfaction ?

Bien qu'elle soit plus concrète, la satisfaction n'est pas nécessairement plus facile à saisir que le bonheur. Ce concept, dans la teneur que lui confère le présent raisonnement, est cousin avec l'*utilité* des économistes sans lui correspondre. L'usage que font les économistes de l'utilité est critiquable parce que plurivoque. La conception la plus correcte est celle de l'utilité ICI ET MAINTENANT. L'agent doit effectuer tel choix dans telle circonstance et c'est effectivement le rapport entre les utilités marginales[1] des alternatives qui le guidera. Mais les économistes se livrent régulièrement à l'addition de l'utilité qu'un individu obtient au cours de périodes différentes parfois

---

[1] Dans l'optique de la mesure ordinale, les économistes ont remplacé le rapport entre les utilités marginales par le taux marginal de substitution mais la signification est identique.

très distantes[1]. S'il n'est pas justifié de comparer l'utilité d'individus distincts, la même raison disqualifie la comparaison des utilités d'un même individu dans des circonstances différentes. La comparaison d'utilités dans le temps n'est pas absolument condamnable mais il faut être conscient que cette analyse quitte le domaine de la science pour s'engager dans la philosophie. C'est ici que " mon " concept de satisfaction rejoint l'utilité des économistes.

Revenons à notre question que je me permets de reformuler ainsi : la croissance économique, augmente-t-elle la satisfaction de la population ? Cette question se pose à deux niveaux. L'un d'eux, que j'écarte, n'intéresse pas la présente réflexion : il est banal de reconnaître à la croissance un effet positif sur l'utilité pour discuter ensuite s'il compense ses effets négatifs comme la pollution, le stress ou les accidents de travail. Ma question interroge l'existence même de l'effet positif généralement postulé.

Répondre à cette question nécessite de préciser les termes de l'équation. Lie-t-on la satisfaction de l'individu à sa richesse et sa consommation ABSOLUES ou à sa richesse et sa consommation RELATIVES ? La consommation absolue tend à augmenter à chaque génération depuis des siècles, voire des millénaires ; il est peu probable qu'elle pousse parallèlement la satisfaction à la hausse ; sinon les premiers hommes auraient dû être très profondément insatisfaits. En fait, le concept de satisfaction n'a de sens que relativement à un besoin. Les besoins dépendent de l'état de la société. Comparer des satisfactions absolues entre des contextes où les besoins diffèrent grandement est mal fondé.

La richesse RELATIVE semble plus porteuse, mais que compare-t-on ? l'individu par rapport à lui-même à des moments différents ou bien l'individu par rapport à ses congénères contemporains. Bien que les deux relations

---

[1] Un outil courant est l'*utilité intertemporelle*, exprimée par l'intégrale entre zéro et l'infini des utilités momentanées (périodes infinitésimales), ce qui implique l'hypothèse simplificatrice d'une durée de vie infinie, parfaitement absurde.

s'interpénètrent, seule la première est pertinente pour la réflexion qui nous occupe, à savoir l'avantage pour une société que la consommation moyenne soit en hausse. La seconde nous ramène à la problématique de l'inégalité déjà traitée dans les chapitres précédents.

Nous circonscrivons progressivement la question posée qui devient maintenant : un individu, se sent-il plus satisfait parce qu'il connaît un accroissement progressif de son pouvoir d'achat sur le moyen terme ? Rappelons qu'il n'est pas question de bonheur mais de satisfaction matérielle à caractère économique. Sans doute, sortir de la misère augmentera la satisfaction de la plupart des individus. Mais qu'en est-il de quelqu'un qui naît et passe sa vie dans la société de consommation ? Parmi les diverses théories de la consommation que nous enseigne l'économie politique, il en est une qui met en lumière un facteur qui biaise complètement la relation entre la consommation individuelle et la satisfaction. C'est l'*hypothèse du revenu relatif* de l'économiste américain James Duesenberry.

On dira du consommateur qu'il est repu quand la satisfaction TOTALE que lui apporte sa consommation est élevée ; à ce moment, la satisfaction MARGINALE, celle de la dernière unité consommée est basse. Les économistes excluent par hypothèse la saturation des besoins mais la consommation perd de son attrait lorsque le revenu augmente, ce qui incite à en épargner une part croissante. La propension marginale à épargner est donc indirectement un marqueur de la satisfaction totale générée par la consommation[1]. Si la hausse du revenu ne s'accompagne pas d'une hausse du taux d'épargne, c'est que l'augmentation de la consommation s'avère nécessaire pour maintenir la satisfaction à son niveau antérieur.

Le choix en matière de consommation et d'épargne s'intègre dans la maximisation de l'utilité que recherche l'individu et

---

[1] A tort ou à raison, les économistes considèrent l'épargne comme une consommation différée. Le fait de posséder un capital n'est donc pas considéré comme une source d'utilité, si ce n'est l'encaisse qui assure les fonctions de la monnaie.

dépend d'une série de facteurs tels que les prix, le taux d'intérêt, le revenu et le patrimoine de départ et bien-sûr les goûts individuels. Mais alors que la plupart des économistes considèrent les goûts comme une donnée exogène, Duesenberry l'endogénéise sur base de la psychologie sociale. C'est un trait culturel marquant de notre société que l'accès à un niveau de vie supérieur est devenu un but en soi. La pulsion de consommer des biens supérieurs dépasse le besoin objectif que nous en avons. La consommation est le théâtre d'une lutte d'ego. L'*effet de démonstration* en devient un stimulant.

> Pour chaque famille, la fréquence de contact avec des biens supérieurs augmente quand les autres accroissent leurs dépenses de consommation (...) La conséquence sera une hausse de la consommation au détriment de l'épargne[1].

Dans ses équations de l'utilité, Duesenberry pondère l'effet de la consommation personnelle en multipliant celle-ci par une fraction dont le dénominateur est la consommation des autres individus, ceux qui forment le milieu où vit l'individu. Dans ces conditions, si les revenus de tous les individus augmentent dans une même proportion, on ne constate plus d'accroissement de l'épargne : Duesenberry conclut : « en période d'accroissement constant du revenu, le taux d'épargne agrégé tend à être indépendant du revenu[2]. »

Transposée dans mon analyse, cette conclusion devient : la croissance de la consommation laisse inaltérée la satisfaction de l'individu lorsqu'elle affecte l'ensemble de la société. Nous jugeons notre consommation par rapport à une norme qui évolue parallèlement.

Lorsque la consommation est devenue l'alpha et l'oméga de la société, la satisfaction qu'elle procure à l'individu est largement déconnectée de la quantité consommée. Sans doute,

---

[1] J. S. Duesenberry, *Income, Saving and the Theory of Consumer Behavior*, Cambridge Massachusetts, Harvard University Press, 1949, p. 27 (ma traduction).

[2] Ibidem, p. 111.

la possession d'un nouvel objet apporte de la satisfaction en attendant que nous soyons habitués à sa présence. Mais l'arrivée sur le marché d'un nouveau produit que nous ne possédons pas encore peut augmenter la frustration, surtout s'il reste longtemps hors de portée de notre bourse.

L'observation que la plupart des individus de tous statuts sociaux s'activent à en amasser un maximum est en apparence la preuve que l'argent est source de bonheur ou de satisfaction. Tant d'efforts seraient l'indice que la richesse répond à un besoin profond. Mais ces gens courent probablement derrière un statut social plutôt qu'à la recherche d'une satisfaction objective. Comme la cigarette, le statut social crée son propre besoin. Et, qui s'est intéressé à la psychologie sait que les actions humaines ne sont de loin pas toutes motivées par le bonheur. Ce n'est jamais le cas des actions compulsives et chez beaucoup, la poursuite de la réussite matérielle revêt ce caractère.

Les pages qui précèdent montrent que le lien souvent présumé, celui qui semble évident à première vue, par lequel l'argent apporte de la satisfaction et la satisfaction produit du bonheur, ce lien est illusoire ; il entre dans la catégorie très fournie des apparences trompeuses. Mais peut-être y a-t-il entre l'argent et le bonheur, un rapport plus obscur, plus collatéral, plus détourné. Effectivement, de telles influences obliques me paraissent à l'œuvre. J'en distingue deux, mais elles contrarient le bonheur.

En premier lieu, comme le disait plaisamment l'humoriste Pierre Dac, « l'argent des uns n'a jamais fait le bonheur des autres. » La richesse est une source de tension sociale. Le chapitre 9 avait montré que son inégale répartition cause une multitude de troubles psychosociaux, surtout dans les classes qui en sont privées. C'est peut-être ce trompe-l'œil qui induit tant de monde à penser que l'argent fait le bonheur.

Ensuite, au niveau personnel, trop penser à l'argent nuit au bonheur. C'est une source de frustration, de conflit, de stress. Pickett et Wilkinson écrivent « Il existe un lien puissant entre matérialisme et dégradation du bien-être. » Pour le montrer, ils citent les travaux de Tim Kasser, professeur de psychologie dans l'Illinois :

> Kasser a pu prouver que le matérialisme est corrélé à l'anxiété et à la dépression, à la toxicomanie, à l'absence d'empathie, à des scores élevés sur l'échelle d'orientation à la dominance sociale (ODS) (...) En résumé, le matérialisme nous rend malheureux. Mais la réciproque est aussi vraie : être malheureux nous rend matérialistes[1].

Finalement, ma version personnelle de l'adage est celle-ci : " l'argent ne fait pas le bonheur, et sa répartition trop inégale fait le malheur. "

Cette conclusion semble assez négative et pessimiste, ce qu'elle n'est d'ailleurs pas. Je ne vois pas de raison de souhaiter que l'argent fasse le bonheur.

L'erreur à éviter consiste à critiquer la consommation sous l'angle éthique. Ce serait hors de propos. Dénier à l'argent la capacité d'apporter le bonheur est certes un jugement mais il n'est pas d'ordre moral. L'hédonisme n'est pas immoral. La consommation, et à travers elle la croissance, n'ont pas de charge éthique, ni positive ni négative, du moins pas en soi, Là où commencerait la faute éthique, c'est si on leur sacrifie d'authentiques valeurs, comme le respect de l'environnement. Mais cette tare morale n'est pas inhérente au fait de la consommation. Diverses causes peuvent faire prendre à la consommation un tour néfaste, mais elles sont extrinsèques et seulement potentielles. Par exemple, comme je le montrerai, le matérialisme irréfléchi rend l'individu vulnérable à la manipulation par les firmes et offre à celles-ci un pouvoir exorbitant.

Une caractéristique de la croissance concourt à sa légitimité et la rend même respectable. Le fonctionnement spontané de l'économie de marché et l'attitude naturelle des individus poussent aux comportements qui génèrent la croissance.

---

[1] Pickett et Wilkinson, trad. cit., p. 158.

Comme par un tropisme. Avec le langage articulé et la domestication du feu, la fabrication d'objets est une des compétences qui a permis à l'homme d'émerger du monde animal. C'est donc une pulsion profondément ancrée en nous. Entraver des tendances naturelles entraîne généralement des dérèglements. Obliger à l'ascétisme déréglerait l'économie de marché et troublerait l'équilibre social. Ni l'ascétisme ni l'hédonisme ne conduisent sûrement au bonheur mais une relative sobriété nous en rapproche si elle nous débarrasse d'une partie de nos vices sociaux et écologiques. Comme toujours dans les affaires humaines, l'équilibre est difficile à trouver.

La maxime à tirer de tout ceci me semble être : laissons faire la tendance spontanée à la croissance dans la mesure où il ne faut pas lui sacrifier une authentique valeur sociale ou écologique qui impacte notre bonheur beaucoup plus fortement que la consommation.

L'économiste autrichien Carl Menger, l'un des fondateurs de l'école néoclassique, donne aux *biens* leur définition qui est devenue celle de l'économie politique :

> Les choses qui peuvent être mises en relation causale avec la satisfaction des besoins humains, nous les appelons *choses utiles*. Si à la fois nous reconnaissons cette causalité et nous avons le pouvoir de destiner effectivement ces choses utiles à la satisfaction de nos besoins, nous les appelons *biens*[1].

Le mot important est le *besoin*, dont la satisfaction est le but suprême du système économique. Menger passe en revue minutieusement les sortes de biens et leurs propriétés mais ne se risque pas à définir les besoins. Par contre, il constate « la capacité des besoins humains de croître »[2]. Et même à croître

---

[1] C. Menger *Principles of Economics*, New York University Press, 1981, p. 52 (ma traduction).
[2] Ibidem, p. 82.

indéfiniment. Ce n'est pas exprimé clairement, mais il veut indiquer que les besoins s'élargissent quand vient la capacité de les satisfaire. Cette remarque n'est pas parfaitement en adéquation avec la conception des besoins en tant que donnée exogène, restée dominante chez les économistes.

La production produit donc des besoins en même temps que la capacité de les satisfaire. Les besoins, du moins beaucoup d'entre eux, n'existent pas indépendamment de l'appareil productif. Il serait absurde de prétendre que les peuples du moyen-âge avaient besoin de Facebook mais qu'ils étaient confrontés à l'incapacité technologique de le satisfaire. Vu la nature du progrès technique, il est normal qu'il fasse éclore de nouveaux besoins. Mais le progrès technique n'est pas seul en cause. L'aspect commercial est important et souvent déterminant. La technologie informatique ne suffit pas pour faire exister les réseaux sociaux. Elle ne suffit pas non plus à expliquer la très courte durée de conservation des smartphones, qui sont devenus les portes d'entrée d'un monde virtuel façonné par l'industrie. En fait, les firmes géantes sont plus que des producteurs. Elles sont des organisateurs de consommation et, dans les cas limite, des organisateurs de vie. Elles embrigadent les consommateurs dans des modes de vie dont elles sont les créatrices. La relation ne se limite pas à un acte d'achat-vente. Le consommateur fait partie du produit. Afin de réussir cette mise au pas, les firmes recourent à la pédagogie élémentaire. Pour susciter l'adhésion d'un groupe d'enfants à une proposition, le mieux est de rendre la proposition " fun ". Les firmes géantes emploient la même technique vis-à-vis de leur clientèle adulte. Et ça marche.

Le besoin moderne semble prendre la forme du consentement. " Votre proposition me plaît " ou " je veux bien jouer dans votre jeu. " Evidement, le consommateur individuel n'est pas isolé. Les firmes le savent et en tirent parti. Quand tout votre entourage est entré dans le jeu, vous devenez un ermite si vous n'y participez pas.

Une question intéressante est : le confort est-il un besoin ? Ou plus exactement : dans quelle mesure le confort est-il un besoin ?

Lorsqu'on l'interroge sur les maisons, le prophète de Khalil Gibran répond :

> Et dites-moi, peuple d'Orphalese, que se trouve-t-il dans ces maisons ? Et que gardez-vous avec des portes si solidement fermées ?
>
> Possédez-vous la paix, ce désir tranquille qui trahit votre puissance ?
>
> Possédez-vous des souvenirs, ces arches miroitantes qui franchissent les cimes de l'esprit ?
>
> Possédez-vous la beauté, qui conduit les cœurs du bois et la pierre travaillée jusqu'à la montagne sainte ?
>
> Dites-moi, est-ce là ce que vous possédez dans vos maisons ?
>
> Ou n'y trouve-t-on que le confort, la soif du confort, cette chose furtive qui entre dans la maison en invité, puis qui devient l'hôte, et puis le maître ?
>
> Et elle devient un dompteur, hélas ! et avec un crochet et un fouet transforme en marionnettes vos vœux les plus chers.
>
> Si ses mains sont de soie, son cœur est de fer.
>
> Elle vous berce et vous endort pour pouvoir, debout à votre chevet, railler la dignité de la chair.
>
> Elle tourne en dérision vos sentiments les plus justes, et les couche dans l'ouate, tels des vases fragiles.
>
> En vérité, la soif du confort tue l'ardeur de l'âme, et suit alors ses funérailles en ricanant [1].

---

[1] K. Gibran, *Le prophète*. Paris, Le livre de poche, 1993, pp. 48-49.

La préoccupation de Gibran n'est pas seulement de savoir si le confort est un besoin ; c'est la crainte qu'il devienne un maître.

Mais le terrain où ce maître sévit le plus n'est pas le logement ; c'est le monde de l'automobile, lieu d'une surenchère de gadgets. Améliore-t-on la vie de l'être humain lorsqu'on lui permet d'ouvrir la vitre de sa voiture sans devoir tourner à la manivelle ? Prenons une personne qui se rend en voiture à la salle de sport. Dans son auto, il compte sur le moteur sous le capot et sur une multitude de petits gadgets motorisés pour n'avoir aucun effort à fournir. A la salle de sport, il sue à grosses gouttes. L'individu est dupliqué en deux personnes différentes. Nous sommes tous sujets à cette sorte de schizophrénie, qui arrange bien l'industrie.

Le problème ici est moins ce que nous consommons que le fait que nous nous interrogeons si peu sur le sens de ce que nous produisons.

Le matérialisme est un trait de l'idéologie de notre système économique. Pour exhorter le public à consommer, pour lui insuffler le désir de consommer, il a été mis en place un outil de propagande d'une ingéniosité sans égale dans l'histoire. Aucun secteur de la société n'échappe à ses tentacules. La publicité commerciale est omniprésente.

La publicité fait tout pour se rendre sympathique, notamment en jouant avec l'humour. On en oublie que son rôle est de nous manipuler et que son message sous-jacent " la consommation apporte le bonheur " est une tromperie. Sous cet angle, il n'existe pas de publicité commerciale non mensongère.

La question mérite aussi d'être posée : est-il sain d'inciter le public à consommer, au vu de la situation environnementale actuelle ? Y répondre pose implicitement une sous-question préliminaire : dans quelle mesure la publicité influence-t-elle effectivement les comportements de consommation ? Autrement dit, est-ce qu'instiguer à consommer élève automatiquement la consommation réelle ? La majorité des économistes considèrent que le consommateur répartit rationnellement son revenu entre l'épargne et la consommation[1]. L'épargne agit comme une variable d'ajustement qui se gonfle durant les périodes où le revenu dépasse la consommation et se contracte lorsque prévaut la situation inverse. La consommation est planifiée sur le long terme, ce qui lui assure une certaine stabilité que n'affectent que les événements importants de la vie. Il est peu vraisemblable que la publicité transfère du revenu de l'épargne vers la consommation. D'ailleurs, les banques, ne recourent-elles pas à la publicité pour attirer l'épargne ? N'en déduisons pas que la publicité n'altère pas la consommation. Elle instaure une compétition entre les firmes pour la visibilité. C'est un cas de contreproduction (cf. supra). Son effet consiste à déplacer la consommation, d'objets faiblement promus vers des objets fortement promus. On boit probablement plus de Coca Cola, mais c'est au détriment d'autres aliments sans doute plus sains.

Un autre aspect de notre question interroge l'effet de la publicité sur la mentalité de l'opinion publique. Cet effet est évidemment difficile à mettre en évidence et toute affirmation à ce sujet sera discutable. Je hasarde toutefois l'hypothèse que la publicité pourrait renforcer les tendances matérialistes dans le public et donc le rendre rétif à des modifications comportementales nécessaires. Peut-être est-ce là un effet recherché par certains annonceurs.

D'un point de vue strictement économique, la publicité est donc un pur gaspillage de ressources. Une objection naturelle serait : si cette dépense est inutile, pourquoi des institutions motivées par le profit y consentent-elles ? Une première raison est que si vos concurrents font de la publicité, votre intérêt est d'en faire également. Pour l'arrêter, il faudrait donc une improbable démarche concertée unanime. Mais il y a plus. Les

---

[1] Deux théories importantes qui analysent la planification de la dépense et de l'épargne sont l'*hypothèse du revenu permanent* de Milton Friedman et l'*hypothèse du cycle de vie* de Franco Modigliani. Elles sont très proches. A mon avis, contrairement à ce que prétend Friedman, sa théorie n'est pas contradictoire avec celle de Duesenberry (cf. supra). En analysant la consommation sous des angles différents, elles se complètent.

entreprises ont un égo. La publicité se met au service de celui-ci. La visibilité qu'offre la publicité flatte les dirigeants.

Les défenseurs de la publicité argueront peut-être de son rôle informatif pour prouver son utilité ; elle aiderait les consommateurs à optimiser leurs choix. Voilà qui est bien naïf. Les arguments rationnels sont l'exception dans le discours publicitaire. Et les firmes déjà les plus connues sont aussi celles dont les budgets publicitaires sont les plus élevés ; elles bénéficient donc le plus de ses projecteurs, alors qu'une publicité vraiment informative veillerait prioritairement à sortir de l'ombre les produits les moins connus.

La publicité commerciale heurte les valeurs de la gauche et pourtant celle-ci reste très discrète sur la question. L'emprise séductrice de la publicité, dissuade-t-elle toute opposition ? Le programme des partis de gauche devrait comporter des mesures destinées à la restreindre. Le plus simple serait de supprimer la déductibilité de ces dépenses de l'impôt des sociétés.

Limiter la publicité, cela attente-t-il à la liberté d'expression ? A la liberté d'expression publicitaire, de toute évidence. A la liberté d'opinion ? Ce serait le cas si le message publicitaire était une opinion. Mais il n'est pas plus une opinion[1] que la propagande de l'Etat communiste sous Staline. Il s'agit de messages de manipulation affirmés par un pouvoir qui dispose des moyens de le diffuser. Car, ne nous y trompons pas, les entreprises ne sont pas à mettre sur le même pied que les particuliers. Elles sont bel et bien des institutions de pouvoir, pouvoir qu'elles exercent sur leurs salariés, sur leurs consommateurs. Selon une définition du pouvoir donnée par Michel Foucault, les entreprises « conduisent des conduites. »[2]

---

[1] Une opinion est une proposition que l'on croit vraie ou juste. La publicité n'a pas pour vocation de dire le vrai mais de dire ce qui conduit au résultat recherché.

[2] M. Foucault, *Dits et écrits II 1976-1988*, Paris, Gallimard, 2001, p. 1056.

Pour illustrer que la publicité est investie d'un pouvoir normatif, je me permets de citer un auteur qui se révèle pourtant être un croyant au culte de la marchandise[1] :

> Dans les sociétés occidentales contemporaines, il existe un laboratoire spécifique dans lequel nous produisons et développons une normativité iconique : la publicité. La publicité a d'abord compris que les images pouvaient incarner des règles, qu'elles pouvaient représenter un nouveau type de corps juridique ; la publicité a d'abord transformé le pouvoir infini des images en un pouvoir normatif[2].

Le principe même que certains ont le droit d'abreuver l'opinion publique de messages publicitaires, simplement parce qu'ils en ont les moyens financiers, est choquant en soi. La publicité commerciale, c'est l'argent qui parle.

Le discours publicitaire marque l'esprit de notre société par son omniprésence. L'envahissement est le plus sensible dans les médias, tant audiovisuels qu'écrits. Là il côtoie le contenu informatif qui est au cœur de la mission des médias. La philosophe américaine Suzan Neiman ne pense pas que ce voisinage soit innocent :

> Les meilleurs journaux américains n'hésitent pas à consacrer trois-quarts d'un page à la publicité. Votre attention dérive d'un massacre en Bosnie aux soldes aux galeries Lafayette. Imaginez que vous êtes confrontés tous les matins à ce type de répartition, quelle information finira par vous paraître plus importante[3].

---

[1] De son propre aveu.

[2] E. Coccia, *I bene nelle cose. La pubblicità come discorso morale*, Bologna, Il Mulino, 2014 (trad. fr. de M. Rueff, *Le bien dans les choses*. Rivages, 2019, p. 30).

[3] S. Neiman, *Why Grow Up?* Penguin Books, 2014 (trad. fr. de C. Dutheil de la Rochère, *Grandir*. Paris, Premier parallèle, 2021, pp. 28-29).

Illustrons-le avec un autre exemple. Une émission de radio donne la parole à des scientifiques à propos du réchauffement climatique. L'émission est suivie immédiatement d'une publicité pour une automobile. Que doit retenir l'auditeur ? La publicité, ne lui chuchote-t-elle pas à l'oreille " tout ce qu'on vous a raconté ici n'est pas si important. " L'oxymore tue le message. Dans bien des cas, la publicité n'attendra pas la fin de l'émission, elle l'interrompra. Elle lancera au scientifique " Arrêtez votre laïus ; place à une information prioritaire pour les auditeurs. " Les intellectuels devraient prendre du recul par rapport à la place qui leur est offerte dans le cirque médiatique et chercher des voies de résistance.

17.

Intérêt général et environnement

Vivre dans un environnement sain est à considérer comme un besoin. Il fait partie des besoins dits *sociaux*, en ce sens que sa satisfaction ne conduit pas l'agent à consommer individuellement un produit. Le secteur privé de l'économie ne peut pas offrir rentablement *des biens publics* (cf. supra : chapitre 8) ; sa production est orientée vers les besoins individuels. L'environnement de qualité ne représente donc pas pour lui un débouché direct. Il lui offre toutefois un débouché indirect quand la loi impose à la consommation des ménages, des normes qui augmentent leur dépense. Et également lorsque les pouvoirs publics lui commandent des travaux ou des équipements collectifs ad hoc. Mais ces équipements collectifs sont financés par la fiscalité, ce qui réduit le pouvoir d'achat disponible pour la consommation individuelle et donc la demande au secteur privé. En outre, la production satisfaisant les besoins individuels est elle-même une source importante de la détérioration de l'environnement ; l'obligation de combattre ces nuisances entraîne l'accroissement des coûts de production. On comprend que la proximité d'un gouvernement avec le monde de l'entreprise l'amène souvent à négliger ce type de besoin. Cette entente ne nécessite même pas le lobbying ou le cousinage politique qui sont néanmoins très présents. Chaque gouvernement se sait dépendant du dynamisme du secteur privé pour la santé de l'économie nationale sans laquelle sa propre action est contrariée. Dans le cadre de l'Union

Européenne, seule la coopération transnationale peut contrer la course au moins-disant environnemental. Une forte collusion dans un petit groupe d'Etats membres peut bloquer toute avancée écologique.

En conséquence, le monde est aujourd'hui confronté à une situation écologique déplorable. Il y a bien-sûr le changement climatique, avec son cortège de tempêtes, de sécheresses et d'inondations. Son omniprésence dans la parole masque mal sa quasi-absence dans les actes. Aussi bien qualitativement que quantitativement, il y a une immense disproportion entre ce qui est fait et ce qui devrait l'être. En voici deux exemples :

— Le développement de la voiture électrique illustre bien ces mesures qu'on prend parce qu'on n'ose ni ne rien faire ni faire ce qu'il faudrait. Ce dont le climat a besoin, c'est de voitures moins nombreuses, moins lourdes, qui roulent moins de kilomètres et à allure plus modérée. Evidemment, c'est encore mieux si ces voitures se meuvent à l'électricité.

— L'université de Cambridge évalue la consommation d'électricité par le minage du *bitcoin* en 2024 à 174 TWh[1] (en croissance rapide), soit le double de la consommation annuelle totale de la Belgique. Et tout ça pour quoi ? Pour de la spéculation[2] et de la dissimulation de transactions. Ce gaspillage en dit long sur le niveau de conscience climatique des puissants de ce monde. Ne pourrait-on pas se contenter de la pollution causée par les activités utiles ?

L'Europe affiche une certaine autosatisfaction à propos de la baisse de ses émissions de CO_2 sur le long terme. Ces bonnes statistiques reflètent surtout la désindustrialisation. Notre empreinte carbone effective inclut les émissions des fabricants asiatiques des produits que nous importons en masse, mais

---

[1] University of Cambridge. *Cambridge Bitcoin Electricity Consumption Index.* https://ccaf.io/cbnsi/cbeci. Le compteur est mis à jour quotidiennement.

[2] Il s'agit d'une spéculation de type casino, totalement dénuée d'utilité sociale. Elle diffère en cela de la spéculation sur les actions qui joue un rôle important pour guider les investissements.

cette donnée moins propice à l'autosatisfaction est moins publiée.

A côté du réchauffement climatique, il y a tout ce dont on parle moins et qui n'est pas moins inquiétant. Tout en constatant l'incapacité de l'humanité à s'engager efficacement sur la question climatique, Aurélien Barrau écrit : « Se surfocaliser sur le réchauffement n'est qu'une manière de se rassurer en choisissant le problème le plus simple à contrecarrer[1]. ». Parmi les autres problèmes, celui qui est probablement le pire : la perte de la biodiversité, l'extinction massive des espèces végétales et animales. Et encore l'accumulation de déchets : le plastique dont les microparticules empoisonnent la faune et la flore marines, les résidus radioactifs dont on ne sait que faire et même maintenant des débris spatiaux en orbite autour de la planète. Les océans s'acidifient. La mer monte, les glaciers fondent. La macadamisation imperméabilise les sols sur lesquels l'eau de pluie ruisselle, privant les nappes aquifères d'un apport et provoquant des glissements de terrain. Les produits chimiques polluent l'air, l'eau, les sols. La perturbation endocrinienne d'origine chimique devient une menace pour la santé publique en proie avec la croissance du diabète, des allergies, de l'obésité, de l'infertilité… La santé humaine doit encore endurer d'autres agressions comme le bruit et les ondes électromagnétique.

Pour analyser les problèmes de ce type, les économistes recourent à un concept important : les *externalités*. Le principe vertueux du marché est que l'agent profite des bénéfices et supporte les coûts résultant de ses actions, ce qui guide ses décisions dans un sens faisant coïncider l'intérêt individuel et l'intérêt social. Mais les circonstances peuvent brouiller ce beau scénario. De deux façons. Soit que l'agent tire profit d'actions qui imposent des coûts souvent non pécuniaires à d'autres. Ce sont les *externalités négatives*. Soit, situation inverse, il supporte seul le coût d'actions qui bénéficient à la

---

[1] A. Barrau, *L'hypothèse K*, Paris, Grasset, 2023, p. 22.

société. Ce sont les *externalités positives*. Elles dissuadent l'agent de s'engager dans une activité bénéfique à la collectivité, ce qui est dommageable comme l'est l'incitation à prendre des initiatives socialement nuisibles.

Une politique soucieuse du bien commun veille à annuler ou à atténuer les effets des externalités. Le moyen le plus radical d'y parvenir est la régulation des actions sujettes à externalités : soit l'activité est interdite, soit elle est autorisée moyennant l'obligation de réaliser telle ou telle dépenses. Il est aussi possible d'inciter au comportement socialement responsable par la fiscalité ou les subventions. La fiscalité indirecte (TVA, accises) oriente le choix des consommateurs vers les actions à externalité positive en les taxant moins que les actions sans externalité et elle les détourne des actions à externalité négative en les taxant plus que les actions sans externalité.

Ces instruments impliquent l'intervention de l'Etat. Rechignant à cette perspective, des économistes libéraux proposent une alternative : la conclusion de contrats d'indemnisation entre celui qui cause des nuisances et ceux qui les subissent. Soit le contrat annule l'activité et les victimes potentielles indemnisent l'entrepreneur frustré ; soit l'activité est maintenue et son exploitant indemnise les préjudiciés. L'alternative libérale est absurde, à la fois irréalisable et indésirable. Au vu du nombre de personnes lésées par certaines externalités et le nombre d'externalités auxquelles l'homme moyen est confronté, les individus perdraient beaucoup trop de temps et d'argent à former des coalitions et à négocier. Quoi qu'il en soit, cette solution devrait plaire aux avocats. Les individus capables de payer un meilleur avocat tireraient mieux leur épingle du jeu et tous les préjudiciés n'obtiendraient pas nécessairement une indemnité égale, ce qui pose un problème moral. Le principal défaut de la proposition libérale est sa mentalité matérialiste. Elle ne voit que des INTERETS négociables là où certains défendent des VALEURS. Le respect de la planète est certes un intérêt pour chaque humain mais c'est surtout une valeur parce qu'il se rapporte à une conception de la vie. Certes, la gestion politique des externalités est également imparfaite mais dans une démocratie qui fonctionne bien, les groupes de pression représentant les différents intérêts ont l'occasion de faire entendre leur voix et l'Etat peut décider en peine connaissance de cause.

La pollution sous ses diverses formes constitue le cas le plus courant d'externalité négative. Un exemple d'externalité positive est celui-ci : la présence de magasins dans une ville égaye et anime les rues. Ce n'est pas le cas des hangars des distributeurs du commerce en ligne. Le commerce urbain n'est pas rémunéré pour cet avantage qu'il procure à la communauté et qui a un coût. Cela s'explique. Jusqu'à récemment, pratiquer le commerce de détail et tenir un magasin étaient quasiment synonymes. L'essor récent du commerce numérique transforme cette situation banale en externalité positive. Il serait possible de la compenser en différenciant les impôts indirects frappant ces deux formes de vente[1]. Ce n'est pas céder au misonéisme. Les externalités ont un caractère objectif. Les économistes s'accordent à les considérer comme un obstacle à l'optimum. Leur correction est parfaitement justifiée.

Comme je l'ai déjà évoqué, la protection de l'environnement est un objectif naturel pour tout parti de gauche, sur pied d'égalité avec la justice sociale. Le justifier est aisé. A quoi bon un monde juste si l'atmosphère est irrespirable ou si les jours de l'espèce humaine sont comptés. Ces deux objectifs essentiels, l'option écologique et la justice sociale sont deux revendications indépendantes en soi. En théorie, un écologiste pourrait être antisocial comme un socialiste pourrait se moquer de l'environnement. Mais un point commun entre les deux engagements tend à les ranger dans le même camp politique : la justice sociale et l'écologie coûtent toutes deux au capital qui, de ce fait, se montre souvent rétif ou hostile[2]. Elles lui

---

[1] La question n'est pas de savoir si on sous-taxe l'un ou si on sur-taxe l'autre. C'est l'existence d'un différentiel entre les taux qui importe.

[2] Ce rapprochement politique n'est pas le seul qui lie écologie et justice. Sur le plan philosophique, tous deux contribuent au

coûtent par la régulation qui limite sa liberté ainsi que par la fiscalité. Beaucoup de dirigeants d'entreprises s'arrêtent à ces difficultés alors même que l'écologie offre parallèlement un nouveau débouché au monde industriel. Un autre frein psychologique pour les entrepreneurs est la crainte que la régulation nationale nuise à la compétitivité sur le marché international. Cette crainte, parfaitement légitime, doit trouver sa solution ailleurs que dans l'absence de régulation : soit la coopération transnationale, soit le libre-échange sous condition.

Face aux problèmes qui naissent dans le modèle productiviste de notre économie, certains prêchent la *décroissance* comme solution. Pour la gauche, est-ce une éventualité acceptable, est-ce un must ? Si la décroissance devait apparaître prochainement comme une option consentie, plébiscitée par une fraction majoritaire de la population, elle devrait s'y rallier. Toutefois ce consensus semble peu probable.

Il existe une manière d'aborder la décroissance qui n'est pas prisonnière des a priori. Elle considère la croissance comme un problème d'optimisation sous contrainte. Faisons de la prospérité économique et de la qualité de l'environnement les deux variables d'une *fonction d'utilité* croissante par rapport à l'une et à l'autre. Il s'agit d'en rechercher le maximum en respectant la contrainte que plus de production dégrade l'environnement et épuise les ressources (finies) et qu'un environnement mieux protégé handicape la production. Cette fonction exprime l'état d'esprit de la société face au dilemme[1], ce qui se traduit par des pondérations appropriées des deux variables dans la fonction. Ses paramètres doivent résulter d'un débat social. Des données techniques que les spécialistes connaissent ou peuvent connaître définissent les contraintes. Selon les valeurs que prennent les paramètres de la fonction d'utilité et de ses contraintes, le résultat sera que la croissance

---

bonheur à peu de frais. Le lien entre nature et bonheur est très fort.

[1] Il s'agit de l'état d'esprit ICI ET MAINTENANT. Il est évidemment susceptible de changer dans le temps et dans l'espace.

optimale est positive, nulle ou négative. Il est impossible de le prédire sans connaître ces données. Mon intuition va dans le sens d'une croissance malgré tout modérément positive. Cet optimisme se base sur la capacité d'adaptation de l'économie et sur un des paradoxes du système productiviste actuel : il est incapable de mettre durablement toutes les forces productives au travail : il y a donc des " réserves ".

Il n'est toutefois pas exclu que la croissance optimale soit négative, une situation où la société se porterait mieux en cas de décroissance. Mais considérer que la décroissance est souhaitable A PRIORI me paraît une fausse route. Quoi qu'il en soit, souhaitable ou non, elle se révélera peut-être inévitable. L'épuisement des ressources pourrait gommer le pouvoir de choisir.

Si à terme, la décroissance se révélait souhaitable voire inévitable, le besoin de changer le système économique n'en serait que plus impératif. Le système capitaliste est axé vers la croissance ; lorsque celle-ci règne, il est injuste, mais tend vers un certain équilibre qui le rend tolérable. En décroissance, ce serait le chaos. Le capitalisme ne comporte pas de mécanismes pour répartir harmonieusement les manques engendrés par la décroissance. Il faut alors s'attendre au pire. La décroissance demande une gestion de l'économie apaisée et régulée. Mais, je le répète, il s'agit ici d'une hypothèse, même pas la plus probable. Et une réforme profonde du système économique paraît de toute façon souhaitable pour toutes les raisons déjà mentionnées.

Concluons sur la croissance avec une citation qui prend un tour insolite. Elle nous vient des « Principes d'économie politique » de l'économiste libéral John Stuart Mill :

> Mais l'état stationnaire n'est pas indésirable en soi. Je ne peux donc pas considérer l'état stationnaire du capital et de la richesse avec l'aversion instinctive que lui portent généralement les économistes politiques de l'ancienne école. J'ai tendance à croire que, tout bien pesé, il s'agirait d'une amélioration considérable de notre

condition présente. J'avoue n'être pas séduit par l'idéal de vie de ceux qui pensent que l'état normal des êtres humains est de se battre pour avancer ; que piétiner, écraser, jouer des coudes, et se marcher mutuellement sur les pieds, notre mode de vie sociale actuel, constituent le sort le plus enviable de l'humanité ou sont autre chose que les symptômes désagréables d'une des phases du progrès industriel[1].

Le livre date de… 1848.

Mill pose ici la question du sens. Le sens que nous accordons à notre vie à travers nos relations sociales. Au-delà de la lutte contre les externalités, nous sommes ramenés à la question posée précédemment : l'argent fait-il le bonheur ? On nous parle des sacrifices auxquels il faudrait consentir pour combattre les problèmes environnementaux. A propos de ces soi-disant sacrifices, Aurélien Barrau écrit : « L'enjeu ne consiste donc pas seulement à plaider pour un effort mais à interroger l'idée même que ladite sobriété constitue une privation[2]. » C'est l'addiction aux valeurs inculquées par le capitalisme qui la fait percevoir comme telle. Débarrassés de ce conditionnement, nous découvririons que ladite sobriété, qui ne nous fera pas revenir à l'âge de la pierre, ne dégrade pas notre bonheur.

Aujourd'hui, l'agriculture est complètement rabaissée. Les agriculteurs ne sont plus que des pions dans un vaste système agro-alimentaire. Les activités en amont, c'est-à-dire la fourniture d'équipements et d'intrants ainsi que la transformation en aval des produits agricoles en nourriture sont exercées par quelques firmes transnationales géantes qui dominent le système. Ces secteurs industriels sont très concentrés, ce qui réduit la force de négociation des agriculteurs.

---

[1] Mill, op. cit., pp. 753-754.
[2] Barrau, op. cit., p. 48.

La politique agricole est l'une des premières à avoir été intégrées au niveau européen (1962). L'objectif était d'assurer la suffisance alimentaire, le moyen consistait à moderniser l'agriculture pour en accroître la productivité. De ce pont de vue, le succès a dépassé les attentes puisque dès les années 1970, la surproduction touchait certains secteurs de façon chronique. Face au reste du monde qui l'accusait à juste titre de protectionnisme et de dumping, l'Union dut réorienter sa politique agricole dans une direction moins expansionniste. Elle a notamment abandonné le soutien aux prix pour s'aligner sur le marché mondial dans lequel elle s'insère maintenant très ouvertement. Sous la baguette de l'OMC et la pression des lobbies agro-alimentaires désireux d'exporter, le libre-échange régit maintenant le commerce agricole international.

Le type d'agriculture promu par le système consomme beaucoup d'énergie, d'eau et de produits chimiques. L'abaissement du coût de production fait privilégier des méthodes de production peu intenses en travail et sacrifie la qualité nutritionnelle de sa production très massive.

L'agriculture industrielle a été critiquée pour les résidus chimiques qu'on retrouve dans la nourriture. L'épandage nuit également aux sols dont la fertilité devient dépendante des engrais, aux nappes aquifères et aux cours d'eau, à la faune et à la flore environnantes (dont les insectes pollinisateurs). La biodiversité souffre. La santé des hommes du voisinage est également menacée par des substances potentiellement cancérigènes et par les perturbateurs endocriniens. Il y aurait également beaucoup à redire à propos du bien-être des animaux d'élevage.

Les agriculteurs, surtout les petits exploitants, souffrent eux-mêmes de cette mécanique. Beaucoup de petites exploitations ne survivent pas, comme l'atteste la diminution constante du nombre de fermes depuis un demi-siècle. Les équipements et les intrants coûtent cher, ce qui pousse beaucoup de paysans dans les affres d'un endettement chronique. Le revenu moyen des agriculteurs est sous la moyenne sociale. Le taux de suicide est particulièrement élevé dans cette profession. Les enfants d'agriculteur souhaitent de moins en moins reprendre la ferme familiale. Lorsqu'il le peut- et heureusement ce n'est pas toujours le cas-, l'agriculteur gagne plus en vendant ses terres à des projets d'urbanisation que par son activité nourricière, ce qui est une aberration sociale.

Les paysans sont confrontés à une nouvelle menace : avec la complicité des autorités européennes et nationales ou grâce à leur passivité, quelques firmes géantes tentent de tirer profit d'une pratique millénaire : l'usage et l'échange des semences. Le brevetage des semences obligerait les paysans à payer des royalties même pour celles qu'ils ont produites et qui résultent de leur propre sélection pour peu que certaines de leurs caractéristiques soient couvertes par un brevet. L'impossibilité de breveter le vivant devrait figurer dans le programme de tout parti de gauche.

Depuis un demi-siècle, de plus en plus d'agriculteurs sont conscients de ces problèmes et modifient leur méthode de production. Il y a bien-sûr l'agriculture biologique mais d'autres formes d'agriculture durable se développent également. Ces alternatives sont plus coûteuses que la production recourant à la chimie en ce sens que le rendement à l'hectare est moindre et qu'elles sont plus consommatrices de travail. Leur avantage écologique est un bel exemple d'externalité positive. Elle devrait être compensée. Une solution consisterait à différencier le taux de TVA selon le mode de production agricole. La nourriture issue de l'agriculture biologique serait ainsi plus accessible aux couches défavorisées de la société, ce qui répare un inconvénient qui lui est régulièrement reproché. Avantager ainsi les bonnes pratiques devrait induire plus d'agriculteurs à les observer. Le marché est incapable de corriger ce défaut par lui-même ; une intervention politique s'impose.

Les aides aux agriculteurs devraient reposer sur de nouveaux critères moins favorables aux grandes exploitations que ne le sont la superficie foncière ou la taille du cheptel. Les aides actuelles sont théoriquement conditionnées au respect de normes environnementales et phytosanitaires mais ces normes sont insuffisantes. Elles devraient être renforcées et s'imposer aux importations, sans égard pour les règles de l'OMC. Les normes actuelles reflètent la perméabilité des gouvernements et des partis à l'influence des lobbies industriels.

L'agriculture ne sera authentiquement humaine que si les fermiers se voient offrir un prix réellement rémunérateur. Le circuit court a l'avantage de supprimer des intermédiaires et de réduire les frais de transport. En outre, un consommateur satisfait se montrera moins grippe-sou que les acheteurs industriels du secteur agro-alimentaire exclusivement soucieux de réduire leurs coûts.

La logique de l'économie capitaliste est de compresser tous les coûts, y compris le niveau général des salaires. La nourriture bon marché joue un rôle important à cet égard. Le premier économiste à avoir compris le rapport entre la productivité agricole et le niveau général des salaires est David Ricardo[1] (1772-1823), ce qui le poussa à défendre le libre échange du blé. Il n'y a pas de miracle. La nourriture saine et écologique sera plus chère, trop chère pour les classes défavorisées. Elle impose donc une redistribution des revenus. Les salaires devront être augmentés... ou complétés par les dividendes de notre *fonds public*. Remarquons que la nourriture bon marché produite actuellement a une contrepartie moins visible : les subventions massives aux fermiers à charge du budget de l'Union Européenne. Le prix-vérité permettrait au consommateur de récupérer une partie de sa mise comme contribuable.

La problématique de l'agriculture déborde de la question des méthodes de production. L'agriculture structure le paysage rural qui représente, faut-il le rappeler, l'immense majorité des terres. L'agriculture produit de la nourriture... et un mode de vie rural. Lorsque l'agriculture est industrialisée, la ruralité se meurt. De la question " quelle agriculture voulons-nous ? ", on en vient à la question " quelle campagne voulons-nous ? ". La

---

[1] Son erreur fut de présumer que la productivité ne cesserait de baisser par le fait qu'on devrait mettre en culture des terres de moins en moins fertiles.

campagne qui se profile est faite de grandes étendues cultivées où travaillent des engins géants pilotés par GPS, entrecoupées par des lotissements de villas à quatre façades habitées par des gens qui travaillent en ville. Cette campagne qui ne vit pas, est-ce celle que nous voulons ? Pour la majorité de gens, une campagne riante est source de plaisir. Il faut défendre la petite agriculture familiale qui nous en gratifie.

Si les méthodes agricoles irresponsables sont couramment utilisées, la faute n'incombe pas uniquement ou même pas principalement aux fermiers eux-mêmes. Le système agro-alimentaire dominé par l'industrie les met sous pression pour réduire les coûts par tous les moyens ; parmi ces coûts à comprimer, ceux liés au respect de l'environnement ainsi que le revenu des agriculteurs. Malheureusement le monde agricole, ou plus exactement son courant majoritaire, se comporte en victime consentante, confinant à la complicité pure et simple. Face aux très timides tentatives des autorités européennes et nationales de concilier l'agriculture avec son environnement, nombre d'entre eux réagissent de façon poujadiste, s'estimant persécutés par ces législations. On en arrive à cette situation paradoxale où ces agriculteurs défendent le système agro-industriel qui est leur véritable oppresseur. La rébellion agricole de 2024 réclamait très légitimement des revenus décents mais s'attaquait avec une rage ostensible à la régulation environnementale. Les autorités européennes et nationales se sont empressées de donner satisfaction aux revendications illégitimes, espérant ainsi échapper aux réformes fondamentales qui satisferaient leurs revendications légitimes. Parce qu'ils ont pris de court les dirigeants politiques, ces événements impromptus les ont obligés à dévoiler leur véritable conscience écologique, manifestement très éloignée des paroles enjoliveuses qu'on entendait jusqu'alors. Ces discours ne traduisaient que la concession à la pression citoyenne. Si celle-ci ne reprend pas, il n'y aura jamais d'avancée écologique.

La réforme du système agro-alimentaire ne réussira pas sans la collaboration des agriculteurs. Le discours réformateur évitera de les stigmatiser tout en ne voilant pas leur responsabilité, mais il mettra l'accent sur la responsabilité écrasante de la grande industrie. Il attirera l'attention des fermiers sur les avantages qu'ils tireraient de la réforme. L'effet de la chimie sur leur santé représente aujourd'hui un dossier assez lourd et bien documenté, mais la profession en a fait un tabou, ce qui témoigne du pouvoir de manipulation de l'industrie.

Conclusion

Il ne fait pas de doute que d'aucuns jugeront mes propositions très " radicales ", voire " extrémistes "[1]. Cette qualification se veut naturellement péjorative car il est convenu que la vertu est du côté de la modération. La sagesse, c'est également mon avis, pousse l'action vers la modération. Encore faut-il savoir ce que recouvrent les mots dont on use. Face à des termes majestueux comme *modération* ou *radicalité*, un certain recul s'impose. De quoi parle-t-on exactement ? La question mérite qu'on s'y attarde.

Juger à bon escient de la radicalité d'une proposition ou d'une action nécessite l'écartement préalable d'une équivoque sous-jacente à ce concept. Il faut distinguer entre la *radicalité intrinsèque* et la *radicalité du changement*. INTRINSEQUEMENT, l'extrémisme peut caractériser tout fait ou situation répondant à un critère qu'il convient de déterminer, ce à quoi s'emploieront les lignes qui suivent. Il en ressort qu'a priori, ce fait peut être l'existant aussi bien qu'une alternative proposée pour s'y substituer. Le CHANGEMENT radical procède du passage d'un existant à un autre qui est extrêmement différent du premier. L'un et l'autre peuvent être celui qui est radical du point de vue intrinsèque. Il est même envisageable que tous deux soit radicaux, chacun à sa façon, ou bien que ce ne soit le cas ni de l'un ni de l'autre. Dans les cas où on admet que l'existant est INTRINSEQUEMENT extrême, l'inaction alimente plus l'extrémisme que le changement, mais les réformes induiront par définition un CHANGEMENT plus radical que l'inaction.

---

[1] J'utilise ici "radical" et "extrémiste" comme des synonymes.

Le caractère radical d'un changement est plus objectivable que la radicalité d'un état. De cette évidence pourrait se déduire que le seul concept de radicalité pertinent est celui du changement. Pourquoi pas ? Mais alors il faut retirer à la qualification *radical* son caractère péjoratif. L'abolition de l'esclavage fut un changement radical mais bienfaisant. Toutefois, l'usage des termes « extrémiste » et « radical » dans les débats politiques doit plutôt son succès à leur acception *intrinsèque*, tant il est évident qu'il vise à déprécier. Alors se pose la question du critère permettant de qualifier un fait ou une proposition d'extrémiste en tant que tels.

Une piste nous est offerte par un certain nombre de régimes politiques, que la plupart d'entre nous s'accorderont à juger INTRINSEQUEMENT extrémistes. Par exemple, le régime politique des Khmers rouges, celui des Talibans ou le nazisme. Quel est leur point commun ? La dictature et le totalitarisme. Les qualifier d'extrémistes n'apporte aucun supplément d'information par rapport à " totalitaire ". Mais alors, quel est l'intérêt du terme " extrémiste ", s'il est réduit à n'être qu'un synonyme de " dictatorial " et qu'il ne peut pas servir à qualifier des actions par ailleurs démocratiques ?

Aujourd'hui promener au centre de nos villes ou emprunter le métro nous met fréquemment en présence de corps humains allongés sur des cartons posés à même le sol de la station ou du trottoir. En quoi l'acceptation de cette situation est-elle intrinsèquement moins radicale que mes propositions relatives au droit au logement ? Ne pas réagir à l'extinction de dizaines de milliers d'espèces vivantes engendrée par notre mode de vie, est-ce moins extrémiste qu'un programme qui bouscule certaines habitudes dans l'espoir de ralentir ou arrêter cette évolution ? En quoi l'appropriation privée du sol, serait-elle moins extrémiste que la propriété commune ? La sagesse du principe du *juste milieu* est généralement vantée, à juste titre, mais définir où celui-ci se situe est impossible dans de nombreuses situations de choix.

L'usage courant d'" extrémiste " dans le discours politique s'explique par la confusion entre les deux types de radicalité.

Si une réforme implique un changement radical, l'état vers lequel elle mène est perçu par analogie comme intrinsèquement radical. Inversement, quand nous sommes habitués à une situation, notre perception de ses aspérités finit par s'estomper. L'être humain a une formidable faculté d'adaptation qui lui est souvent utile mais dessert sa capacité à s'extraire de situations problématiques.

Jetons un coup d'œil sur l'histoire avec son cortège de conflits, d'injustices et d'atrocités. Pendant les neuf dixièmes du temps, la démocratie politique telle qu'elle est pratiquée aujourd'hui eût été qualifiée de revendication extrémiste[1], tant elle tranche par rapport à la normalité d'alors. Aujourd'hui, ce serait le retour vers ces pratiques antérieures qui serait considéré comme extrémiste. Nous pensons juger des faits et nous jugeons des changements.

Appliqué aux situations, le principe du *juste milieu* est souvent- mais pas toujours- flou. Appliqué au changement, il est inadéquat.

Pire, la confusion entre les deux types de radicalité est souvent volontaire. Elle vise à faire retomber la consonance péjorative qui colle à l'extrémisme intrinsèque sur une proposition de changement radical qui bouscule des traditions et des intérêts bien établis. Utilisé ainsi, le terme " extrémiste " n'est qu'une vulgaire insulte.

Il est compréhensible qu'un changement radical fasse peur, même dans le cas où il mènerait à un *juste milieu*. Le changement fait peur ; c'est bien connu. Et pas seulement par ce que notre cerveau est empreint d'irrationalité, propice à la crainte instinctive de l'inconnu. Une personne qui considère que le but est désirable peut craindre le changement qu'il implique pour diverses raisons rationnelles, par exemple parce qu'elle sait qu'un changement souhaitable peut être mal conduit par ceux qui en ont la charge ou parce qu'elle pressent

---

[1] Le terme " extrémiste " n'était pas encore en vogue aux époques antérieures à la nôtre, mais les discoureurs avaient d'autres moyens d'exprimer la même idée.

qu'il engendrera des conflits à l'intérieur de la société. Dépasser ces craintes- ce que le changement exige- nécessite de les traiter autrement que par le mépris. Mais penser de travers n'amène pas à agir correctement. Dénoncer l'extrémisme pour exprimer sa crainte du conflit, c'est mal la nommer et ça pervertit le débat.

Il existe néanmoins une conception signifiante de l'extrémisme intrinsèque. C'est l'*extrémisme comportemental*. Qualifier un parti ou un individu d'extrémiste fait sens s'il s'agit de dénoncer un discours généralement insultant envers les adversaires, associé à un refus du dialogue. La polarisation politique n'est pas un mal en soi. De toute façon, elle ne fait que se greffer sur la polarisation sociale qui lui préexiste et qui semble moins déranger ceux qui se prétendent gênés par la polarisation politique. L'important, c'est l'attitude. La manière de gouverner et la manière de pratiquer l'opposition peuvent toutes deux manquer de fair-play. L'agressivité peut entacher l'action aussi bien de ceux qui poussent à un changement radical que l'action de ceux qui s'y opposent ou même de ceux qui ne sont intéressés par rien d'autre que l'occupation du pouvoir. Celui qui veut réformer la société réduit ses chances de réussite s'il manque de fair-play. Mes recommandations comportent quelques règles comportementales, exposées au chapitre 5. Le fair-play sous-tend chacune d'elles.

Après celle de l'extrémisme, l'autre question qui se pose naturellement est : les réformes proposées, sont-elles utopiques ? Utopiques dans le sens où leur objectif serait inaccessible. On ne peut le nier, le projet est audacieux, les obstacles ne manquent pas. Ce que je crois, c'est que « tout » est réalisable quand SUFFISAMMENT de personnes le souhaitent SUFFISAMMENT fort. La VRAIE difficulté, la VRAIE gageure est donc d'être suffisamment convaincant pour réussir ces deux *suffisamment*. C'est là l'enjeu le plus fondamental. De toute évidence, beaucoup reste à faire sur ce plan-là. La gauche doit beaucoup mieux faire si elle veut éviter de s'enliser dans l'échec. Mon impression est qu'une part notable des électeurs qui votent à droite le font parce qu'ils trouvent - à raison selon moi - la gauche non crédible. Comme la gauche s'est comportée jusqu'ici, il est exclu que suffisamment de citoyens s'engagent en faveur des réformes. Que l'électorat souhaite plus de justice ne suffit pas ; il doit avoir confiance en ceux qui prétendent y mener. Les chapitres précédents donnent des clés pour mériter cette confiance. Et j'écris à dessein " mériter " et non pas " gagner ", car si on la gagne sans la mériter, on la perdra rapidement.

Le marché mondial cadenasse la sphère politique depuis plusieurs décennies avec une telle rigueur que la réflexion politique se soumet à ce cadre étriqué. On réfléchit comment arranger l'espace à l'intérieur des murs sans se demander quelle est l'origine de ces murs, s'il faut les conserver, comment les abattre le cas échéant. La politique est prisonnière de limites qu'elle n'a pas créées mais auxquelles, inconsciemment, elle accepte de se soumettre. L'habitude de cette limitation fait appeler « réalisme » ce qui n'est que de la résignation, de la courte vue ou de la paresse. L'élaboration des programmes des partis sociaux-démocrates en est une manifestation criante : ces partis ont renoncé à connecter leur programme à leur idéal parce qu'ils considèrent que les contraintes délimitent le terrain de jeu, alors que la remise en question de ces contraintes devrait être au centre du jeu. Il est vrai que le cadre national ne facilite pas cette remise en cause, raison pour laquelle je plaidais en faveur de partis transnationaux.

Le débat politique devrait revenir à ses fondements, c'est-à-dire puiser ses idées dans la philosophie sociale. La vraie question est : quelle société voulons-nous ? Une problématique essentielle comme le système de propriété doit être amenée sous les projecteurs. Mes propositions concernant l'héritage ou la propriété du sol ont peut-être heurté plus d'un lecteur. Parce que ces institutions sont un immense tabou. Alors qu'elles sont des piliers de notre société ; ou précisément pour cette raison. Leur contestation, insolite, sonne comme un sacrilège voire un blasphème. La raison est qu'on n'en parle pas assez. Pourtant, comme je l'ai montré, la philosophie sociale a abondamment traité de ce concept qu'est la *justice*. Reconnecter le débat politique avec la philosophie sociale remettrait mes propositions en perspective.

Appendice.

Marx, un penseur comme les autres

Introduction

En pastichant la première phrase du *Manifeste du Parti Communiste* (1848), on pourrait écrire : un spectre a hanté tout le XXe siècle : le marxisme. Sa présence est moins perceptible au XXIe mais toujours d'actualité. L'une des faces du marxisme, c'est un homme, Karl Marx, un personnage à la fois ultra-connu et ultra-méconnu, ce qui est le lot de beaucoup de personnages illustres. Il a passé sa vie à écrire et a laissé des milliers de pages à l'intention des candidats-lecteurs.

Cet homme du XIXe siècle a bousculé le XXe comme pas deux, il en a influencé le cours historique jusque longtemps après sa mort (1883). Surtout, son nom a clivé l'opinion à un niveau peu commun. A la réputation sulfureuse pour les uns et célébré par les autres, on le déteste ou on l'adore mais rares sont les indifférents. Comment expliquer ce clivage ? Les thèmes sur lesquels Marx a théorisé sont de ceux qui suscitent généralement l'opposition et la controverse. Le fait d'avoir intégré tous ces éléments potentiellement polémiques dans un système de pensée global accroit le potentiel de clivage, car il suscite la tendance (injustifiée) de tout accepter ou tout rejeter en bloc.

La plupart, la totalité devrais-je dire, des " collègues " de Marx, notamment Aristote, Saint Thomas, Locke, Voltaire, Bentham, Proudhon, sont à la source de moult polémiques mais n'ont pas déchaîné durablement les passions à ce point. C'est aussi l'époque qui le veut. Comme l'a montré Umberto Ecco dans « Le nom de la Rose », les clercs se sont entre-déchirés à propos d'Aristote au moyen-âge, mais la polémique ne débordait pas d'un cercle restreint. Le XXe siècle est celui des masses et Aristote n'y fait plus recette.

On devrait pouvoir parler de Marx en toute décontraction, avec détachement. Ne voir dans son œuvre, ni la vérité ultime, ni un prêche diabolique. Comme ses " collègues ", Marx a eu des intuitions heureuses et d'autres qui mènent dans l'impasse. Au fond, c'est un penseur comme les autres, auquel la postérité a réservé une position pas comme les autres. Compte tenu de la nécessité de repenser les repères idéologiques de la gauche, il me paraît opportun de consacrer cet appendice à la pensée de celui qui les a les plus influencés.

Marx fut à la fois philosophe, théoricien politique et économiste. Ses livres ne sont généralement pas mixtes ; ils sont consacrés entièrement à l'une ou l'autre de ces disciplines.

Ainsi, comme œuvres *philosophiques* principales, on a :

— La question juive

— Contribution à la critique de la philosophie du droit de Hegel

— La sainte famille[1] (+)

— L'idéologie allemande (+)

— Misère de la philosophie

En théorie *politique*, citons :

— Manifeste du parti communiste (+)

— La lutte des classes en France

— Le 18 Brumaire de Louis Bonaparte

— La guerre civile en France

---

[1] Ce titre ne se rapporte pas à la *Sainte famille* chrétienne. Marx y critique un groupe de philosophes qu'il appelle sarcastiquement « la sainte famille ».

— Critique du programme de Gotha

En *économie*, mentionnons :

— Salaire, prix et profit
— Contribution à la critique de l'économie politique
— Travail salarié et capital
— Le capital (livres I, II et III)
— Théories sur la plus-value

(+) : avec Engels

Cette liste est loin d'être exhaustive, car Marx a beaucoup écrit dans des revues et sa correspondance est abondante.

Marx philosophe

Les *forces productives* d'une société sont les facteurs et moyens naturels, techniques et humains dont elle dispose pour produire. Elles peuvent être plus ou moins développées.

Les *rapports de production* sont les formes d'échange et de collaboration entre les producteurs, institutionnalisées par une société. Le système de propriété des moyens de production en est l'aspect principal ; en fonction de leur position dans ce système, les individus ont une relation différente au travail et au produit du travail. Les rapports de production dessinent une structure de classe.

Un *mode de production* est un modèle, un type particulier de rapports de production, par exemple le capitalisme.

Les philosophes distinguent et opposent souvent, fût-ce implicitement, le monde de l'idée, de la pensée et le monde concret, sensible, matériel. Ces deux mondes sont chacun sujets à une évolution historique. On peut supposer un lien entre elles, qui prendrait la forme d'une détermination. Mais dans quel sens irait celle-ci ? Est *idéaliste* une philosophie qui fait dériver le concret de l'idéel ; est *matérialiste* la philosophie qui pense la détermination en sens inverse. Comme chacun le sait, Marx est matérialiste. Mais le matérialisme de Marx se distingue de celui de ses prédécesseurs. Chez lui, le monde concret est essentiellement de nature sociale et économique ; chez Marx, la " matière ", ce sont les *forces productives* et les *rapports de production*. D'où la conception de la société comme un édifice dont la sphère socioéconomique est *l'infrastructure* alors que la politique, le droit, la morale, la religion… constituent la *superstructure* déterminée par elle. Les *rapports de production* sont essentiellement des rapports de classe. La détermination matérialiste de Marx aboutit alors à son aphorisme bien connu : *dans toute société, les idées dominantes sont les idées de la classe dominante.*

C'est un enrichissement de la pensée d'ainsi démasquer des institutions intellectuelles qui tentent d'apparaître comme au-dessus de la mêlée alors qu'elles sont contaminées et perverties par les oppositions sociales. La politique est ainsi démystifiée. Mais Marx tombe dans l'excès lorsqu'il en déduit qu'elles sont simplement le reflet de ce qui se trame dans l'infrastructure socioéconomique. Il serait plus correct, selon moi, de reconnaître à l'économie et à la pensée une relative indépendance réciproque, que vient battre en brèche - partiellement- un processus de corruption idéologique.

Après le matérialisme, le deuxième grand concept de la philosophie marxiste est la *dialectique*. Il suppose qu'un objet évolue en transcendant ses contradictions. Marx a construit sa philosophie en se confrontant à la dialectique idéaliste de Hegel, qui met en scène un processus évolutif caractérisé par une succession de stades où l'idée s'incarne d'une façon caractéristique ; à chaque stade, l'idée entre en contradiction avec son objet, ce qui la fait évoluer, d'où le passage au stade suivant. Au cours de cette succession, la Raison, la Liberté, l'Etat se réalisent progressivement. Mais quelles contradictions meuvent la dialectique matérialiste de Marx ? Elles sont de deux ordres :

— d'une part, la contradiction au sein des rapports de production : c'est la lutte des classes ;

— d'autre part, ce qu'il appelle la *contradiction entre les forces productives et les rapports de production*. Elle implique que tout *mode de production* après une période de croissance atteint un stade où il devient un frein au développement des forces productives.

Ces deux contradictions constituent le moteur qui fait avancer l'histoire par la transition d'un *mode de production* au suivant. C'est ainsi qu'on est passé du communisme primitif à l'esclavage puis au servage féodal, puis au capitalisme et c'est ainsi que viendra le socialisme. Comment s'articulent les deux contradictions ? Ici, Marx est souvent confus, mais il semble accorder la primauté à la contradiction entre les *forces productives* et les *rapports de production* ; lorsqu'elle s'approfondit, le chaos économique intensifie les difficultés et stimule la lutte des classes, à laquelle il revient de faire choir le mode de production suranné.

De cette dialectique émerge une conception déterministe de l'histoire. Marx écrit « Le moulin à bras vous donnera la société avec le suzerain ; le moulin à vapeur, la société avec le capitalisme industriel[1]. » C'est l'une des grandes faiblesses de sa philosophie, car l'histoire réelle est bien plus imprévisible, complexe et variée. Le parcours du communisme primitif au capitalisme est loin d'être général et uniforme.

— Il est vrai que l'antiquité gréco-romaine faisait reposer la production agricole et certaines industries (carrières, mines…) sur l'esclavage. Mais le métayage, plus proche du servage que de l'esclavage, est le mode de production agricole le plus répandu dans la plupart des royaumes et empires antiques.

— On ne voit pas clairement en quoi c'est le développement des forces productives au début du moyen-âge qui aurait fait passer les rapports de production de l'esclavage au servage, même si on admet que l'esclavage devenait un frein au développement des forces productives. Les Germains qui ont envahi l'empire

---

[1] K. Marx, Misère de la philosophie, in P-J. Proudhon et K. Marx, Philosophie de la misère / Misère de la philosophie, Paris, Groupe Fresnes-Antony de la Fédération anarchiste, 1983, p. 253.

romain finissant ne pratiquaient pas le servage. Une préfiguration du celui-ci, le *colonat*, s'était par contre implantée au sein du monde romain décadent, concomitant à une régression du commerce et de la monnaie. Le servage serait donc plutôt l'expression d'un déclin économique.

— L'esclavage a continué après l'antiquité. Il était dominant dans le royaume Wisigoth d'Espagne jusqu'à la conquête arabe et il est revenu en force dans les colonies antillaises et aux Etats-Unis à une période plus récente.

— Comme Marx et Engels l'ont reconnu, l'histoire asiatique a vu apparaître d'autres modes de production que celle de l'Europe. Dans la Turquie ottomane, la Perse séfévide et l'Inde moghole, le souverain était propriétaire de toute la terre. Une partie de la récolte lui revenait. La classe dominante était constituée des hauts fonctionnaires et des chefs d'armée qui entouraient le souverain[1].

Comment Marx entrevoyait-il le passage du capitalisme au socialisme ? La contradiction précitée entre les forces productives et les rapports de production, lorsqu'elle affecte le monde capitaliste développé, voit s'opposer le caractère privé de la propriété et la socialisation très poussées des forces productives, c'est-à-dire l'interdépendance des acteurs économiques générée par la division du travail, le crédit et la monnaie. C'est ce que les marxistes appellent " la contradiction fondamentale du capitalisme ". Les crises de surproduction, que Marx prévoyait de plus en plus profondes, en sont la manifestation. La *baisse tendancielle du taux de profit* (cf. infra) doit aggraver l'inévitable tendance à l'anarchie économique qui finira par miner la croissance du revenu et incitera la masse ouvrière à instaurer le socialisme. Grâce à la planification, le socialisme, débarrassé du désordre du marché, pourra parachever l'œuvre du capitalisme et créer une économie d'abondance. Ici, Marx, en un même élan, sous-

---

[1] Ne pourrait-on voir en cette classe un lointain ancêtre de la nomenklatura soviétique ?

estime la capacité du capitalisme à gérer ses problèmes et il surestime la capacité du socialisme à s'en affranchir.

Le déterminisme de Marx est une téléologie optimiste. La division de la société en classes aliène l'individu : elle rend ses produits et ses créations dominatrices et plus puissantes que lui. Le prolétaire des temps modernes incarne cette *aliénation* portée à son paroxysme. Sa révolte aboutira non seulement à sa libération mais à la rédemption de l'humanité, car c'est la division de la société en classes qu'elle fera passer à la trappe. Il s'agit d'une libération totale en ce sens qu'elle s'élargit à tous les domaines de la vie. Les institutions de la superstructure, l'Etat, la religion… seront sujettes à l'extinction de par la disparition de ce qui avait généré leur existence : l'exploitation de l'homme par l'homme. Cette extinction est endogène en ce sens que ces institutions dépérissent naturellement, lorsque le carburant socioéconomique vient à manquer[1]. Cette conception de la fin de l'Etat est douteuse, car elle sous-entend que celui-ci n'a pas d'autre raison d'être que l'opposition entre les classes, une supposition difficilement acceptable.

La philosophie marxiste est athée, ce qui a probablement contribué à jeter de l'huile sur le feu du clivage idéologique. Le matérialisme n'est pas l'athéisme et ils ne vont pas nécessairement de pair. Le matérialisme de Marx étant avant tout social, c'est négativement qu'il est athée, presque par défaut. La question de l'existence de Dieu ne semble pas intéresser Marx. Il considère que la religion est l'opium du peuple parce qu'elle rend celui-ci soumis et enclin à accepter des conditions de vie rendues indignes par l'exploitation du travail, attendant son salut dans le monde d'après. D'où la place de la religion dans la superstructure idéologique. L'*aliénation* humaine (la perte de soi) est un concept important dans la

---

[1] L'extinction de la superstructure, à laquelle participe la religion, les pouvoirs communistes en ont fait la persécution des religions et la déclaration que l'Etat devait être athée.
Les peuples soumis à ces régimes ont été tellement opprimés que la théorie de l'opium du peuple est une explication paradoxale mais plausible de la plus grande vivacité de la foi religieuse que dans l'Europe occidentale laïcisée.

philosophie marxiste. Son modèle est le *fétichisme* : le produit de l'homme lui échappe pour le dominer. Un de ces fétiches est la religion. La religion n'est donc aliénante que parce qu'elle est " superstructurelle ", parce qu'elle participe à la domination idéologique. L'aliénation religieuse est un des pans du matérialisme marxiste. La conception globalisante de Marx l'a peut-être empêché de comprendre que sa conviction personnelle, positivement athée, est indépendante de son matérialisme. A mon avis, dès lors que le clergé fait jouer à la religion le rôle superstructurel que Marx discerne et critique, l'aliénation religieuse prévaut, indépendamment de la conception métaphysique du commentateur. L'existence ou l'inexistence de Dieu n'y sont pour rien. L'aliénation religieuse est intégralement immanente, elle résulte d'un choix, vraisemblablement inconscient, du clergé.

Marx économiste

Plusieurs livres de Marx sont consacrés à l'économie politique, mais « Le Capital », deux mille pages de texte, rassemble à lui seul l'ensemble de la théorie. Marx l'a rédigé pendant toute la décennie 1861-1870 ainsi qu'en 1877 et 1878, après une interruption due à son état de santé. Le premier livre est paru en 1867 ; les deux suivants, inachevés, ont été publiés à titre posthume respectivement en 1885 et 1894 par son ami Frédéric Engels.

Comme dans beaucoup de traités d'économie, les premiers chapitres sont consacrés à la *théorie de la valeur*, c'est-à-dire l'examen des facteurs qui déterminent la *valeur d'échange* des marchandises. La valeur d'échange est par essence relative, elle est un ratio. Dans quelle proportion deux marchandises s'échangent-elles ? A l'époque de Marx, la discipline économique était encore dominée par *l'école classique* de Smith, Ricardo, Mill et leurs disciples. C'est en son sein que naît la fameuse théorie de la *valeur-travail*. La quantité du bien A qu'il faut offrir pour obtenir le bien B est égale au rapport du temps de travail nécessaire pour produire B dans des conditions standard (y compris le temps pour produire les outils et biens de production, au prorata de leur utilisation) sur le temps nécessaire pour produire A. Il est contestable que telle était bien l'explication de la valeur selon Ricardo ; pour lui, il s'agissait plutôt d'une approximation que d'une explication. Toujours est-il que Marx lui prête cette théorie. Marx la défend, considérant que le fait d'être le résultat d'un travail d'une durée déterminée est le seul commun dénominateur mesurable de toutes les marchandises.

Après avoir étudié la monnaie en tant que moyen de circulation des marchandises, Marx s'attache à « la transformation de l'argent en capital ». Historiquement, le capital fut d'abord investi dans le commerce. Il se caractérise par le cycle A-M-A'... L'argent achète des marchandises pour ensuite redevenir de l'argent. Mais le capital vise l'obtention d'une plus-value. On a normalement A' > A. Dans le commerce, il ne peut l'obtenir qu'en achetant en dessous de la valeur ou en vendant au-dessus ; ces moyens sont révélateurs d'une forme inachevée du capital. Puis est arrivé le capital industriel. A lui s'offre un moyen systématique de tirer de la plus-value. Il existe une marchandise qui a la propriété particulière de pouvoir créer plus de valeur qu'elle n'en a elle-même : la *force de travail*. La valeur de la force de travail se mesure comme celle des autres marchandises par le temps de travail nécessaire pour la produire, c'est-à-dire pour produire les biens de consommation servant à l'entretien de la classe ouvrière. Mais le capitaliste devient propriétaire de la totalité de la valeur produite par le travail. Si donc il peut faire travailler le salarié plus d'heures qu'il n'en faut pour produire sa subsistance (le salaire), il obtient une plus-value. Marx l'assimile à du travail non payé, puisque selon la loi de la valeur-travail, seul le travail crée de la valeur. Certes, la valeur des moyens de production matériels se communique aussi à celle du produit, mais sans plus-value.

Marx appelle *travail nécessaire* celui qui reproduit la valeur de la force de travail et *surtravail* celui qui génère la plus-value captée par le capitaliste. L'exploitation du travail par le capital, c'est l'extraction du surtravail. La distinction entre le travail nécessaire et le surtravail est purement conceptuelle ; dans la pratique, les deux se confondent. Un exemple numérique facilitera la compréhension. Supposons qu'une heure de travail produise 1 unité de valeur. Les moyens matériels consommés dans la production ont nécessité 1000 heures de travail dans une phase antérieure. La production présente absorbe 700 heures de travail « vivant », dont l'entretien (et donc le salaire) coûte 400 heures. La valeur produite pourra être décomposée comme suit :

$$1000 \ (c) + 400 \ (v) + 300 \ (pl) = 1700 \ (val).$$

Marx appelle *capital constant* (noté c) la partie du capital servant à acheter les moyens de production et *capital variable* (noté v) la partie du capital qui avance le salaire. Cette appellation reflète le fait qu'à la fin du processus de production, v devient v+pl où pl est la plus-value. Si c passait de 1000 à 1100, la valeur du produit monterait à 1800. Si v passait à 500 par suite d'une hausse du salaire horaire, la valeur du produit resterait de 1700, mais la plus-value serait réduite à 200.

Marx mesure l'exploitation par le *taux de plus-value pl'* $= pl/v$, soit 75% dans notre exemple.

Il distingue deux manières de l'accroître :

— l'allongement la durée du travail à salaire égal
— l'accroissement de la productivité dans les branches produisant les biens de consommation ouvrière, de façon à réduire v. C'est évidemment cette dernière méthode qui est la plus importante historiquement.

Dans le livre III, autrement dit bien plus loin dans son ouvrage, Marx expose ce qu'il appelle « la transformation de la plus-value en profit ». Un des théorèmes centraux de l'économie politique, déjà connu des classiques et toujours actuel, affirme que le taux de profit tend à s'égaliser entre les divers secteurs économiques par l'action de la concurrence, pour autant qu'aucun obstacle n'entrave la mobilité des capitaux entre les secteurs. Marx intègre ce théorème dans sa théorie. L'effet est important : les biens ne peuvent manifestement plus être vendus à leur valeur. Marx appelle " prix de production " le prix qui rapporte au capital le taux de profit moyen. La plus-value se trouve être redistribuée entre les secteurs. La formule du taux de profit est : $p' = pl/(c+v)$[1]. Ci-dessous un exemple avec trois produits A, B et C. Dans l'exemple, la plus-value totale de 60 sur le capital total de 300 donne un taux de profit moyen de 20%.

A : 80(c)+ 20(v)+ 20(pl) = val 120 ➔ 80(c)+ 20(v) + 20(p) = prix 120
B : 90(c)+ 10(v)+ 10(pl) = val 110 ➔ 90(c)+ 10(v) + 20(p) = prix 120
C : 70(c)+ 30(v)+ 30(pl) = val 130 ➔ 70(c)+ 30(v) + 20(p) = prix 120

A gauche de la flèche, la valeur et la plus-value ; à droite, le prix de production et le profit.

La critique de cette théorie, basée sur la superfluité de la valeur travail, a déjà été exposée au chapitre 9. En fait, pour reprendre l'exemple chiffré, Marx aurait pu immédiatement en venir aux égalités à droite des flèches. Mais alors, le concept de plus-value n'intervient plus et l'explication de l'exploitation s'effondre.

Après la théorie de la plus-value, qui rendit Marx célèbre, nous pouvons aborder son analyse du capital, trop largement méconnue malgré quelques idées inspirantes. La *circulation du capital* en est un élément essentiel : le capital a un cycle de vie dans l'exploitation de l'entreprise qui le fait passer par une succession de stades, qui se renouvelle sans cesse : argent, puis inputs de la production, puis produit fini, puis à nouveau argent. On peut définir la *période de production* comme la durée de ce cycle. Inversement, la *vitesse de rotation du capital* est le nombre de cycles du capital par année. Ce concept est parfois utilisé en gestion d'entreprise, mais à mon avis trop largement ignoré en économie politique.

Marx a analysé l'*accumulation du capital*, c'est-à-dire son extension par le réinvestissement d'une partie du profit. S'il est

---

[1] Bien que Marx était conscient de cette distinction, ses exemples chiffrés confondaient généralement le capital en tant que *stock* et la consommation du capital en tant que *flux* intervenant dans la production.

courant de s'interroger sur l'antériorité de l'œuf ou de la poule, par contre Marx considère que le capital vient avant le profit, ce qui l'oblige à expliquer différemment la formation initiale de capital. C'est en fouillant dans l'histoire sociale du XIVe au XVIIIe siècles que Marx trouve la clé de *l'accumulation primitive*. Il montre comment la politique a dépossédé et prolétarisé brutalement les petits paysans indépendants. Certains commentateurs ont malicieusement observé que donc l'économie n'expliquait pas tout.

Comme tant d'économistes avant et après lui, Marx s'est intéressé à l'*intensité capitalistique* de la production, en l'occurrence l'importance quantitative du facteur capital par rapport au facteur travail. Deux variables lui permettent de l'évaluer : la *composition technique du capital* et *sa composition organique*. La première rapporte la masse des moyens de production au nombre d'ouvriers ; elle n'est donc pas mesurable concrètement. La *composition organique* du capital est le même rapport, mais exprimé en valeur, donné par la formule c/v. Si elle est supérieure à la croissance de la main d'œuvre, l'accumulation du capital fait augmenter la composition TECHNIQUE du capital. Marx considère que la hausse de la composition technique se répercute sur la composition ORGANIQUE, quoique pondérée par la baisse de la valeur des outils causée par la hausse de la productivité.

L'élévation de la composition organique du capital l'a amené à prophétiser la *baisse tendancielle du taux de profit*. Comme le montre la formule de *p'* ci-dessus, cette conclusion est mathématiquement imparable. Considérons que (c+v) égale le capital total investi et supposons que le taux de plus-value p/v reste constant. Alors *p'* ne peut que baisser lorsque c/v augmente. Dans la théorie marxiste, cette baisse tendancielle du taux de profit a des implications politiques, car elle est censée accentuer les contradictions du capitalisme qui doivent finalement mener à sa chute.

Malgré la logique de ce raisonnement, les études empiriques ne confirment pas la baisse du taux de profit. La cause principale me semble celle-ci : le progrès technique dans l'industrie des biens de production fait chuter les valeurs des biens capitaux bien plus que Marx ne l'avait pensé. Au point que la *composition organique* du capital n'augmente peut-être pas quand la *composition technique* augmente. Remarquons que Smith, Ricardo, Malthus, Marx et Wicksell ont tous prophétisé la chute tendancielle du taux de profit, mais invoquant chacun une autre cause.

Marx théoricien politique

L'objectif ultime de Marx est le *communisme*. Une société d'abondance où les hommes sont délivrés de la nécessité et travaillent par goût, une société sans classes, sans marché, sans salariat, sans argent, sans propriété, sans Etat. Peut-on imaginer plus grande utopie ? L'abondance paraît inaccessible, car les besoins augmentent parallèlement à la capacité de les satisfaire. Même si elle était possible, encore faudrait-il qu'elle soit écologiquement soutenable.

La phase qui précède le communisme est le *socialisme*. Pour Marx, le socialisme n'est pas un but en soi comme il peut l'être pour des socialistes non marxistes ; il est une phase de transition vers le communisme. De ce fait, elle est évolutive : les caractéristiques capitalistes de la société s'évanouissent progressivement à mesure qu'émergent les caractéristiques communistes. Les deux fondements sont la propriété collective des moyens de production et la planification de l'économie. La division de la société en classes s'efface mais seulement progressivement. Etonnement, Marx a peu écrit sur le socialisme. Ses ouvrages économiques et politiques traitent en détail du capitalisme ; l'après-capitalisme reste entouré d'un épais brouillard. *La controverse sur le calcul socialiste*[1] révéla l'impréparation des socialistes à penser l'économie socialiste et les obligea à concéder que la planification elle-même ne peut se passer de certains mécanismes de marché.

---

[1] Cf. chapitre 13.

Quelle est la place de la *dictature du prolétariat* dans ce schéma ? Elle vient tout au début, juste après la révolution qui renverse l'ordre ancien. C'est en quelque sorte le stade initial de la phase socialiste. Marx est resté encore plus évasif à son sujet. On sait que durant cette phase, logiquement assez courte, les moyens de production sont transférés de la propriété capitaliste vers la propriété collective.

Partant du capitalisme, la porte qui s'ouvre sur cette succession de phases est la révolution ; elle doit être à la fois politique et sociale. Marx ne croit pas que les Etats bourgeois puissent être domestiqués pour faire prévaloir les intérêts du prolétariat. Il ne faut pas " prendre " l'Etat existant, mais le renverser pour le remplacer par l'Etat prolétarien.

Qui va faire cette révolution et comment la préparer ? Comme Marx le remarque lui-même, l'insistance sur le rôle dirigeant du prolétariat est ce qu'il y a de plus spécifique à sa contribution. Cette mise en avant du prolétariat fragilise sa théorie. Les petits artisans et les petits paysans indépendants représentaient une part importante de la population. Coincés entre le grand capital et le prolétariat, ils peuvent faire pencher la balance selon le camp avec lequel ils s'allient. Marx déplore la facilité avec laquelle, contre leur intérêt véritable, la grande bourgeoisie peut les retourner en sa faveur au moment critique, gagnant ainsi la bataille, puis écrasant ses ex-alliés sous l'endettement et l'hypothèque... ce qui les pousse à nouveau vers le prolétariat jusqu'au prochain retournement. La grande bourgeoisie joue sur leur attachement à la petite propriété pour défendre sa grande propriété. Mais à trop insister sur le rôle dominant du prolétariat, Marx ne les attire certainement pas dans son camp. On n'attrape pas les mouches avec du vinaigre- dit-on. Et puis, que deviendront-ils dans la " société sans classes " ? Quelle est la justification d'effacer des classes qui, selon la théorie marxiste elle-même, n'exploitent pas le prolétariat ? Pourquoi exclure une pluralité de statuts au sein d'une société " apaisée " ?

Marx prévoyait que le prolétariat industriel, en croissance à son époque, deviendrait ultra-majoritaire. Certes, la concurrence capitaliste a raboté les classes indépendantes, mais il existe probablement un seuil irréductible qui a été atteint depuis lors. Et en outre, en se développant, la classe salariée s'est fractionnée. Les situations, mentalités et aspirations des différents secteurs ne concordent pas nécessairement. Les rassembler tous dans un allant révolutionnaire commun semble impossible. La conscience de classe ne peut plus suffire pour mobiliser l'ensemble des salariés contre le système. Des valeurs partagées (par exemple une plus grande égalité) devraient prendre le relai de la conscience de classe sur laquelle Marx comptait.

Quand doit survenir la révolution sociale ? Lorsque la situation sera mûre. Marx analyse les révolutions de février 1848 et juin 1848 en France. La première, que Marx qualifie de bourgeoise, fut, comme il le précise, victorieuse grâce aux ouvriers. La deuxième, sociale et prolétarienne, fut écrasée brutalement par ces mêmes bourgeois. Diagnostic : la situation n'était pas mûre. Ce qui manquait : l'industrie française était insuffisamment développée, comme l'indique son retard sur l'Angleterre. Conséquences : d'une part, il restait trop de petits producteurs indépendants qui n'avaient pas été absorbés par la grande bourgeoisie ou le prolétariat. D'autre part, le prolétariat français n'était pas encore aguerri. En 1848, il était capable de réussir une révolution avec la bourgeoisie, mais pas encore contre elle. Il fallait préalablement que la bourgeoisie s'unifie et se renforce, afin que le prolétariat puisse faire ses dents contre une bourgeoisie moderne. Cette analyse des rapports de force n'est peut-être pas dénuée de clairvoyance, mais la conception générale présente un caractère trop mécanique. Ne voyant dans la pensée que le reflet des positions socioéconomiques, Marx s'interdit de trouver en elle le ressort qui peut faire avancer la société. Il oppose « socialisme doctrinaire », qualifié de « sentimentaliste », contre « socialisme révolutionnaire ». Il juge le premier utopiste. Ne serait-ce pas le cas du second ?

Marx était-il un démocrate ?

Répondre par *oui* ou *non* reviendrait à faire mousser un bain d'anachronisme. L'époque de Marx ne comptait pas de démocraties véritables et nous ne saurons jamais quelle eût été son attitude s'il avait exercé son activité politique dans une société comme la nôtre. Sans avoir la prétention de répondre à la question, je me livrerai à quelques réflexions à propos de la *dictature du prolétariat* et au sujet des *droits de l'homme*.

1— LA DICTATURE DU PROLETARIAT

Nous savons que la *dictature du prolétariat* est la première phase qui suit la révolution. Se pose maintenant la question : COMMENT se déroule-t-elle ? Comment Marx la concevait-il INTRINSEQUEMENT ? Selon quelles MODALITES le pouvoir y est-il exercé ?

Ce que je connais de l'œuvre de Marx ne m'a pas renseigné sérieusement. Tentons toutefois de déblayer le terrain.

Contrairement à toute expectation, l'expression " dictature du prolétariat " est très peu présente dans l'œuvre de Marx, même si on inclut des variantes comme " dictature de la classe ouvrière " ou " dictature révolutionnaire ". L'expression n'apparaît pas du tout dans *L'idéologie allemande, Le manifeste du parti communiste, La misère de la philosophie, Le 18 Brumaire, La guerre civile en France, Le capital*[1]. Qu'elle n'apparaisse pas dans *La guerre civile en France* est le plus étonnant puisque ce texte traite de la *Commune de Paris* (1871), que, selon certains commentateurs, Marx considérait comme un exemple de la dictature du prolétariat. L'empathie de Marx pour la *Commune de Paris* est évidente. Cet événement historique fut tragique de bout en bout. Dans une France vaincue, partiellement occupée, avec un empereur déchu, sa capitale assiégée fut le théâtre d'une guerre civile

---

[1] Grâce à la fonction *CTRL F* sur un texte en PDF, l'informatique aide au comptage.

sans merci. Cette expérience dramatique et éphémère me semble trop particulière pour constituer un modèle.

Voyons maintenant les ouvrages de Marx où il use de ladite locution.

Une occurrence apparaît dans *La critique du programme de Gotha* où il est écrit :

> Entre la société capitaliste et la société communiste, se place la période de transformation révolutionnaire de celle-là en celle-ci. A quoi correspond une période de transition politique où l'Etat ne saurait être autre chose que la dictature révolutionnaire du prolétariat. *Le programme n'a pas à s'occuper, pour l'instant, ni de cette dernière, ni de l'Etat futur dans la société communiste*[1].
>
> (C'est moi qui souligne).

Dans une lettre à un ami politique, Weydemeyer, après avoir indiqué qu'il n'est pas l'inventeur de la lutte des classes, Marx écrit :

> Ce que j'ai apporté de nouveau, c'est :
>
> – De démontrer que l'existence des classes n'est liée qu'à des phases historiques déterminées du développement de la production ;
>
> – Que la lutte des classes mène nécessairement à la dictature du prolétariat ;
>
> – Que cette dictature elle-même ne représente qu'une transition vers l'abolition de toutes les classes et vers une société sans classes[2].

La lutte des classes en France fait mieux : quatre occurrences de la " dictature du prolétariat " y compris les variantes. Mais

---

[1] Marx, Gotha, op. cit., p. 96.
[2] K. Marx, Lettre à Weydemeyer, 1852.
www.marxist.org/francais/marx/works/1852/03/km18520305.pdf.

il faut les relativiser face aux neuf apparitions de la « dictature de la bourgeoisie ».

La dictature du prolétariat apparaît peut-être dans d'autres textes moins importants que je n'ai pas lus. Mais il semble qu'il ne faut pas compter sur Marx pour être explicite. La phrase que j'ai soulignée dans l'extrait de *Gotha* fait perdre à Marx une occasion de l'être. Dans *La lutte de classes en France*, aucune des occurrences n'explique comment fonctionne la dictature du prolétariat. Il s'agit chaque fois de la réitérer en tant qu'objectif. Après y avoir écrit que « le socialisme révolutionnaire est la déclaration permanente de la dictature de classe du prolétariat », il ajoute immédiatement : « l'espace réservé à cet exposé ne me permet pas de développer davantage ce sujet[1]. » Marx, répugnerait-t-il à s'expliquer sur cette question ?

Voici mon interprétation de ce que Marx entendait par la *dictature du prolétariat*. On ne peut la comprendre qu'en adoptant une vue historique très large, bien plus étendue que la seule lutte entre la bourgeoisie et le prolétariat. Les controverses à propos du marxisme ont tellement mis la *dictature du prolétariat* à l'avant-plan qu'on en oublie que celle-ci n'est qu'un avatar d'un phénomène plus général qui se répète chaque fois qu'une nouvelle classe instaure sa domination.

Quand une classe arrive au pouvoir, elle fixe ses règles. Marx attendait le moment où viendrait le tour du prolétariat. Mais au cours des millénaires passés, d'autres classes l'ont précédé dans cet exercice, la dernière en date étant la bourgeoisie. Et ces régimes se sont toujours imposé d'en haut et avec violence. Marx qui était érudit en histoire connaissait bien l'origine du capitalisme, l'accumulation primitive avec l'expropriation des petits paysans pour constituer le futur prolétariat, l'écriture d'une législation civile et commerciale sous la baguette de

---

[1] K. Marx, *La lutte des classes en France 1848-1850*, édition électronique par J-M. Tremblay, Québec, 2002, p. 50.
www.piketty.pse.ens.fr/files/Marx1850.pdf.

gouvernements absolutistes ou de parlements élus au suffrage censitaire. La dictature du prolétariat est appelée à rééditer ce qui s'est passé alors et qu'aucun commentateur n'a pensé à appeler " la dictature de la bourgeoisie ". Tel est le sens que prend ici le mot " dictature " : dicter et imposer de nouvelles règles en matière de propriété et de gestion des moyens de production et donc déposséder le prédécesseur de ce pouvoir.

La bourgeoisie a judicieusement géré l'extinction de sa dictature. La démocratisation qui l'a suivie a assumé l'héritage législatif constitué lors de la période précédente ; ses codes n'ont pas été reniés ; ils ont été adaptés au cours des décennies qui suivirent. Je hasarde l'hypothèse que là aussi, Marx entrevoit un scénario similaire après la dictature du prolétariat.

Ce scénario achoppe toutefois à un phénomène que Marx n'avait pas anticipé. Entretemps, la démocratie politique a été instituée dans la plupart des Etats capitalistes avancés. Le prolétariat qui prendrait le pouvoir se trouverait donc face à un dilemme moral neuf. La bourgeoisie pouvait présenter sa dictature censitaire comme un pas vers la démocratie, car elle était moins arbitraire et moins brutale que la dictature de l'aristocratie qui la précédait. Une dictature semblable du prolétariat serait aujourd'hui un pas en arrière. Dans un tel contexte, le prolétariat ne pourra pas se contenter de répéter ce qui a été fait avant lui.

2— LES DROITS DE L'HOMME

La question de l'attitude de Marx vis-à-vis des droits de l'homme[1] a été largement débattue. Beaucoup de commentateurs sont très critiques. Notamment, Steven Lukes[2] s'évertue à démontrer qu'il y a une opposition de fond entre la doctrine de Marx et les droits de l'homme. A l'opposé, Justine

---

[1] Par " droits de l'homme ", j'entends ceux qui ont été proclamés par les déclarations et constitutions faisant suite à la Révolution Française et à la Révolution Américaine.

[2] L. Steven «Can a Marxist Believe in Human Rights? » *PRAXIS International*, 1981, n° 4, pp. 334-345 (ma traduction).

Lacroix et Jean-Yves Pranchère[1] admettent que Marx traite des droits de l'homme de façon ambiguë et discutable, mais cela ne fait pas de lui l'ennemi des droits de l'homme que certains veulent voir. Leur argument principal est celui-ci : Marx définit toujours le communisme en des termes tels que l'émancipation de l'homme, la pleine réalisation de l'individu, la reprise de l'aliénation. Il serait totalement incohérent qu'un système conçu de la sorte ne respecte pas les droits de l'homme, même dans sa phase préparatoire.

L'argument de Lacroix et Pranchère touche à la question de fond qui n'est pas de savoir quelle est l'humeur de Marx à l'égard des droits de l'homme mais s'il recommanderait à un Etat socialiste de les respecter. Il est impossible d'y répondre avec certitude. L'argument de la cohérence est intéressant, mais on ne peut exclure que Marx, simple mortel, fasse preuve d'incohérence.

C'est principalement dans deux œuvres philosophiques, plutôt de jeunesse, que Marx traite assez ouvertement des droits de l'homme : *La question juive* et *L'idéologie allemande*. Il est vrai qu'il se montre désobligeant à leur égard. S'il fallait chercher un avocat pour plaider en leur faveur, ce n'est certainement pas à Marx qu'on s'adresserait. Mais il faut savoir interpréter ces paroles dénigrantes et elles ne s'assimilent pas nécessairement à une opposition à ce que l'Etat respecte lesdits droits. A noter que dans son mépris, Marx joint la morale en général aux droits de l'homme. Lukes y voit un argument supplémentaire, la morale servant de base à ces droits. Mais nous savons que pour Marx, la morale appartient à la superstructure. Même s'il exagère ce trait, il a raison d'affirmer que la morale est historiquement dépendante, qu'aux différentes époques, ses valeurs reflètent au moins partiellement celles de la classe dominante. Sa disqualification

---

[1] J. Lacroix, J-Y. Pranchère. 2012. « Karl Marx fut-il vraiment un opposant aux droits de l'homme ? ». *Presses de Sciences Po : Revue française de science politique*, 2012/3, Vol. 62, pp. 433 à 451.

de la morale trahit le caractère outrancier de son matérialisme bien plus qu'une opposition à la moralité.

Ce qui explique le mépris affiché par Marx à l'égard des droits de l'homme, c'est l'impuissance de ceux-ci à empêcher l'asservissement de l'homme dans la vie concrète, tout particulièrement dans la production. L'aliénation dégrade durement les prolétaires dans une société où les droits de l'homme sont proclamés. Selon mon interprétation, ce qui dérange Marx, bien plus que les droits de l'homme eux-mêmes, c'est le DISCOURS des droits de l'homme, qu'il perçoit comme forcément hypocrite. Certes, les phrases qu'il écrit désignent nommément les droits de l'homme. A mon avis, une lecture au second degré s'impose. C'est une forme de métonymie qui lui fait dire " droits de l'homme " pour " discours sur les droits de l'homme ".

Lukes cite ce passage de « L'idéologie allemande » : « En ce qui concerne le droit, nous avons, avec beaucoup d'autres, souligné l'opposition entre le communisme ct le droit, aussi bien politique et privé que sous la forme la plus générale des droits de l'homme. » Son lecteur pourrait facilement croire avec lui qu'ici, il a trouvé l'aveu involontaire et irréfragable de l'hostilité de Marx aux droits de l'homme. Mais relisons cette phrase dans le contexte de celles qui l'entourent. D'une part, Marx montre que l'état de la société est tel que les droits de l'homme ne peuvent qu'être un privilège de la bourgeoisie. Cette vision est discutable, mais elle ne représente pas une opposition au respect des droits de l'homme.

D'autre part, Marx faisait reposer son analyse sur deux textes de la France révolutionnaire : la déclaration des droits et la constitution. Et qu'y lit-il ? Au milieu des libertés est affirmé le DROIT DE PROPRIETE, que justement il considère à l'origine de l'asservissement. Voilà le hic. Selon moi, c'est cela qui le rebute. Mais plutôt que de récuser la place du droit de propriété dans les droits de l'homme, il rejette le concept en bloc, C'est assurément une erreur. Il voit dans ces déclarations une manœuvre de la bourgeoisie pour défendre ses privilèges et tout particulièrement sa propriété. Ceci confirme mon interprétation que Marx est hostile au discours des droits de l'homme, non aux droits eux-mêmes. Savoir s'il estime qu'un Etat socialiste doit respecter ces droits (sans le droit de propriété bien-sûr) reste donc à tout jamais une question ouverte.

Table des matières

Un fiasco 3
Les motivations des électeurs 18
De la difficulté de mener une politique redistributrice .. 29
Y a-t-il une union européenne ? 45
Autrement 56
Répartition des revenus et redistribution 75
L'individu face à la collectivité 94
A chacun selon son mérite 111
Inégalité versus *exploitation* 132
Théories de la justice 145
Théories de la justice (suite) 160
Légitimité de la propriété privée foncière 175
Un système économique 195
Une propriété collective 215
Réduire les inégalités 227
Une société moins matérialiste 245
Intérêt général et environnement 260
Conclusion 273
Marx, un penseur comme les autres 279